BACK TO THE FUTURE

Im Karussell der Diakonservierung

Riding the Slide Carousel

Herausgegeben von / Edited by
Barbara Sommermeyer und / and Claartje van Haaften

HAMBURGER
KUNSTHALLE

KERBER CULTURE

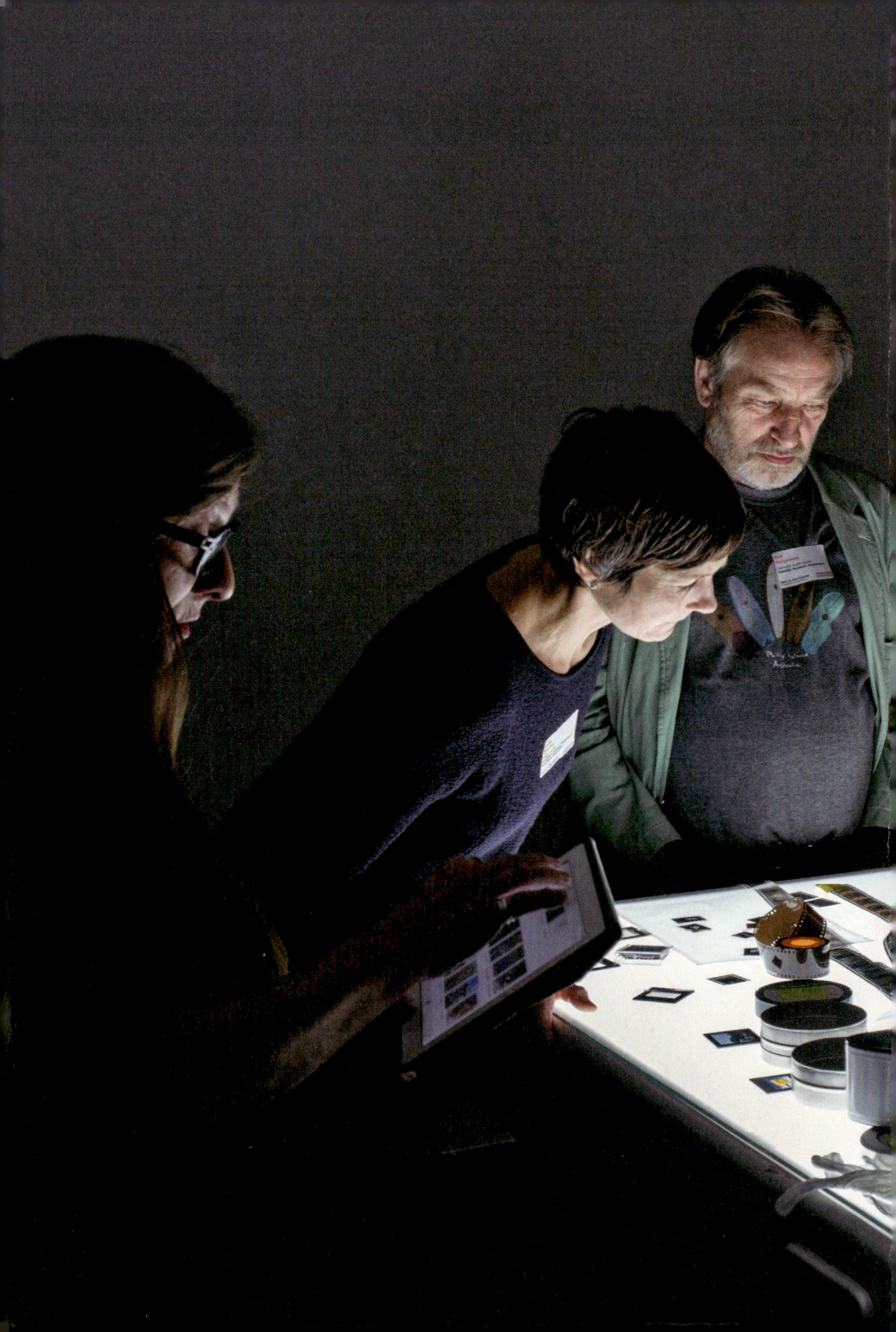

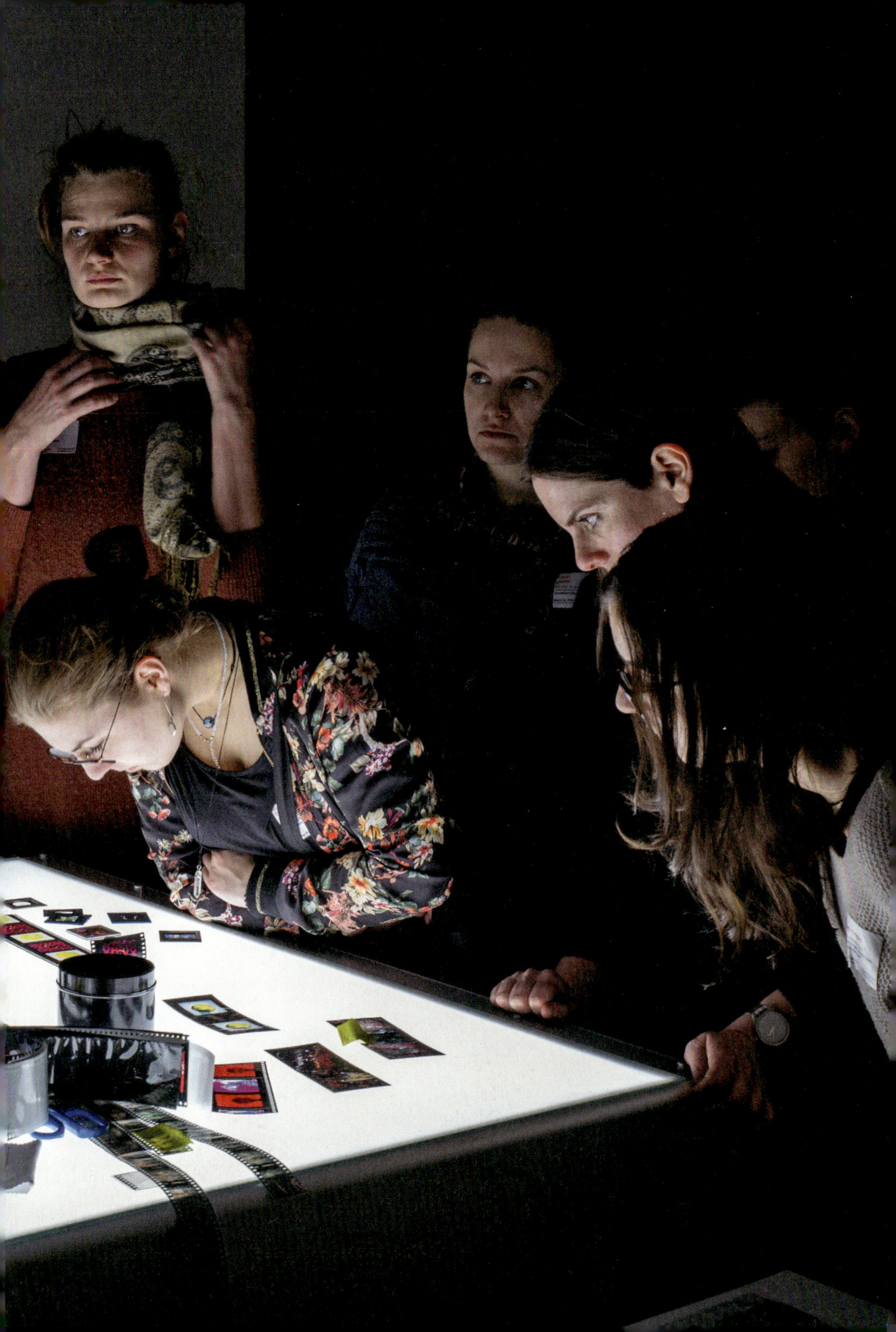

Inhaltsverzeichnis

6–8
Vorwort

12–32
Ein holistischer Ansatz in digitalen Zeiten. Diakonservierung im Museum meistern
Barbara Sommermeyer und Claartje van Haaften

36–52
Eine Ode an die Teamarbeit. Reflexionen über Vertrauen, Zeit und Dias
Tina Weidner

56–64
Künstlerische Beweggründe für das Medium Dia. Geert Goiris' *Whiteout* (2008–2011) und Tris Vonna-Michells *Finding Chopin* (2008/2018)
Brigitte Kölle

68–86
Die Dias von Ed van der Elsken im Nederlands Fotomuseum
Katrin Pietsch und Lénia Oliveira Fernandes

90–110
Dias, Projektoren und Herausforderungen. Fallbeispiele aus dem SFMOMA
Martina Haidvogl

114–134
Diainstallationen im Medienwandel. Digitale und analoge Inszenierungen von Werken des Künstlers Otto Piene
Babette Marie Werner und Tiziana Caianiello

138–154
Diaduplikate und die „Kritik der Varianten". Berührungspunkte zwischen Medienkonservierung, Philologie und Kunsttheorie
Francesco Leonelli

Technischer Anhang:

158–162
Workflows in der Diakonservierung

164–166
Material- und Schadensbefund für Dias

168–174
Kunstwerke des Diakonservierungsprojekts der Hamburger Kunsthalle

176–180
Biographien

182–186
Erweiterte Bibliographie

188–191
Impressum

Contents

7–9
Preface

13–33
An Holistic Approach in Digital Times. Tackling Slide Conservation in Museum Collections
Barbara Sommermeyer and Claartje van Haaften

37–53
Celebrating Collaborative Practice. Reflections on Trust, Time and Transparencies
Tina Weidner

57–65
Artistic Motifs for the Slide Medium. Geert Goiris' *Whiteout* (2008–2011) and Tris Vonna-Michell's *Finding Chopin* (2008/2018)
Brigitte Kölle

69–87
The Slides of Ed van der Elsken at the Nederlands Fotomuseum
Katrin Pietsch and Lénia Oliveira Fernandes

91–111
Slides, Projectors and Challenges. Case Studies from the SFMOMA Collection
Martina Haidvogl

115–135
Changing Media in Slide Installations. Digital and Analogue Stagings of Works by Otto Piene
Babette Marie Werner and Tiziana Caianiello

139–155
Slide Duplicates and the 'Critique of Variants'. Points of Contact Between Media Conservation, Philology and Art Theory
Francesco Leonelli

Technical Appendix:

159–163
Workflows in Slide Conservation

165–167
Technical Condition Report for Slides

169–175
Works of Art in the Slide Conservation Project at the Hamburger Kunsthalle

177–181
Biographies

183–187
Extended Bibliography

188–191
Colophon

Vorwort

Die Hamburger Kunsthalle hatte das große Glück, für die Erhaltung und Konservierung ihrer Sammlung von zehn diabasierten Kunstwerken, aber auch für die Veröffentlichung und Publikation der Forschungsergebnisse auf umfangreiche Förderungen zählen zu dürfen. Die in diesem Rahmen veröffentlichten Resultate werden für all jene von Interesse sein, die sich professionell mit der Erhaltung und Restaurierung diabasierter Kunst beschäftigen, und wir hoffen, dass dank dieser Publikation auch andere Institutionen, ob groß oder klein und mit einer unterschiedlichen Anzahl an diabasierten Kunstwerken in deren Obhut, von diesem Wissen profitieren und zum Handeln ermutigt werden.

Noch vor einigen Jahrzehnten gehörten Dias zum Allgemeingut und Künstler*innen installierten ihre Arbeiten meist selbst, kümmerten sich um Duplikate und verglichen diese mit ihrem Kameraoriginal. Unterschiede in der Qualität der Dias in ihrem heutigen Zustand basieren demzufolge auf unzähligen Umständen und unbewussten Entscheidungen, zum Beispiel wie die Originaldias hergestellt wurden, in welchem Zustand Werke erworben, aufbewahrt und dupliziert wurden. Abgesehen von ihren performativen und installationsbedingten Eigenschaften sind diese Arbeiten heute von einem ganz spezifischen Aussehen und Charakter geprägt. Wir hoffen, dass diese Publikation all jenen, die sich für das Thema interessieren, grundlegendes Wissen vermittelt und zu einem besseren Verständnis von Diainstallationen insgesamt führt sowie ferner dazu beiträgt, Veränderungen besser einschätzen zu können, die aufgrund des zunehmenden Aussterbens der Diatechnologie die Betrachtung diabasierter Kunst beeinflussen.

Preface

The Hamburger Kunsthalle has been very fortunate to receive extensive funding for the preservation and conservation of its collection of ten slide-based works of art, as well as for the sharing and publication of the outcome of this research. The findings published here will be relevant to all professionals involved in the care and maintenance of slide-based art, and it is our hope that through this publication other institutions, whether large or small, and with varying numbers of slide-based works in their care, will be better informed and encouraged to act.

Only a few decades ago slides were a commodity, and artists would mostly install their own works, take care of duplicates and compare them with their in-camera master. Differences in quality of the slides in their current state are therefore dependent on numerous circumstances and unconscious choices, such as how the original images were produced and in what condition works were acquired, stored and duplicated. In addition to their performative and installative character, this results in a specific look and feel of those works as they are encountered today. We hope that this publication will provide all those interested with relevant basic knowledge and will lead to a better understanding of slide installations as a whole, as well as helping to evaluate changes that may affect the reception of slide-based art due to the increasing obsolescence in slide technology.

Wir sind äußerst dankbar für das umfassende Vertrauen und die großzügige Unterstützung durch die Schoof'sche Stiftung und die Wüstenrot Stiftung. Ebenso erhielten wir im Zuge des Projekts zahlreiche wertvolle Hinweise von Kolleg*innen unseres Museums sowie von anderen Institutionen, wofür wir uns ebenfalls herzlich bedanken möchten. Expert*innen aus unterschiedlichen Forschungsbereichen waren bereit, uns mit ihrer Expertise und ihren Erfahrungen zu unterstützen – als Vortragende sowie als praktisch teilnehmende Fachleute im Rahmen des Symposiums zur Diakonservierung, das 2018 in Hamburg stattfand, und ebenso als Autor*innen dieser Publikation; ein besonderer Dank gilt Silvia Castro, Leiterin der Abteilung Restaurierung & Kunsttechnologie. Ohne sie alle und die freundliche Unterstützung von Hubertus Gaßner und Christoph M. Vogtherr, den beiden ehemaligen Direktoren der Hamburger Kunsthalle, und Brigitte Kölle, Sammlungsleiterin der Kunst der Gegenwart, wäre dieses Projekt nicht möglich gewesen.

Alexander Klar
Direktor, Hamburger Kunsthalle

Barbara Sommermeyer
Restaurierung & Kunsttechnologie Kunst der Gegenwart,
Hamburger Kunsthalle

Claartje van Haaften
RestauratorIn für zeitgenössische Kunst, Berlin

We are very grateful for the generous trust and support given by the Schoof'sche Stiftung and the Wüstenrot Stiftung. Throughout the project we received many valuable contributions from colleagues of our museum as well as from other institutions, and for these we would like to express our sincere thanks. Professionals from diverse research areas were willing to contribute their expertise and experiences, both as speakers and practitioners at the 2018 slide conservation symposium in Hamburg and as authors for this publication; special thanks go to Silvia Castro, Head of the Conservation & Art Technology Department. Without them and the kind support of Hubertus Gaßner and Christoph M. Vogtherr, the two former directors of the Hamburger Kunsthalle and Brigitte Kölle, Head of the Contemporary Art Collection, this project would have not been possible.

Alexander Klar
Director, Hamburger Kunsthalle

Barbara Sommermeyer
Conservation & Art Technology Contemporary Art,
Hamburger Kunsthalle

Claartje van Haaften
Conservator for Contemporary Art, Berlin

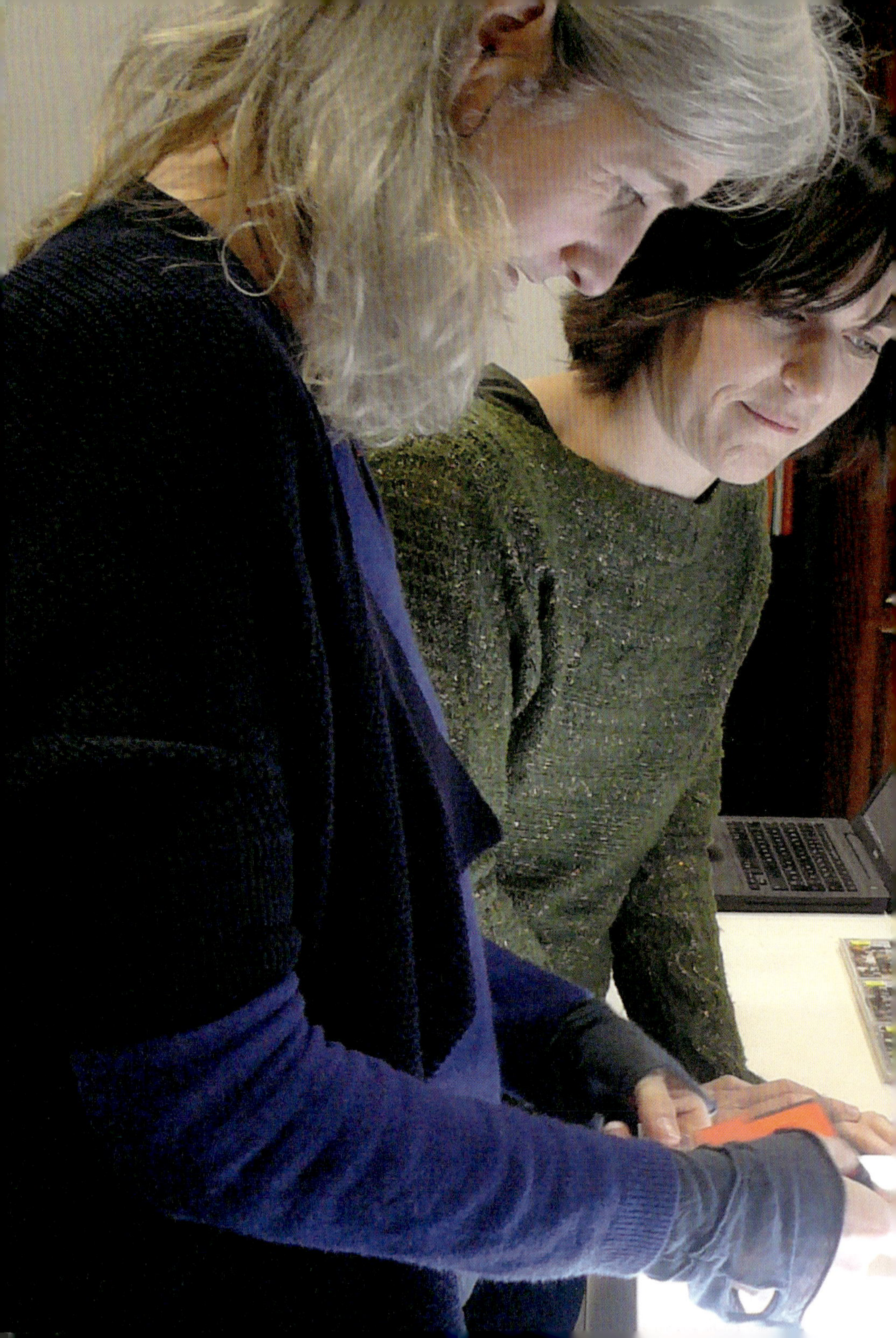

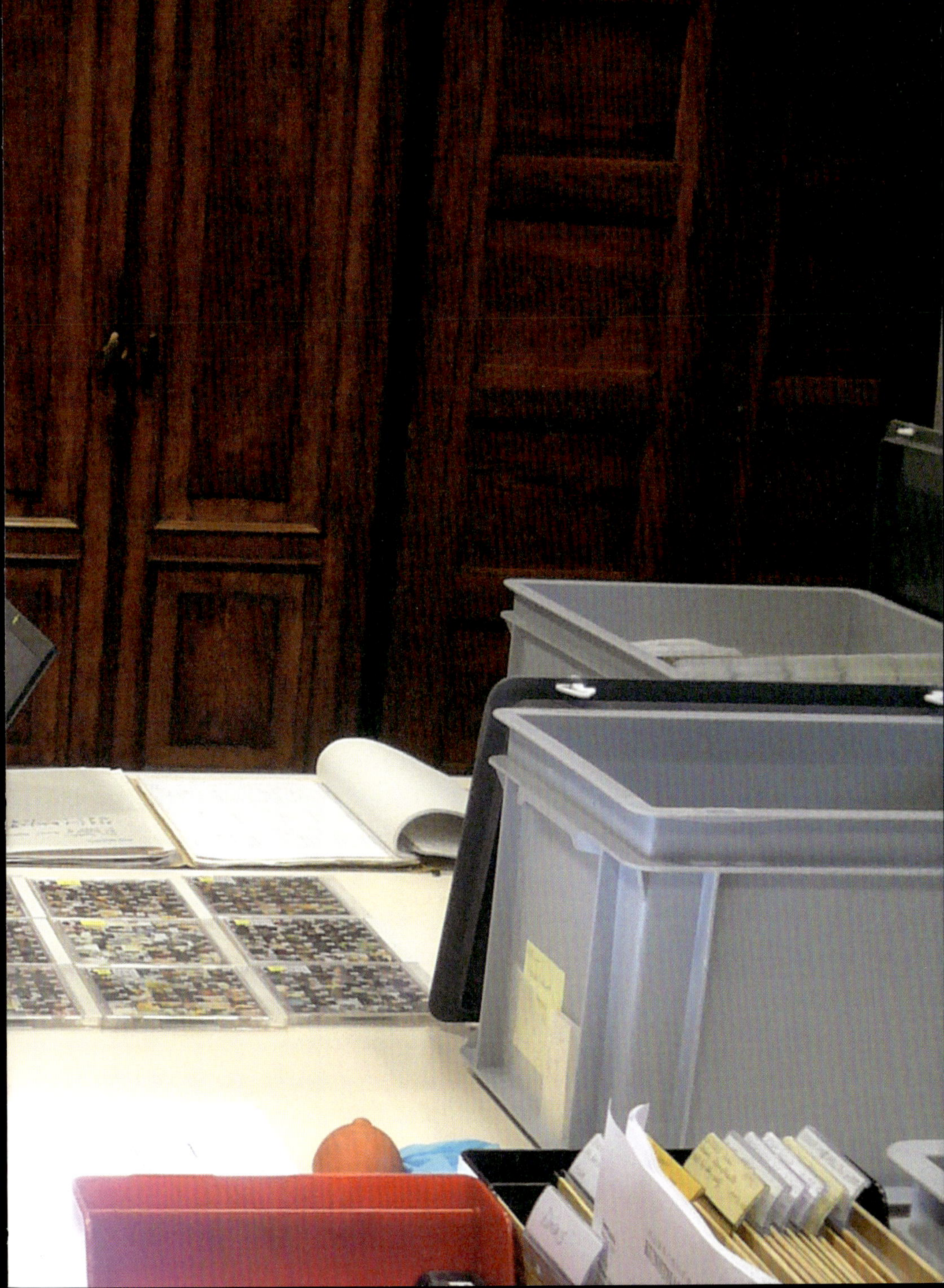

Ein holistischer Ansatz in digitalen Zeiten. Diakonservierung im Museum meistern

Barbara Sommermeyer und Claartje van Haaften

Im Jahr 2015 startete die Konservierungsabteilung der Hamburger Kunsthalle ein auf drei Jahre angelegtes Förderprojekt für die Konservierung und Digitalisierung der zehn diabasierten Kunstwerke der Sammlung.[1] Da die technische Ausstattung für das Projizieren von Dias und Materialien für Ausstellungsduplikate rasch obsolet geworden ist, wurden Strategien für die zukünftige Präsentation dieser Arbeiten untersucht. Ein Workflowdiagramm bietet hierbei einen Überblick über die beiden wesentlichen Konservierungsstrategien sowie über die dafür vorbereitenden Schritte. Für die Abwicklung eines so umfassenden Konservierungs- und Digitalisierungsprojekts wurden die wichtigsten Perspektiven aufgezeigt. Ebenso wird der Umgang mit möglichen Schwierigkeiten geschildert, angesichts der Tatsache, dass jedes Diakunstwerk der Sammlung einzigartig ist.

Der Beginn eines Diakonservierungsprojekts

Eines der Ziele dieses Projekts war es, das Wissen und die Erfahrungen der verwandten Disziplinen zusammenzuführen sowie einen Austausch durch Vorträge, Workshops und eine Publikation noch weiter zu fördern. Denn in Museumssammlungen auf der ganzen Welt kümmern sich heute Restaurator*innen und andere Fachkräfte aus den Bereichen der zeitbasierten Medien, der Fotografie oder der zeitgenössischen Kunst um den Erhalt von Diainstallationskunst, weshalb sich die Forschung auch in allen drei Expert*innengruppen entwickelte. Frühe Forschungen des Fotorestaurators Henry Wilhelm, die 1993 veröffentlicht wurden und sich in erster Linie mit Filmmaterialien und dem Umgang mit Dias beziehungsweise ihrer Aufbewahrung befassten, galten viele Jahre lang als Standardquelle für alle Fachkräfte der Konservierung und Restaurierung.[2] Im Zuge

1 Das Projekt wurde von der Schoof'schen Stiftung und der Wüstenrot Stiftung gefördert.
2 Henry Wilhelm und Carol Brower, *The Permanence and Care of Color Photographs: Traditional and Digital Color Prints, Color Negatives, Slides, and Motion Pictures*, Grinnell (IA) 1993.

An Holistic Approach in Digital Times. Tackling Slide Conservation in Museum Collections

Barbara Sommermeyer and Claartje van Haaften

In 2015 the Hamburger Kunsthalle Conservation Department began a three-year funded project for the preservation and digitisation of all ten slide-based contemporary artworks in the collection.[1] While the technical equipment for the projection of slides and materials for exhibition duplicates had rapidly become obsolete, strategies were explored for the future display of these works. A workflow chart was developed to describe not only the two main conservation strategies but also the preparatory steps. Important perspectives have been shared on how to deal with a large-scale preservation and digitisation project and on concerns that need to be acknowledged, considering that each slide-based artwork in the collection is unique.

Starting a slide conservation project

One of the aims of this project was to bring together knowledge and experiences from related disciplines, fostering an exchange through lectures, workshops and a publication. Nowadays in museum collections all over the world time-based media, photography or contemporary art conservators and associated technicians care for slide-based installation art. Therefore, research progressed from all three different speciality groups. Early research by photographic conservator Henry Wilhelm published in 1993, focusing on slide film materials, and the handling and storage of slides, was for many years a standard source for conservation professionals.[2] Through various conferences and publications, the development of ethical principles and theories of 'good practice' for the care of contemporary art and installation art progressively took shape, based on interdisciplinary research. Not only were the technical and material manifestations addressed, alongside their

1 The project was funded by the Schoof'sche Stiftung and the Wüstenrot Stiftung.
2 Henry Wilhelm and Carol Brower, *The Permanence and Care of Color Photographs: Traditional and Digital Color Prints, Color Negatives, Slides, and Motion Pictures*, Grinnell (IA) 1993.

zahlreicher Konferenzen und Publikationen sowie interdisziplinärer Forschung nahm die Entwicklung ethischer Prinzipien und der Theorien von „good practice" für die sorgfältige Bearbeitung und Aufbewahrung von zeitgenössischer Kunst und Installationskunst allmählich Form an. Dabei ging es nicht nur um die technischen und materialbezogenen Aspekte und um ihre Geschichte und Bedeutung, sondern auch um die verschiedenen Akteure, die an Entscheidungen zur Konservierung beteiligt sind.[3] Im Jahr 2012 organisierten Restaurator*innen für Film und zeitbasierte Medien sowie für zeitgenössische Kunst eine Konferenz in Washington zu Filmen und Diakunst.[4] Damals machten Tina Weidner, Restauratorin für zeitbasierte Medien der Tate, und Jeffrey Warda, Papier- und Fotorestaurator am Solomon R. Guggenheim Museum, besonders auf das Aussterben von Diatechnik aufmerksam und präsentierten ihre jüngste Forschung, die sich mit der Duplizierung und Digitalisierung von Dias sowie dem Erhalt von Diaprojektionen befasste.[5]

Das Projekt der Hamburger Kunsthalle wurde von zwei Restaurator*innen ausgeführt, die sich nicht nur diese Aufgaben, sondern auch die tagtägliche Konservierung und Restaurierung der Sammlung zeitgenössischer bildender Kunst teilten. Zunächst wurde ein detaillierter Aufgabenplan erarbeitet. Sowohl Tina Weidner als auch die Duplizierungsexpert*innen Jochen und Elke Trabandt standen ihnen mit maßgeblichen Ratschlägen zur Seite.[6] Zudem fand ein Wissensaustausch mit anderen Diakonservierungsprojekten sowie mit Kolleg*innen in Institutionen statt, die Editionen der gleichen Werke besitzen. Um einen realisierbaren Arbeitsablauf erstellen zu können, war es als Erstes erforderlich zu verstehen, was mit den Dias während

3 Das Entscheidungsfindungsmodell für die Konservierung und Restaurierung moderner und zeitgenössischer Kunst – Decision-Making Model for the Conservation and Restoration of Modern and Contemporary Art – war eines der Ergebnisse des interdisziplinären Forschungsprojektes „Conservation of Modern Art", durchgeführt von der Foundation for the Conservation of Modern Art / Netherlands Institute for Cultural Heritage, 1996/97, http://www.sbmk.nl/source/documents/decision-making-model.pdf (aufgerufen am 28.12.2018). Es wurde anlässlich der internationalen Konferenz „Modern Art: Who Cares?" (1997) präsentiert, in den Tagungsberichten 1999 veröffentlicht und 2019 in Köln überarbeitet; https://www.th-koeln.de/mam/downloads/deutsch/hochschule/fakultaeten/kulturwissenschaften/f02_cics_gsm_fp__dmmcacp_190613-1.pdf (aufgerufen am 17.8.2019). Weitere Beispiele für Konferenzen und Forschungsprojekte sind „Inside Installations" (2004–2007), „PRACTICs" (2009–2011) und „Contemporary Art: Who Cares?" (2010).

4 Tech Focus II: Caring for Film and Slide Art, 27./28.4.2012, eine Konferenz im Hirshhorn Museum and Sculpture Garden, Smithsonian Institution, Washington, D.C., USA. Siehe die Beiträge von Tina Weidner, Jeffrey Warda und Doug Munson, Kate Jennings (Lewis), Jeffrey Martin, Kerry Brougher sowie die von Sarah Stauderman moderierte Diskussion: http://resources.conservation-us.org/techfocus/techfocus-ii-caring-for-film-and-slide-art-tw/ (aufgerufen am 23.3.2019).

5 Siehe Beitrag Weidner in dieser Publikation.

6 Das Unternehmen Activity-Studios in Esslingen, ein Studio

history and meaning, but so too were the different stakeholders that are involved when conservation decisions need to be taken.[3] In 2012 film- and time-based media along with contemporary art conservators organised a conference about film and slide art in Washington.[4] At this point Tina Weidner, time-based media conservator at Tate, and Jeffrey Warda, paper and photography conservator at the Solomon R. Guggenheim Museum, called special attention to the obsolescence of slide technology and presented their most recent research looking at duplicating and digitising slides and maintaining slide projections.[5]

The project at the Hamburger Kunsthalle was carried out by two conservators who shared the tasks, as well as the day-to-day conservation and restoration of the contemporary fine art collection. First, a detailed plan of assignments was established. Both Tina Weidner and duplication specialists Jochen and Elke Trabandt gave substantial advice.[6] Knowledge was shared with other slide conservation projects and with colleagues at institutions owning editions of the same works. Understanding what happens with slides during the entire process of digitisation and duplication, and how they have to be packed, transported and archived, was highly necessary to create a practicable workflow. The conservation strategy at Tate seemed appropriate for the situation at our museum collection.[7] Following Tate's advice, with respect also to available time and funding, the plan was to examine all artworks and then carry out digitisation of all slides in one session, followed by duplication in four groups (see workflow p. 159). However, this initial idea proved to be wishful thinking. Communication processes

3 The Decision-Making Model for the Conservation and Restoration of Modern and Contemporary Art was one of the results of the interdisciplinary research project 'Conservation of Modern Art' carried out by the Foundation for the Conservation of Modern Art / Netherlands Institute for Cultural Heritage, 1996–1997, http://www.sbmk.nl/uploads/decision-making-model.pdf (accessed: 28.12.2018). It was presented at the international conference 'Modern Art: Who Cares?' (1997), published in the conference proceedings (1999) and revised in Cologne (2019); https://www.th-koeln.de/mam/downloads/deutsch/hochschule/fakultaeten/kulturwissenschaften/f02_cics_gsm_fp__dmmcacp_190613-1.pdf (accessed: 17.8.2019). Further examples of conferences and research projects are 'Inside Installations' (2004–2007), 'PRACTICs' (2009–2011) and 'Contemporary Art: Who Cares?' (2010).

4 Tech Focus II: Caring for Film and Slide Art, 27–28 April 2012, a conference at the Hirshhorn Museum and Sculpture Garden, Smithsonian Institution, Washington DC, USA. See recorded presentations therein by Tina Weidner, Kerry Brougher and Jeffrey Martin, and the discussion moderated by Sarah Stauderman. http://resources.conservation-us.org/techfocus/techfocus-ii-caring-for-film-and-slide-art-tw/ (accessed: 23.3.2019).

5 See essay Weidner in this publication.

6 Jochen and Elke Trabandt founded the company Activity-Studios in Esslingen, Germany, a professional slide duplication studio. www.activity-studios.de Unfortunately, Jochen Trabandt

des gesamten Prozesses der Digitalisierung und Duplizierung geschieht und wie sie verpackt, transportiert und archiviert werden müssen. Die Konservierungsstrategien der Tate erschienen auch auf die Situation in unserer Museumssammlung übertragbar.[7] Dem Ratschlag der Tate folgend und in Hinblick auf die verfügbare Zeit und die Finanzierung war es der Plan, zunächst alle Kunstwerke zu untersuchen. Im Anschluss sollten dann die Digitalisierung aller Dias in einem Durchgang und danach die Duplizierung in vier Gruppen erfolgen (siehe Workflow S. 158). Diese ursprüngliche Idee erwies sich jedoch als frommer Wunsch. Die Kommunikationsprozesse mit den Künstler*innen und ihren Galerien waren sehr verschieden und gingen auch unterschiedlich schnell vonstatten. Es stellte sich zudem heraus, dass sich die Arbeiten technisch nicht vergleichen ließen und sie unterschiedliche Bedürfnisse hatten.

Best practice und Realität in der Bestandserhaltung von Kunstsammlungen

Nach bewährter Regel liefern Künstler*innen beim Ankauf zwei identische Diasätze von hoher Qualität.[8] Diese werden als Museummaster bezeichnet, im Gegensatz zum Künstler*innenmaster, das meist von noch höherer Qualität ist, da es sich um eine frühere Generation handelt. Beim Künstler*innenmaster kann es sich entweder um ein Kameramaster oder Kameraoriginal handeln, das heißt einen Diafilm (Umkehrfilm) aus der Kamera der Künstler*innen, oder um einen Duplizierfilm, der vom Kameraoriginal dupliziert wurde. Das beste Ergebnis wird für gewöhnlich erzielt, wenn die Museumsrestaurator*innen in enger Zusammenarbeit mit den Künstler*innen das Museummaster vom Kameraoriginal herstellen können. Einer der Museummastersätze dient ausschließlich als Referenz und wird das Gebäude im Normalfall niemals verlassen (aus diesem Grund in unserem Produktionsdiagramm rot markiert; siehe Abb. 3, 4 / Beitrag Leonelli S. 144–145). Dieser Satz wird als Archivmaster bezeichnet (manchmal auch Referenzkopie oder Künstler*innen-Ausstellungskopie). Der zweite Museummastersatz dient der Produktion von Duplikaten, ein Vorgang, der mit dem Risiko von Verlust oder Verschleiß verbunden ist (im Produktionsdiagramm gelb markiert).

für die professionelle Duplizierung von Dias, wurde von Jochen und Elke Trabandt gegründet; www.activity-studios.de (aufgerufen am 23.5.2019). Jochen Trabandt verstarb leider während der Laufzeit des Projekts im Jahr 2015. Elke Trabandt führt das Unternehmen seitdem weiter fort und war unser wichtigster professioneller Partner bei der Duplizierung von Dias.

7 Ein weiteres Diakonservierungsprojekt, das unter anderen Umständen durchgeführt wurde und einen veränderten Arbeitsablauf zur Folge hatte, wird von Katrin Pietsch und Lénia Fernandes in dieser Publikation beschrieben.

8 Wenn digitale Dateien die ursprüngliche Quelle für eine analoge Arbeit sind, dann sollten Künstler*innen zusätzlich eine Kopie dieser digitalen Dateien zur Verfügung stellen, die als Museummaster aufbewahrt wird.

with the artists and their galleries were varied and moved at different speeds. It also became clear that the works were not comparable technically and carried different needs.

Best practice and reality in collection care

According to good practice, upon acquisition two identical sets of high-quality slides are delivered by the artist.[8] These are called the museum master in contrast to the artist master, which is usually of a better quality because it is the earlier generation. The artist master can either be an in-camera master or a camera original, which is a slide film (reversal film) the artist has used in his or her camera, or a duplicating film, whereby the artist has duplicated the slides from his or her camera original. If conservation staff can create the museum master in close collaboration with the artist from the camera original, this produces the best situation. One of the museum master sets is for reference only and is never as above to leave the building (also called reference copy or artist's exhibition copy marked red on our production diagram; figs. 3, 4 / essay Leonelli pp. 144–145). This is called the archival master. The other museum master set is used for the production of duplicates, with the risk of loss or wear and tear (marked yellow on the production diagram). This is therefore called the duplication master. The definitions artist master, in-camera master and museum master describe the generation of the slides, while the terms archival master and duplication master describe the purpose for which the set is being used. The colours red, yellow and green on the production diagrams are taken from the colour code of traffic lights, whereby copies marked in green can be used for exhibition display.

The best quality set of slides should be chosen for digitisation and duplication, to avoid copying damages into the work's future evolvement. However, damages can also be considered testimonial, underlining the authenticity of the work (as with Nan Goldin further below). In some cases, we chose not to use the originally acquired set, the museum master, but instead used the artist master. For four works the slides were not digitised, because two artists provided digital master files and two works were reconstructed digitally during duplication (see list of artworks and treatments pp. 169–175). Such decisions require close examination of the condition and a thorough documentation of the technique of each set of slides, at the same time motivating debate about their versions and generations.

died during the course of the project in 2015. Elke Trabandt continued the company and was our main professional partner regarding the duplication of slides.

7 Another slide conservation project with different circumstances, resulting in a different workflow, is presented by Katrin Pietsch and Lénia Fernandes in this publication.

8 If digital files are the source of origin for an analogue work, a copy of the digital files should be provided by the artist additionally and stored as museum master.

Die Definitionen Künstler*innenmaster, Kameramaster und Museummaster beschreiben die Generation der Dias, während die Begriffe Archivmaster und Dupliziermaster den Zweck beschreiben, für den dieser Satz eingesetzt werden soll. Die Farben Rot, Gelb und Grün im Produktionsdiagramm basieren auf dem Farbsystem einer Ampel, wobei grün markierte Kopien in Ausstellungen eingesetzt werden können.

Für die Digitalisierung und Duplizierung sollte der Diasatz mit der besten Qualität verwendet werden, damit sich keine Schäden in zukünftigen Kopien der Arbeit weiter fortsetzen. Gleichwohl können Schäden auch wichtige Zeugen für die Authentizität eines Werks sein (wie im Falle von Nan Goldin, siehe unten). In einigen Fällen entschlossen wir uns dazu, nicht auf den ursprünglich erworbenen Satz, das Museummaster, zurückzugreifen, sondern stattdessen den Künstler*innenmaster zu verwenden. Bei vier Arbeiten wurden die Dias nicht digitalisiert, da zwei Künstler*innen digitale Masterdateien zur Verfügung stellten und zwei Arbeiten im Zuge der Duplizierung digital rekonstruiert wurden (siehe Liste der Kunstwerke und der Maßnahmen S. 168–174). Solche Entscheidungen erfordern eine genaue Untersuchung des Zustands und eine ebenso sorgfältige Dokumentation der Technik jedes Diasatzes, was gleichzeitig die Diskussion über ihre Versionen und Generationen anregt. Auch der Präsentationsaufbau, das Licht und die Atmosphäre im umgebenden Raum sind besondere Merkmale, die zum Verständnis des Werks als Installation wesentlich beitragen. Die erforderlichen Details hierzu sind in den Dokumentationen als Präsentationsvorgaben und Installationsanweisungen zu finden.[9]

Erwerb und Geschichte eines jeden diabasierten Kunstwerks sind unterschiedlich, weshalb wir nicht immer auf zwei qualitativ hochwertige Sätze für jedes Werk zurückgreifen konnten. In solchen Fällen entschieden wir uns, gegen die Regel zu handeln und unter strenger Begleitung einer Restauratorin unser bestes Museummaster zu versenden. Die Digitalisierung wurde an das Unternehmen Picturae in den Niederlanden ausgelagert. Für gewöhnlich wird empfohlen, alle Dias in einer Sitzung zu bearbeiten, da dies die gleichen Softwareeinstellungen und die gleiche Kalibrierung garantiert, Zeit

9 Die Präsentationsvorgaben zweier Arbeiten in der Sammlung der Hamburger Kunsthalle sind unklar. Für *Bleistiftmusik* (1980), eine Edition von Gerhard Rühm, ist nicht bekannt, wie die Dias gleichzeitig mit den Klangstücken – die beide das Kratzen von Bleistift auf einem Blatt wiedergeben – präsentiert werden können. Auch bei der Arbeit von Hilka Nordhausen fehlen die Präsentationsspezifikationen, und die Künstlerin kann dazu nicht mehr befragt werden. Kunstwerke laufen Gefahr, falsch interpretiert zu werden, wenn die Installationsdetails fehlen, wie wir im Zuge eines Gesprächs mit dem Eigentümer der Dauerleihgabe von Robert Barry feststellten. In diesem Fall wurde die Projektion, die eigentlich gigantisch groß sein sollte, im Rahmen einer Präsentation 2018 unwissentlich viel zu klein gezeigt.

Abb. 1 Eine Mitarbeiterin der auf Kulturgut spezialisierten Digitalisierungsfirma Picturae 2016 beim Ausführen der Digitalisierungsvorgänge, Dia für Dia

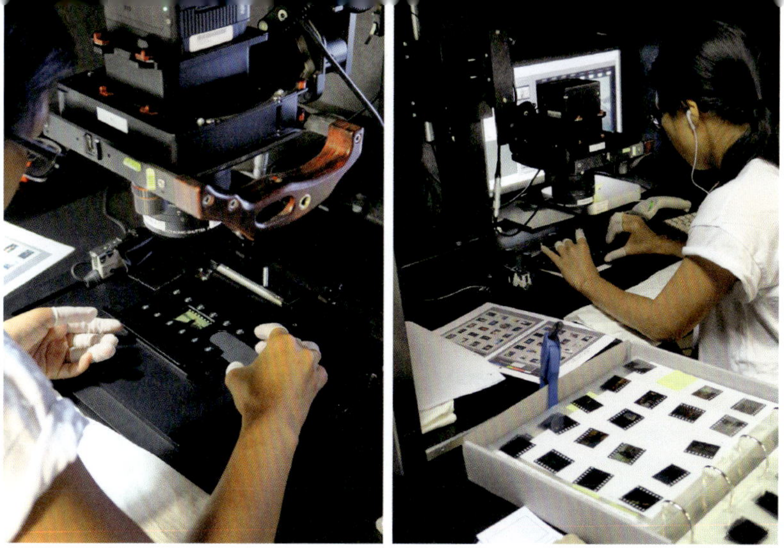

1

Also, the display arrangements, light and atmosphere in the surrounding space are very distinct features for an understanding of the work as an installation. Display specifications and installation instructions are two kinds of documentation that describe the details needed here.[9]

The acquisition and the history of each slide-based artwork is different, and sometimes we were not able to resort to two high-quality sets for each work. In these cases, we decided to go against the rules and to send out our best-quality museum master, under very close supervision by a conservator. Digitisation was outsourced at the company Picturae in The Netherlands. Processing all slides in one session is usually recommended, as this guarantees the same software settings and calibration, while also saving time and lowering the costs (fig. 1).[10] Each single file and slide was thoroughly checked by a conservator. After digitisation the museum master slides were sent to Activity-Studios in Esslingen for duplication (fig. 2). Various exposure and developing times in combination with the available film types

9 The display specifications of two works in the collection of the Hamburger Kunsthalle are inconclusive. For *Bleistiftmusik* (1980), an edition by Gerhard Rühm, it is unknown how to simultaneously present the slides with the sound pieces, both depicting scratchings by a pencil on a sheet. For the work by Hilka Nordhausen, display specifications fail and the artist cannot be asked. Works of art can be misinterpreted if installation details are missing, as we discovered during a conversation with the owner of the long-term loan by Robert Barry. In this case the projection, meant to be gigantic, was unknowingly dwarfed upon display in 2018.

Fig. 1 An employee of the cultural heritage specialised digitisation company Picturae in 2016 at her work desk, carrying out digital photography slide by slide.

spart und Kosten senkt (Abb. 1).[10] Jedes einzelne Dia und jede Datei wurden sorgfältig durch eine Restauratorin überprüft. Nach der Digitalisierung gingen die Museummasterdias an die Activity-Studios in Esslingen zur Duplizierung (Abb. 2). Verschiedene Belichtungs- und Entwicklungszeiten führten in der Kombination mit den noch erhältlichen Filmarten zu unterschiedlichen Ergebnissen. Die Evaluierung dieser Ergebnisse bezüglich Farbqualität, Sättigung und Detailinformation erfolgte, sofern möglich, in enger Abstimmung mit den Künstler*innen oder mit der Restauratorin. Es wurde jeweils ein Kunstwerk nach dem anderen bearbeitet, manchmal wurden kleine Gruppen gebildet, die ähnliche Film- oder Duplizierungstechniken besitzen oder deren Künstler*innen von derselben Galerie vertreten werden. Doch obwohl die Testergebnisse vielversprechend waren, ging uns mitunter die Zeit aus. Duplizierfilme wurden bevorratet, aber sie überschritten dennoch bisweilen das Verfallsdatum beziehungsweise waren für andere Institutionen oder Künstler*innen reserviert, sodass sie für uns nicht mehr zur Verfügung standen. Durchschnittlich wurden drei Duplikate für jede Arbeit angefertigt, wobei die beliebteren Arbeiten häufiger dupliziert wurden. Mittelformatdias wurden in Übersee reproduziert, was sich aufgrund der fehlenden persönlichen Zusammenarbeit als schwierig erwies.

Die Erhaltung des analogen Originals

Das drohende Aussterben ist ein unmittelbares Problem. Solange wie möglich sollten analoge diabasierte Kunstwerke gewartet und veraltete Geräte repariert werden, um die authentischen Ideen und historischen Werte zu erhalten, die mit diesen Kunstwerken verbunden sind.[11] Digitalisierung ist heutzutage die naheliegendste Empfehlung für Bestandserhaltung. Und dennoch, während wir die Arbeiten durchaus für eine digitale Zukunft vorbereiten, halten wir es für ganz wesentlich, die analogen Dias zu untersuchen und sie so lange wie möglich in ihrer analogen Projektion wahrnehmen zu können. Wir müssen zunächst ein Bewusstsein für die Qualität und die Eigenschaften dieses originalen Mediums entwickeln, bevor wir überhaupt in der Lage sein können, Verluste oder Veränderungen während der Digitalisierung der Werke zu identifizieren.

10 Von jedem 35-mm-Dia wurden zwei Scans angefertigt: eines vom gesamten Diafilmbild, einschließlich Perforation, und ein zweites der beschnittenen Abbildung. Beide Scans wurden zu Dokumentationszwecken als JPG Stufe 10 mit niedriger Auflösung mit ca. 1000 × 900 Pixel, 16 bit, RGB, 700 dpi gespeichert und für die Projektionsdarstellung als TIFF mit hoher Auflösung mit ca. 6600 × 4400 Pixel, 16 bit, RGB, 4600 ppi gespeichert. Für Erläuterungen zu der Arbeitsweise von Picturae siehe Beitrag Weidner in dieser Publikation. www.picturea.nl (aufgerufen am 23.3.2019).

11 Barbara Sommermeyer und Claartje van Haaften, „Examining the digital future of analogue slide-based artworks at the Hamburger Kunsthalle“, in: *Studies in Conservation*, 61, Suppl. 2, 2016, S. 219–226.

Abb. 2 Elke Trabandt prüft Testserien von Duplikaten am Leuchttisch. Pinregisterte FOROX-Hochpräzisionskameras, Activity-Studios, Esslingen.

2
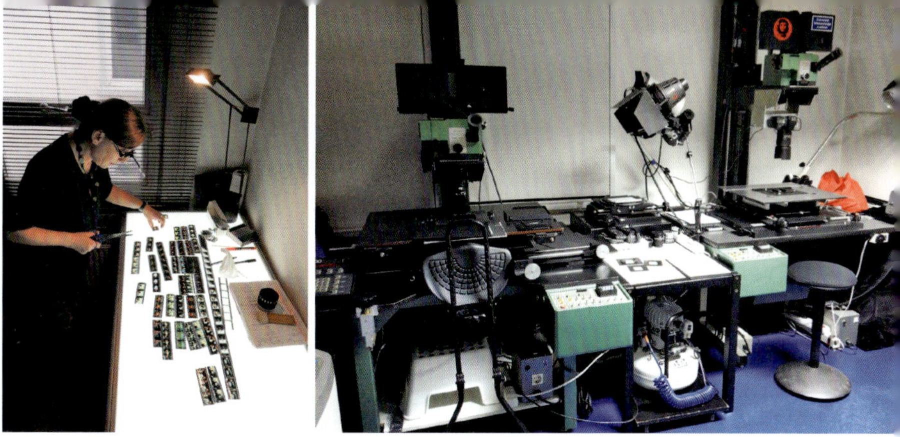

led to different results. The quality of the colours, saturation and detailing was evaluated in close dialogue either with the artist, if feasible, or with a conservator. We dealt with one artwork at a time, or with small groups of a similar kind of film or duplication technique, or the same gallery representing the artists. Even when the test results were promising, time sometimes ran out. Duplicate films were stockpiled but may have passed the perishable date or been reserved for other institutions or artists, meaning they could become unavailable later. On average, three duplicates were made for each work, while the more popular works needed a larger number of sets for display. Medium-format slides were reproduced overseas, which proved difficult in the absence of a personal collaboration.

Maintaining the analogue original

The threat of obsolescence is an immediate concern. Analogue slide-based works of art should be maintained and outdated equipment repaired for as long as possible, because of the authentic notions and historic values shared by these artworks.[11] Today digitisation is the most obvious recommendation for preservation. Still, while preparing the works for a digital future, we consider it highly essential to examine the analogue slides and experience

10 Two scans were made from each 35 mm slide: one of the full slide film image, including perforation, and a second of the cropped image only. Both scans were saved for documentation as JPG level 10 at low resolution with ca. 1000 × 900 pixel, 16 bit, RGB, 700 dpi and for projection display saved as TIFF at high resolution with ca. 6600 × 4400 pixel, 16 bit, RGB, 4600 ppi. For further details about the digitisation methods of Picturae see essay Weidner in this publication. www.picturea.nl (accessed: 23.3.2019).

11 Barbara Sommermeyer & Claartje van Haaften, 'Examining the digital future of analogue slide-based artworks at the Hamburger Kunsthalle', in: *Studies in Conservation*, 61: suppl. 2, 2016, pp. 219–226.

Fig. 2 Elke Trabandt checking duplicate test series on a light table. Pin-registered FOROX high precision cameras, Activity-Studios, Esslingen.

Dias galten ursprünglich als billig, wurden in Masse produziert und waren technisch einfach, obwohl Diavorführungen in der damaligen Zeit auch in äußerst groß angelegten, extravaganten Projektionen auf dem kommerziellen Markt zum Einsatz kamen. Abgesehen von der Brillanz des projizierten Bilds und anderer Eigenschaften, liegt der Reiz von diabasierter Kunst aber gerade in den Rahmenbedingungen einer gewissermaßen niedrigschwelligen Kunst. Mit zeitgenössischen Arbeiten in antiquierter Technik haben Künstler*innen genau dieses Element betont oder gewürdigt. Wir wiederum betrachten dies als wichtigen Teil des Originals.

Die Arbeit des belgischen Künstlers Geert Goiris (geb. 1971) veranschaulicht den ungewollten Verlust von Integrität, wenn vorgesehene Präsentationstechniken aufgegeben werden. Goiris ist ein Beispiel für eine jüngere Generation von Künstler*innen, die Diaprojektoren in ihre Arbeiten integrieren, obwohl die Technik bereits als veraltet gilt.[12] Der Einsatz eines nur mehr schwer erhältlichen Projektors von bestimmter Konstruktionsweise und Projektionsqualität kann eine bewusste Entscheidung sein. In seiner Arbeit *Whiteout* (2008–2011) machte Goiris mit seiner Kamera Aufnahmen in der Antarktis, unter extremen Wetterbedingungen, die als „Whiteout" bekannt sind, und in denen die Luft von Eiskristallen gesättigt ist. Dies führt zu einem Streulicht, in dem Horizont und weitere Details in einer ohnehin schneeweißen Landschaft völlig verschwinden. Sowohl dieses Phänomen als auch die Projektion mit Licht bei einer Kunstinstallation sind „eine Transformation von Materie in Licht".[13] Die Intention der Arbeit und die Geräte sind deshalb konzeptuell miteinander verflochten.

Der Einsatz und die Einschränkungen eines Diaschlittens, wie er in Goiris' Arbeit vorkommt (49 Mittelformatdias), oder eines Diakarussells, wie es die meisten Künstler*innen verwenden (80 Dias, 35-mm-Format) – entweder in Endlosschleife oder für eine Anzahl von Projektoren programmiert und tonsynchronisiert –, sind ebenfalls interessante analoge Merkmale und ordnen Dias den zeitbasierten Medien zu. Mit ihrer berühmtesten Arbeit *The Ballad of Sexual Dependency* (1992) schuf die amerikanische Fotografin Nan Goldin (geb. 1953) eine 45 Minuten dauernde Diaschau mit neun Karussellen, die an die 700 Dias enthalten.[14] Die Abbildungen stellen ihre engsten Freunde und sie selbst in verletzlichen, oft kompromittierenden privaten Szenen dar, entstanden zwischen den 1970er-Jahren und dem Beginn der 1990er-Jahre. In der Frühphase präsentierte Goldin die Dias mit zwei Projektoren, wobei sie und ein technischer Assistent die Karusselle während

12 Siehe Beitrag Kölle in dieser Publikation.

13 Zitat aus einem Künstlergespräch der Kuratorin Brigitte Kölle mit Geert Goiris und Tris Vonna-Michell im Rahmen der Tagung „Back to the Future! Im Karussell der Diakonservierung", Hamburg 2018; https://www.hamburger-kunsthalle.de/podiumsdiskussionen-und-artist-talk (aufgerufen am 25.7.2019).

14 Siehe Elisabeth Sussman, „In/Of Her Time: Nan Goldin's Photographs", in: *Nan Goldin. I'll be Your Mirror*, Ausst.-Kat. Whitney Museum of American Art, New York, Zürich u. a. 1996, S. 25–44.

them in their analogue projection for as long as possible. We need to develop an awareness of the quality and characteristics of the original medium first, in order to be able to analyse loss or changes when digitising those works.

Slides were treated as cheap, mass-produced and low-tech, even though at the time slide shows were also used for commercial marketing in very large-scale, extravagant projections. The appeal of slide-based art, apart from the brilliance of the projected image and other qualities, can specifically stem from this low-art type of framework. With contemporary works in an antiquated technique, artists may have underlined or appreciated exactly this feature. We consider it to be part of the original.

The work by Belgian artist Geert Goiris (b. 1971) illustrates unwanted loss of integrity when giving up on originally intended display technique. Goiris is an example of a younger generation of artists who incorporate slide projectors in their work after the technique had become obsolete.[12] The use of a rare projector with a certain design and quality of projection can be a deliberate choice. In his work *Whiteout* (2008–2011), Goiris shot with his camera in the Antarctic in extreme weather conditions called 'whiteout', in which the air is saturated with ice crystals, leading to scattered light in which the horizon and other details in an already snowy white landscape completely disappear. Both this phenomenon and the art installation as a projection with light are 'a transformation of matter into light'.[13] The meaning of the work and the equipment are thus conceptually intertwined.

The use and restrictions of a slide tray, as seen in Goiris' work (forty-nine medium-format slides), or a carousel as used by most artists (eighty slides, 35 mm format), played as a loop or programmed with a number of projectors and sound-synchronised, are also interesting analogue features and categorise slides as time-based media. With her most famous work *The Ballad of Sexual Dependency* (1992), the American photographer Nan Goldin (b. 1953) created a 45 minute slide show with nine carousels containing nearly 700 slides.[14] The images depict her closest friends and herself in vulnerable and often compromising private scenes from the 1970s until the early 1990s. In the early stages Goldin presented the slides using two projectors, while she and a technical assistant exchanged the carousels by hand during the show. This

12 See essay Kölle in this publication.

13 Quote from an artist talk by Brigitte Kölle with Geert Goiris and Tris Vonna-Michell at the symposium 'Back to the Future! Im Karussell der Diakonservierung'. Hamburg 2018; https://www.hamburger-kunsthalle.de/podiumsdiskussionen-und-artist-talk (accessed: 25.7.2019).

14 See Elisabeth Sussman, 'In/Of Her Time: Nan Goldin's Photographs', in: Nan Goldin. *I'll be Your Mirror*, exh. cat., Whitney Museum of American Art, New York, Zurich et al. 1996, pp. 25–44.

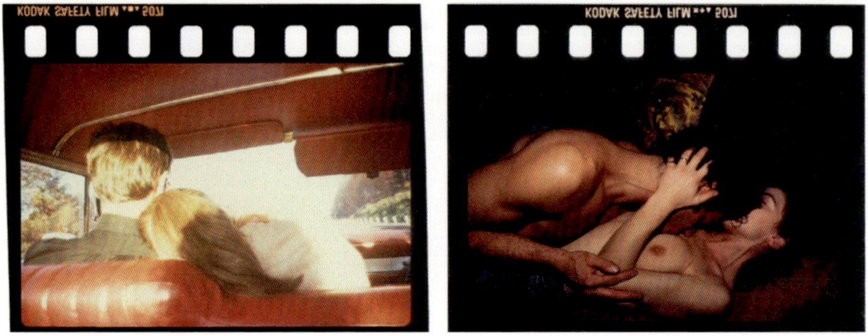

3 a, b

der Schau händisch auswechselten. Dieser performative Charakter ging verloren, als die Präsentation für neun Projektoren und Ton programmiert wurde. Die Präsentation löste sich damit von der Anwesenheit der Künstlerin und war dadurch auch für den Kunstmarkt besser geeignet. Dennoch spielt der performative Aspekt eine bedeutende Rolle; daher versuchen wir diesen zu erhalten, indem wir das Werk tagsüber zu festen Zeiten in einem kinoähnlichen Ambiente zeigen anstatt in Dauerschleife. Für diese Arbeit mag es ein logischer nächster Schritt (sowie eine kostengünstigere und auch demokratischere Lösung) sein, sie mittels eines Beamers in eine digitale Präsentation umzuwandeln.[15] Möglicherweise wird die Bildqualität von digitalen Projektionen sich bald derart gut weiterentwickelt haben, dass sogar die Überblendung von Dias imitiert werden kann. Dennoch bleibt der Anachronismus: Goldin war stets und ist eine analoge Fotografin, die sich einfach nicht für Technik interessiert.[16] In ihren frühen Jahren bezeichnete sie ihren Stil sogar als „Kratzer-und-Staub-Schule“ (Abb. 3 a, b).[17] Die Arbeit in unserer Sammlung ist nicht nur ein sehr eindringliches Beispiel für diese Epoche, sie ist auch eine besondere Version: ein sogenanntes Künstler*innenexemplar. Wir fanden gespiegelt duplizierte Abbildungen, signifikante Fehler, die bereits in die Bilder mit hineinkopiert, sowie Perforationen des Diafilms,

15 Fergus O’Connor von der Tate untersuchte Methoden zur Identifizierung und Übertragung von Synchronisationssignalen und präsentierte diese im Rahmen der Electronic Media Group am American Institute for Conservation AIC 44th Annual Meeting, das vom 13. bis 17.5.2016 in Montreal stattfand: „Slow Dissolve: Re-Presenting Synchronized Slide-Based Artworks in the 21st Century“, in: *The Electronic Media Review*, Bd. 4, 2015/16; http://resources.conservation-us.org/emg-review/volume-4-2015-2016/oconnor/ (aufgerufen am 3.6.2019).

16 In einem Gespräch mit Goldins Atelierassistenten in Berlin wurde klar, dass die Künstlerin kein Interesse an Technik hat, wenngleich sie weder gegen technische noch gegen digitale Entwicklungen ist.

17 Stephen Westfall, „Nan Goldin“, in: *Bomb Magazine*, 37, 1.10.1991, https://bombmagazine.org/articles/nan-goldin/ (aufgerufen am 21.1.2019). „NG: […] Die Schule, in die wir gingen, war eine ‚rocking tree school‘, wo die Fotografien absolut keinen Inhalt hatten, aber perfekte Bilder und perfekte Abzüge entstanden. Und Fotografen, besonders männliche, sprachen ausschließlich über ihre Kameras und ihre Ausrüstung. Meine Reaktion darauf war, nichts mit all dem zu

4, 5

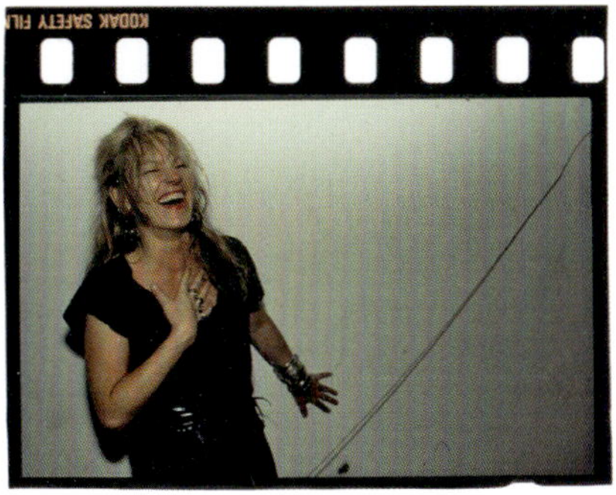

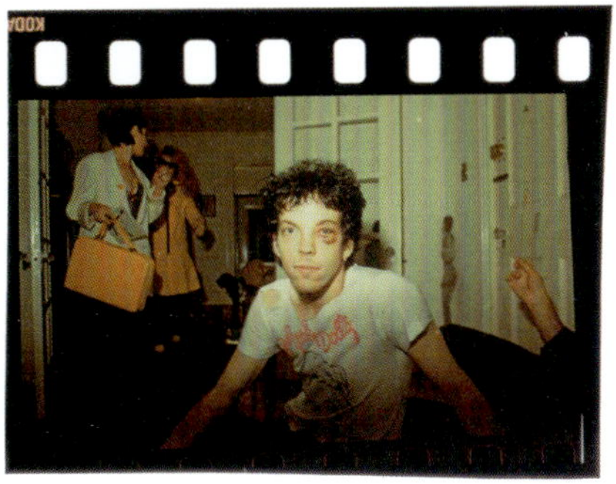

performative character disappeared after the set-up was programmed for nine projectors and sound. Its display became independent from the artist's presence and more suitable for the art market. Nevertheless, the performative aspect plays an important role which we keep alive when we present the work in a cinema gallery setting at certain times throughout the day instead of in a continuous loop. For this work it might seem a logical next step (as well as a lower-priced and more democratic solution) to transform it into a digital presentation using a beamer-projector.[15] Maybe soon the image quality of digital projection will progress even further and the cross-fading of slides can be imitated in a similar manner. Yet we are left with the anachronism that Goldin is and always was an analogue photographer, who is just not interested in technique.[16]

6

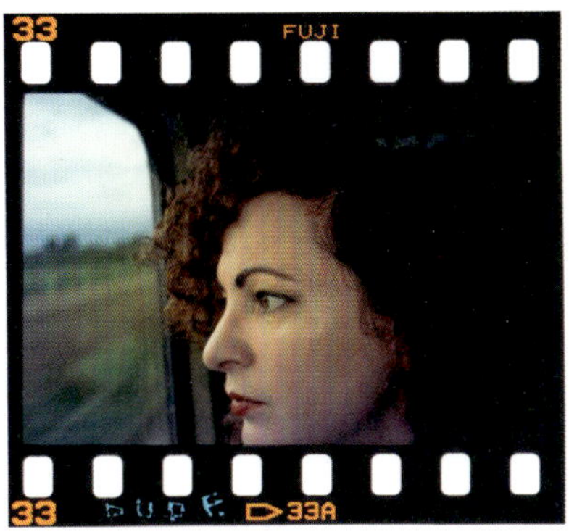

15 Fergus O'Connor at Tate investigated methods to identify and translate synchronisation signals and presented them at the American Institute for Conservation AIC 44th Annual Meeting, 13–17 May 2016, Montreal, Canada, at the Electronic Media Group: 'Slow Dissolve: Re-Presenting Synchronized Slide-Based Artworks in the 21st Century', in: *The Electronic Media Review*, vol. 4, 2015–2016; http://resources.conservation-us.org/emg-review/volume-4-2015-2016/oconnor/ (accessed: 3.6.2019).

16 In a conversation with Goldin's studio assistants in Berlin it became clear that the artist is not interested in technology but also that she is not against either technical or digital developments.

Figs. 3 a, b Nan Goldin, *The Ballad of Sexual Dependency*, 1992 (acc.-no. G-1995-7), uncropped scans. Left: slide no. 30.01. Right: slide no. 21.73. The slides of our museum master are only two examples of numerous of mirrored film, recognisable by the inscription in the perforation margin. The mirrored rotation of an image can happen accidentally during reproduction, or it might be a conscious choice by the artist.

Fig. 4 Uncropped scan: Nan Goldin, *The Ballad of Sexual Dependency*, 1992 (acc.-no. G-1995-7), slide no. 22.52. Perforation is cut off and dust particles are copied in.

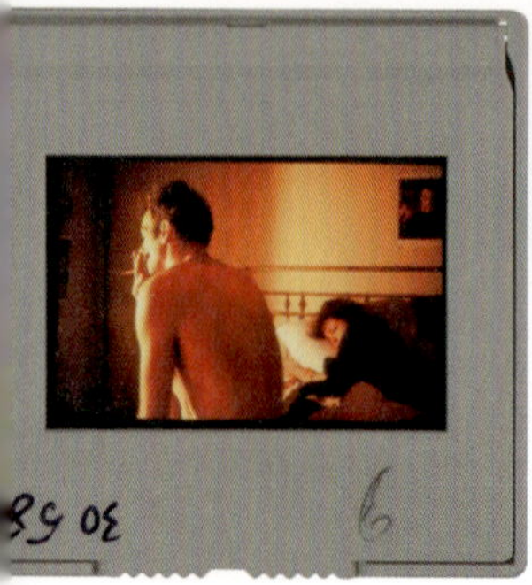

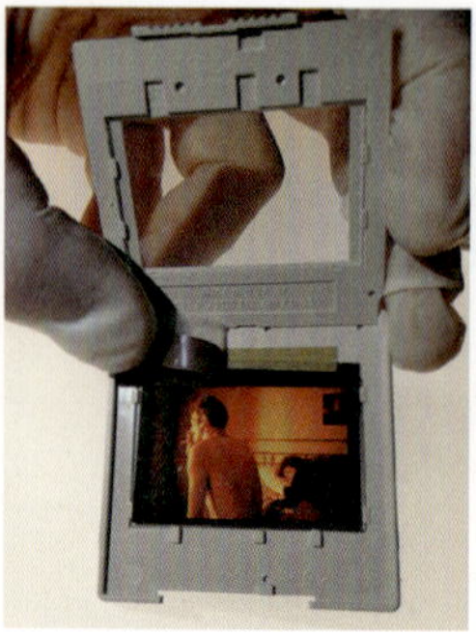

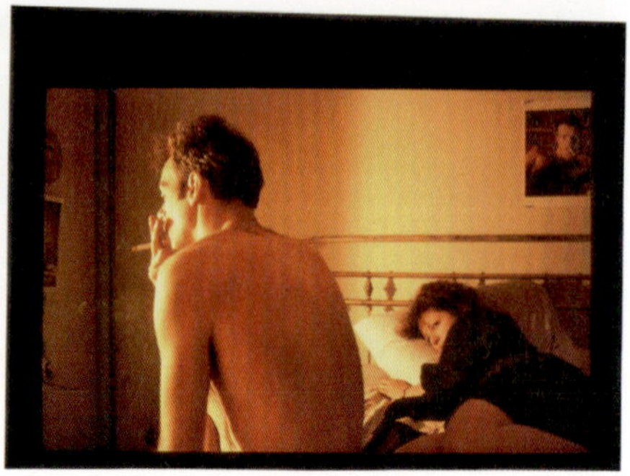

7

die beschriftet oder abgeschnitten worden waren (Abb. 4–7). Obwohl Goldin diese Mängel zu jener Zeit akzeptiert hatte, korrigierte sie diese in den späteren Editionen der gleichen Arbeit.

Entscheidungsfindungen im Vergleich: Nan Goldin, Hilka Nordhausen und Tris Vonna-Michell

Warum verwendet man im einen Fall das Museummaster und im anderen das Artistmaster für die Duplizierung? Grundsätzlich ist unser Museummaster die authentische und historisch festgelegte Version, wie im Fall von Nan Goldin. In ihrer Arbeit *The Ballad of Sexual Dependency* respektieren wir den Zustand unseres Museummasters aufgrund des einzigartigen Status als Künstler*innenexemplar. Unsere Ausstellungsduplikate wie auch die digitalen Kopien enthalten all die Fehler, die auch auf den Abbildungen des Museummasters vorhanden sind. Die einzigen Verbesserungen, die wir zuließen, waren minimale Ausrichtungen der Diabilder in ihren Rahmen. Die späteren Editionen von *The Ballad of Sexual Dependency* weisen alle verschiedene Modifikationen im Kern der Arbeit auf, wodurch jeweils ein leicht unterschiedlicher Charakter entsteht. Variierende Motive wurden eingefügt und die Dias selbst sind Duplikate unterschiedlicher Generationen (Abb. 8). Dies ist ein Beleg für die Art und Weise, in der Goldin arbeitet, und Gleiches gilt für ihr

tun haben zu wollen. Tatsächlich nannten wir uns die Kratzer-und-Staub-Schule. (*lacht*) Jetzt, wo meine frühen Schwarz-Weiß-Arbeiten veröffentlicht werden, wird das ein bisschen zum Problem, da meine Negative so beschissen sind. Meine Studenten sind immer noch schockiert, wie wenig ich über Technik weiß. Sie bringen mir eine Menge bei."

Abb. 3 a, b Nan Goldin, *The Ballad of Sexual Dependency*, 1992 (Inv.-Nr. G-1995-7), unbeschnittene Scans. Dias Nr. 30.01 und 21.73. Die Dias unseres Museummasters sind nur zwei Beispiele von vielen, die gespiegelten Film zeigen, zu erkennen an der Filmkennzeichnung am Perforationsrand. Eine eine Spiegelung des Bildes kann ungewollt bei der Reproduktion entstehen, kann aber auch eine bewusste Entscheidung der Künstler*innen sein.

Abb. 4 Unbschnittener Scan: Nan Goldin, *The Ballad of Sexual Dependency*, 1992 (Inv.-Nr. G-1995-7), Dia Nr. 22.52. Die Perforation ist abgeschnitten und Staubfussel sind mit einkopiert.

Abb. 5 Nan Goldin, *The Ballad of Sexual Dependency*, 1992 (Inv.-Nr. G-1995-7), unbeschnittener Scan. Dia Nr. 12.68. Die untere Perforation wurde abgeschnitten und gleichzeitig am unteren Bildrand in das Duplikat mit einkopiert. In der Edition der Tate 8/10 von 2015 ist dieser Fehler durch eine Vergrößerung nicht mehr vorhanden.

8

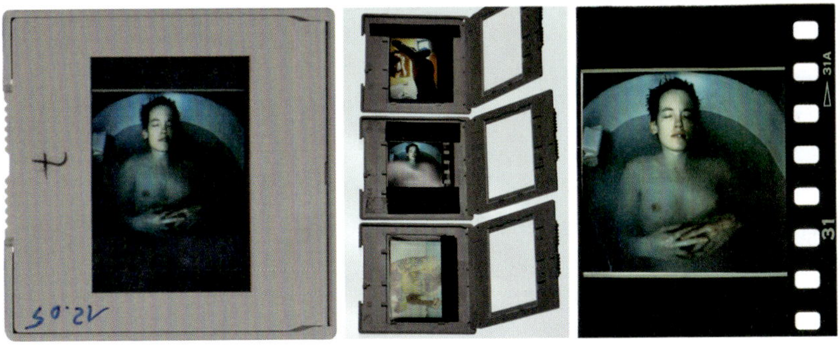

In her early years she called her style 'the scratch and dust school' (figs. 3 a, b).[17] Our work is not only a very strong example of this era, it is also a remarkable version: an artist proof. We found mirrored duplicated images, significant imperfections already copied into the images and perforations of the slide film marked or cut off (figs. 4–7). While Goldin accepted those flaws at the time, she corrected them in the later editions of the same work.

Specific cases of decision-making: Nan Goldin, Hilka Nordhausen and Tris Vonna-Michell

Why use the museum master in one instance while preferring the artist master in another? In principle, we refer to our museum master as the authentic and historically frozen version, such as with the Nan Goldin case. In her work *The Ballad of Sexual Dependency*, we respect the condition of our museum master because of its unique status as an artist proof. Our duplicates for display as well as the digital copies include all the pre-existing flaws that appear in the images. The only improvements we allowed were a few minimal alignments of the slide images in their frames. The later editions of *The Ballad of Sexual Dependency* all show modifications to the core of the work, resulting in a slightly different character.

Fig. 5 Nan Goldin, *The Ballad of Sexual Dependency*, 1992 (acc.-no. G-1995-7), uncropped scan. Slide no. 12.68. Bottom perforation is cut off and at the same time copied into the duplicate at the bottom edge of the image. In the Tate edition 8/10 from 2015 this flaw was zoomed out and is no longer present.

Fig. 6 Nan Goldin, *All By Myself*, 1993–1997, (acc.-no. G-1998-1), uncropped scan of slide no. 2.42. Fujichrome Duplicating Film CDU Type II, which was marked 'DUPE' at bottom perforation edge to avoid any confusion with a camera original reversal film.

Fig. 7 Nan Goldin, *The Ballad of Sexual Dependency*, 1992 (acc.-no. G-1995-7), slide no. 30.58. From left to right: mounted, taped in mount and unmounted (uncropped scan). Sheet duplicating film was used as there are no perforations visible at top and bottom edges.

Fig. 8 Nan Goldin, *The Ballad of Sexual Dependency*, 1992 (acc.-no. G-1995-7), slide no. 12.05. From left to right: mounted, taped in mount and unmounted (uncropped scan). The slide was obviously photographed from a mounted slide; the edges of the mount are visible and were blackened out with Agfa Gaevert film sheet.

17 Stephen Westfall, 'Nan Goldin', *Bomb Magazine*, issue 37, 1 October 1991; https://

Archiv. So konnten wir keine Sätze ausfindig machen, die mit unseren Dias übereinstimmten und diesen auch in ihrem Charakter durchgängig ähnelten.

Im Fall der Konzeptkünstlerin Hilka Nordhausen (1949–1993) befanden wir uns in einer anderen Situation. In der Sammlung der Hamburger Kunsthalle ist Nordhausen mit dokumentarischen Arbeiten vertreten. Die Künstlerin hielt zu verschiedenen Anlässen Vorträge, bei denen Diaprojektoren zum Einsatz kamen. Die Quelle für diese performativen Vorträge, die wie der zugehörige Katalog den Titel *Melonen für Bagdad* tragen, war ihr umfassendes Archiv an Fotografien, Postkarten sowie Ausschnitten aus Notizen und Zeitschriften.[18] An jedem Standort veränderte sie die Dias. Beim Ankauf im Jahr 2002 erhielten wir vom Nachlass der verstorbenen Künstlerin drei Karusselle nummerierter Dias, inklusive einer Tonaufnahme eines ihrer Vorträge; diese Version trägt den Titel *Fragmente aus Melonen für Bagdad* (1990). Bei näherer Untersuchung stellte sich heraus, dass dieser Satz von einem Originalsatz dupliziert wurde, der sich in ihrem Nachlass-Archiv befindet. Die originalen Dias waren eine Kombination von Duplizierfilm, Kameraumkehrfilm, kommerziell produzierten Dias und händisch manipuliertem Film (z. B. gelöchert oder bemalt) (Abb. 9). In beiden Sätzen fehlten einige Dias, viele waren verfärbt oder wiesen andere Abnutzungserscheinungen auf. Bei dieser Vielfalt an Materialien des Originalsatzes (Künstler*innen-Satz) waren Schwierigkeiten bei Duplizierung und Reproduktion zu erwarten. Glücklicherweise und ein wenig überraschend waren unsere Duplikate (Museummaster) den Originalen hinsichtlich ihrer Qualität sehr ähnlich und wiesen all die Besonderheiten des Künstler*innenmasters der früheren Generation auf. Unsere Museummasterdias bestanden aus nur einer Filmart, was sehr hilfreich für eine Duplikatherstellung mit durchgängig guter Qualität ist. Aus diesem Grund bevorzugten wir für die Duplizierung in

Abb. 6 Nan Goldin, *All By Myself*, 1993–1997 (Inv.-Nr. G-1998-1), unbeschnittener Scan von Dia Nr. 2.42. Fujichrome-Duplizierfilm CDU Typ II, markiert mit „DUPE“ am unteren Perforationsrand, um eine Verwechselung mit Kameraoriginal-Diafilm zu vermeiden

Abb. 7 Nan Goldin, *The Ballad of Sexual Dependency*, 1992 (Inv.-Nr. G-1995-7), Dia Nr. 30.58. Von links nach rechts: gerahmt, mit Klebeband im Rahmen fixiert und ungerahmt (unbeschnittener Scan). Ein Duplizierplanfilm wurde verwendet, da am oberen und unteren Rand keine Perforation sichtbar ist.

Abb. 8 Nan Goldin, *The Ballad of Sexual Dependency*, 1992 (Inv.-Nr. G-1995-7), Dia Nr. 12.05. Von links nach rechts: gerahmt, im Rahmen mit Klebeband fixiert und ungerahmt (unbeschnittener Scan). Das Dia wurde offensichtlich von einem gerahmten Dia abfotografiert, die Ränder des Rahmens sind sichtbar und wurden mit blickdichter Agfa Gaevert Filmfolie abgeklebt.

Abb. 9 Hilka Nordhausen, *Fragmente aus Melonen für Bagdad*, 1990 (Inv.-Nr. G-2002-7-a-b), 6 Dias vom Künstler*innenmaster. Verschiedene Techniken im Originalsatz: Glasmalerei, gelöcherte Folien, Rahmen aus Pappe und Plastik.

18 Hilka Nordhausen, *Melonen für Bagdad*, Ostheim/Rhön, Dezember 1990. Siehe auch das Online-Archiv unter http://www.hilkanordhausen.de (aufgerufen am 20.4.2019).

Varying motives are mixed in, and the slides themselves are duplicates of different generations (fig. 8). This illustrates the way Goldin works. In addition to the way her archive is kept, we were not able to source sets of exact similar slides, consistent also in character to our slides.

In the case of conceptual artist Hilka Nordhausen (1949–1993), we were in a different situation. In the Hamburger Kunsthalle's collection, Nordhausen is represented by a documentary type of work. The artist lectured on different occasions using slide projectors. For these performative lectures, called *Melonen für Bagdad* and accompanied by a catalogue, her large archive of photographs, postcards, snippets of notes and magazines was sourced.[18] At each venue she rearranged the slides. Upon acquisition in 2002 the estate of the deceased artist provided three carousels of numbered slides, including a sound recording from one of her lectures; this version was entitled *Fragmente aus Melonen für Bagdad* (1990). Upon closer examination, this set was duplicated from an original set of slides, which is kept at her estate and contains a combination of duplicate film,

bombmagazine.org/articles/nan-goldin/ (accessed: 21.1.2019). 'NG: [...] When we went to school, it was the rocking tree school where your photographs had absolutely no content, but you made perfect pictures and perfect prints. And photographers, particularly male, only discussed their cameras and equipment. My response was to not get involved with that at all. Actually, we used to call ourselves the scratch and dust school. (*laughter*) Unfortunately, now that somebody is printing my early black-and-white work, it's a bit of a problem because my negatives are so fucked-up. My students are still shocked by how little I know technically. They teach me a lot.'

18 Hilka Nordhausen, *Melonen für Bagdad*, Ostheim/Rhön, December 1990. See also the online archive at http://www.hilkanordhausen.de (accessed: 20.4.2019).

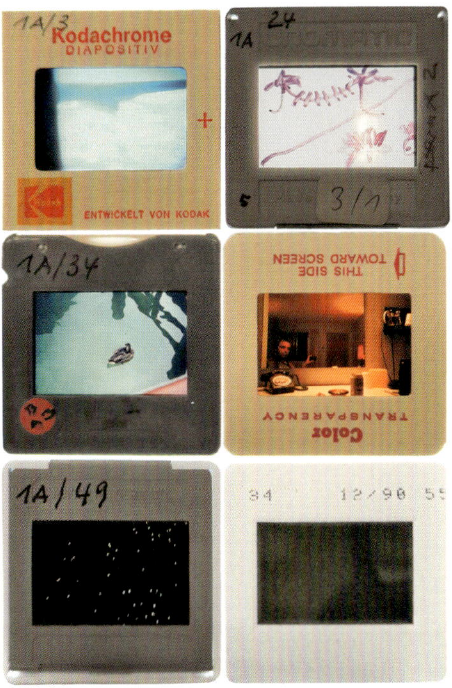

9

Fig. 9 Hilka Nordhausen, *Fragmente aus Melonen für Bagdad*, 1990 (acc.-no. G-2002-7-a-b), six slides from the artist master. Various techniques in the original set: glass paintings, pin-holed foils, cardboard and plastic mounts.

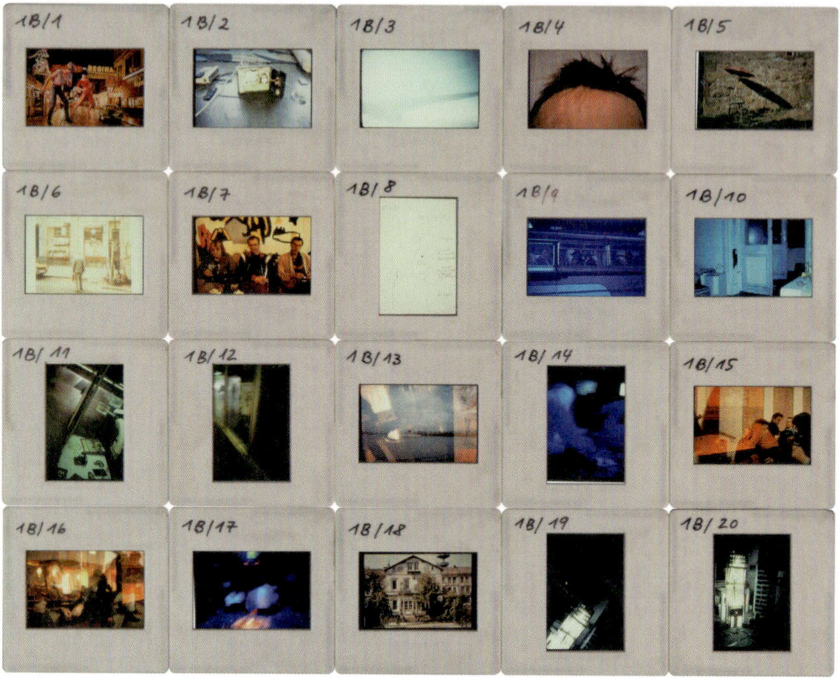

10 a

diesem Fall – trotz der Verfügbarkeit der Originale – das Museummaster und nicht das Künstler*innenmaster aus der „früheren Generation" (Abb. 10 a, b).

In einem dritten Fall hatten wir ähnlich viel Glück, da uns der Künstler Tris Vonna-Michell (geb. 1982) einen Diasatz für seine Arbeit *Finding Chopin* (2008/2018) zur Verfügung stellte, der keine Verfärbungen von früheren Projektionen aufwies und von der gleichen Beschaffenheit und Machart war wie unser Museummaster. Vonna-Michell ist äußerst interessiert an analoger Diatechnologie sowie an Bildern guter Qualität. Er möchte zudem nicht, dass seine Installationen statisch sind, und befürwortet Veränderungen bei jeder Installation der Arbeit. Dies findet sich auch als Hinweis in den Zertifikaten seiner Werke wieder. So setzte er sich 2018 zehn Jahre nach dem Erwerb von *Finding Chopin* im Zuge der Neuinstallation erneut mit der Arbeit auseinander und stellte eine Handvoll Duplikate mit neuen Motiven aus seinem Archiv zur Verfügung (Abb. 11).

Abb. 10 a, b Hilka Nordhausen, *Fragmente aus Melonen für Bagdad*, 1990 (Inv.-Nr. G-2002-7-a-b). Verschiedenartige Dias, S/W-Fotografie sowie kühle und warme Farbfotografie mit starkem Farbstich oder Verblassungen. Obwohl die Bildqualität unseres Museum-masters (links, Duplikate) abweichend von den Dias aus dem Künstlernachlass (rechts, Originale) ist, haben wir entschieden, das Duplikat für die Duplizierung zu verwenden.

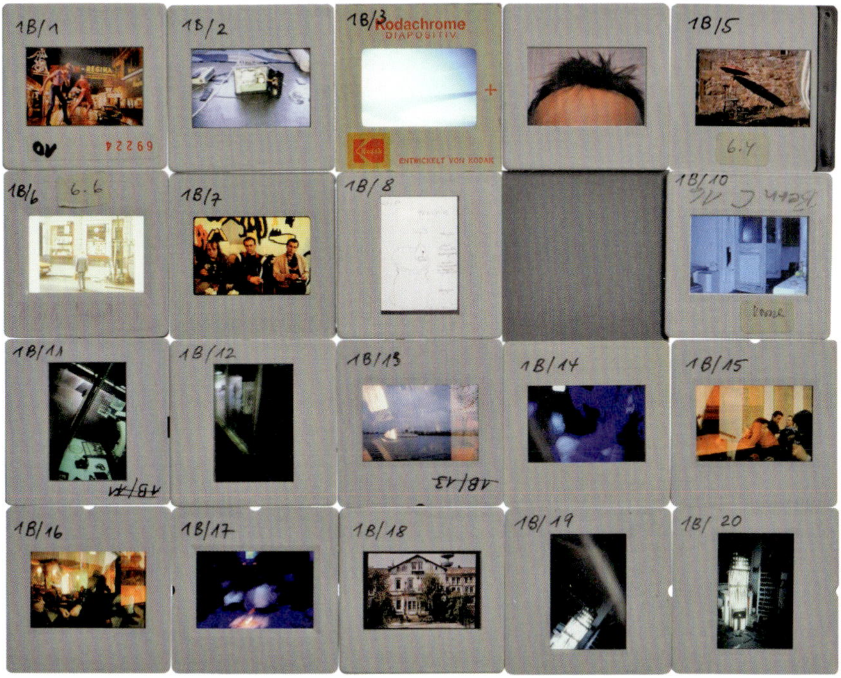

10 b

in-camera reversal film, commercially produced slides and hand-manipulated (e.g. punctured, painted) film (fig. 9). In both sets a few slides were missing and many were discoloured or showed other signs of deterioration. The variety of materials of the original set (artist master) prognosed difficulties for duplication and reproduction. Luckily and surprisingly, the duplicates (museum master) were in quality very close to the originals and comprise all peculiarities of the earlier generation artist master. The museum master slides consist of only one film type, which helps with creating duplicates of consistently good quality. Therefore, despite the availability of the originals, we favoured the museum master over the 'earlier generation' artist master for duplication (figs. 10 a, b).

In a third case we were similarly fortunate that the artist Tris Vonna-Michell (b. 1982) provided us with a set of slides for his work *Finding Chopin* (2008/2018) without discolouration from earlier projections, and of the same character and make as our museum master. Vonna-Michell is very much interested in analogue slide

Figs. 10 a, b Hilka Nordhausen, *Fragmente aus Melonen für Bagdad*, 1990 (acc.-no. G-2002-7-a-b). A set of diverse slides, b&w photography and cool and warm colour photography with strong colour cast or fading. Although the quality of our museum master (left, duplicates) and the slides from the artist's estate (right, originals) differs, we decided to use the duplicates for duplication.

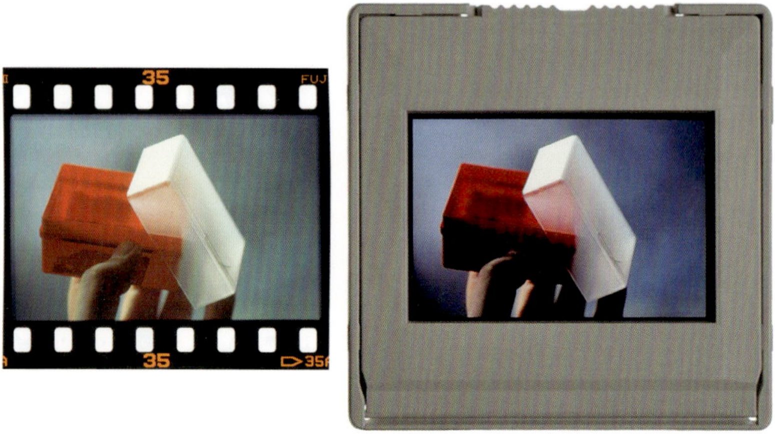

11

Fazit

Der Zustand der Dias und die Bedeutung der Werke sind entscheidend für die Vorgehensweise. Dies kann als grundlegende Prämisse für jede konservatorische Behandlung gelten. Was die Sache hinsichtlich der Bedeutung von Diakunstwerken verkompliziert, ist jedoch der Status jeder Diageneration (oder jedes Satzes an Duplikaten). In einem Fall gilt das Künstler*innenmaster als dem originalen Kunstwerk am ähnlichsten, während es in einem anderen Fall das Museummaster oder sogar eine spätere Generation an Dias sein kann. Obwohl wir eine gute Zusammenarbeit mit Künstler*innen sehr schätzen und äußerst wichtig finden, veranschaulichen unsere Erfahrungen mit der Zeit auch eine Verschiebung der Autorität weg von Künstler*innen, insofern Entscheidungen zu Veränderungen an einem Kunstwerk im Museumskontext zu treffen sind. Wir können diese Prozesse für zukünftige Entscheidungsträger*innen transparenter und leichter zugänglich machen, indem wir die Sammlung mit all den Materialien und Geräten ausstatten, die zu den Installationen gehören, aber auch dem dazugehörigen Wissen über die Dias: nicht nur so, wie sie einst erworben wurden, sondern sorgfältig untersucht, mit Namen und Nummerierung versehen, jeder Satz nach Generation und Funktion sortiert und grundsätzlich für Ausstellung, Verleih und Aufbewahrung gut vorbereitet und versorgt. Nur dann kann die nächste Generation von Kurator*innen und Restaurator*innen für jeden Einzelfall ausgewogen beurteilen, woraus das Kunstwerk besteht und wie es sich definiert.

Abb. 11 Tris Vonna-Michell, *Finding Chopin*, 2008/2018 (Inv.-Nr. G-2008-3), Dia Nr. 10/80 des Museummasters (links, unbeschnittener Scan) und des Künstlermasters (rechts). Trotz Mängel in der Detailzeichnung ist die Farbqualität des Künstlermasters besser als die des Museummasters, da Letzteres verblasste und nur an den Rändern, an denen der Rahmen das Dia während der Projektion schützte, leuchtende Farben zeigt.

technique and in good quality images. Furthermore, he does not permit his installations to be static and therefore propagates changes every time the work is installed. This is incorporated in the certificates of his works. He re-encountered *Finding Chopin* ten years after its acquisition during a reinstallation in 2018 and offered a handful of duplicates of different images from his archive (fig. 11).

Conclusion

The condition of the slides and the meaning of the work determine the course of action. This can be taken as a basic assumption for any conservation treatment. What complicates the matter in slide-based art in regard to the meaning of the work, however, is the status of each generation (or set of duplicates) of slides. In one case the artist-master set is considered closest to the original artwork, while in another it can be the museum master, or even a later generation of slides. Despite appreciating and acknowledging a good collaboration with artists, our examples also illustrate a shift in authority over time, away from the artist, when decisions about changes to an artwork are made in a museum context. We can make these processes more accessible and transparent for future caretakers by providing the collection with all materials belonging to the installations as well as accompanying knowledge about the slides: not merely as originally acquired, but also properly examined, named and numbered, with each set sorted by generation and function, and provided with a policy for display, loans and storage. Only then can a balanced judgement about what defines the artwork be given for each case by the next generation of curators and conservators.

Fig. 11 Tris Vonna-Michell, *Finding Chopin*, 2008/2018 (acc.-no. G-2008-3), slide no. 10/80 from museum master (left, uncropped scan) and artist master (right). Despite a lack of detailed information, the image colour quality of the artist master is much better than that of the museum master, as the latter has faded and shows vibrant colours only at the margins where the slide was protected by the mount during projection.

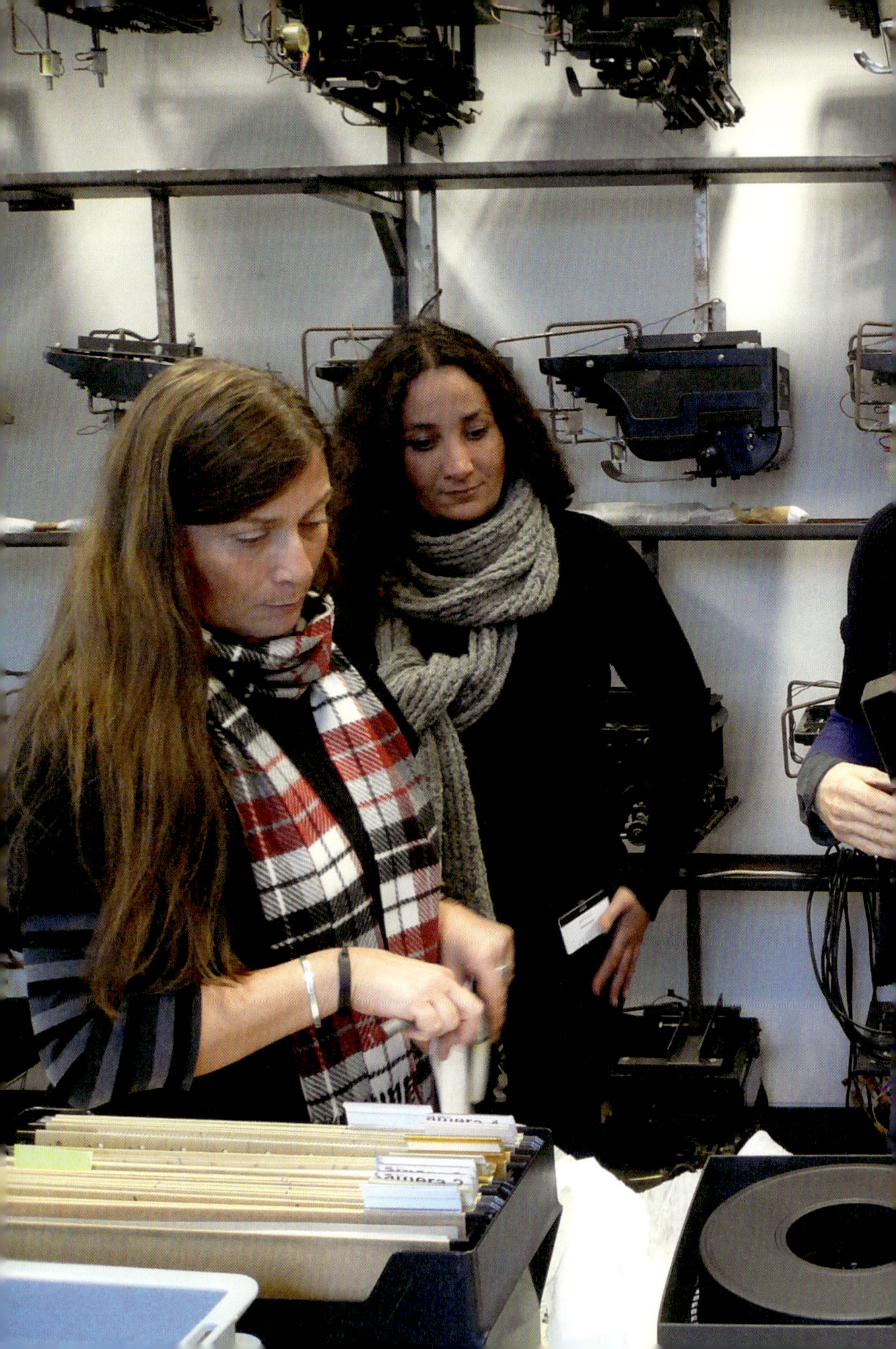

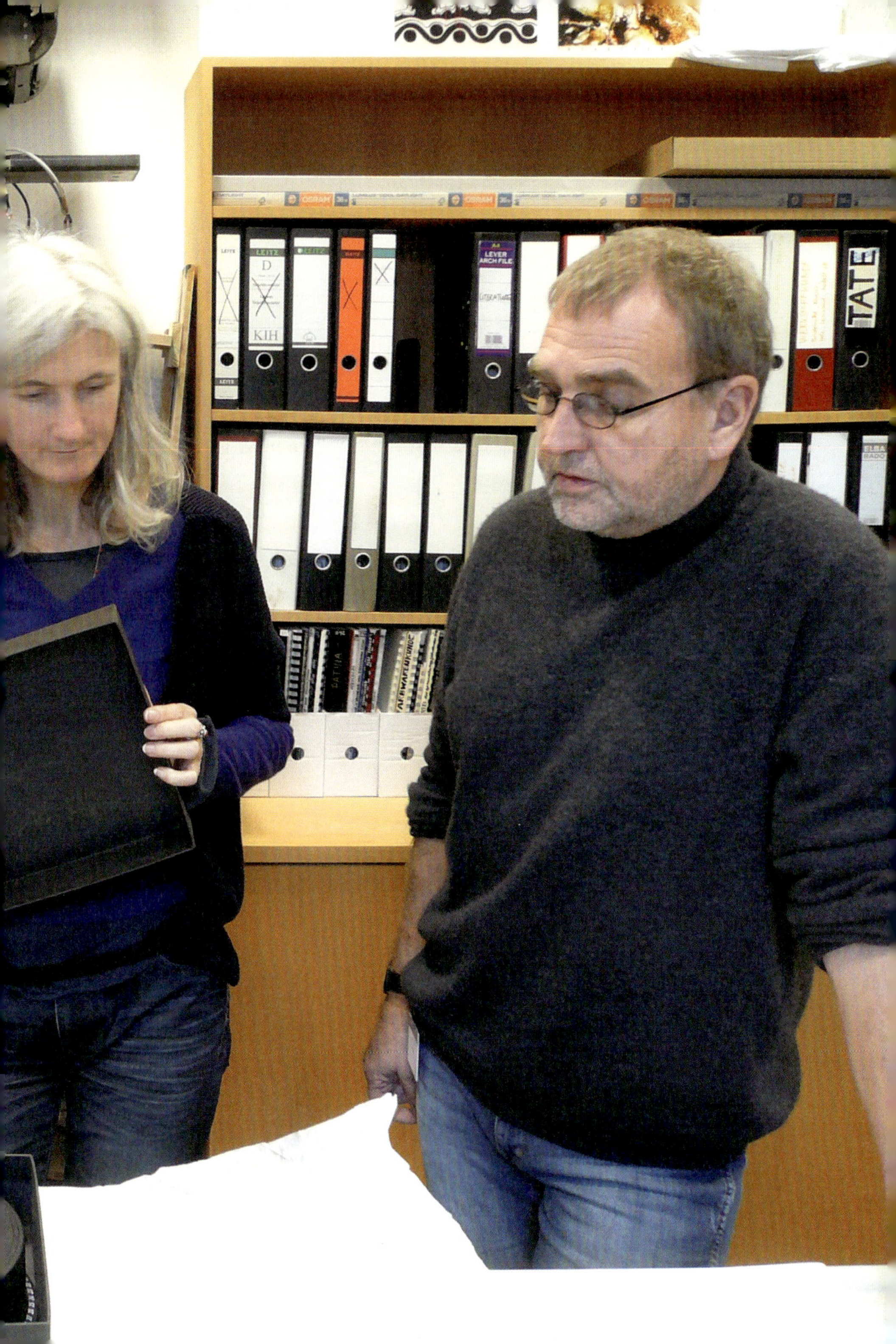
OSRAM
LEITZ
D
KIH
LEVER ARCH FILE
TATE

Eine Ode an die Teamarbeit. Reflexionen über Vertrauen, Zeit und Dias

Tina Weidner

Mein Ausblick

Im vergangenen Jahr fiel mir auf, dass auf meiner Liste der Risikofaktoren, die bei der Erhaltung diabasierter und technologieabhängiger Kunstwerke eine Rolle spielen, der Aspekt der Sterblichkeit der Künstler*innen und freiberuflichen Expert*innen fehlt. Außerdem müssen wir uns der Verantwortung bewusst sein, die mit dem Ankauf einer Arbeit in eine museale Sammlung einhergeht, der Prozesse, die damit in Gang gesetzt werden.

Wir wissen alle um die Herausforderung, Vereinbarungen zu finden, wie oder ob Diaprojektionen zukünftig digital präsentiert werden können, ohne dabei die Materialität ihres Ursprungs zu verlieren. Die Praxis jedoch zeigt, dass wir teils durch Restaurierungsethik und vor allem die Liebe zum Format versuchen, diese Entscheidungen weiter aufzuschieben. Dabei sind wir aktuell noch in der Lage, beide – analoge Dia- und digitale Videoprojektion – miteinander zu vergleichen und müssen dabei unseren Augen trauen. Denn niemand sonst hat den Wandel beider Welten über die letzten 20 Jahre intensiver erfahren. Dieser Aufsatz soll dazu aufrufen, den Wissensschatz, den diese Generation von Künstler*innen, Techniker*innen und Restaurator*innen zusammengetragen haben, wertzuschätzen und möglichst weit zu streuen.

Diabasierte Kunstwerke in der Museumspraxis 1970–2005

Mittlerweile feiern die ersten diabasierten Kunstwerke ihren 50. Geburtstag, nachdem sie seit den 1970er-Jahren mehr und mehr Zugang in museale Sammlungen fanden. Vielleicht waren sie sogar die ersten Kunstwerke überhaupt, die mit einem Koffer voll technischem Equipment einzogen und Anstoß boten, die im Museum versammelte Kompetenz nach der Zuständigkeit zu hinterfragen. An Restauratoren mit Spezialisierungen im Bereich der zeitgenössischen Kunst oder der zeitbasierten Medien war damals noch nicht zu denken, und die Fotorestaurierung selbst steckte erst in den Kinderschuhen. Aus den Akten, die den Schriftverkehr der Ankaufsphase enthalten, erfährt man, welche Vereinbarungen direkt zwischen Direktor*in, Kurator*in und Künstler*in getroffen wurden und welche Fragestellungen ungelöst blieben.

Celebrating Collaborative Practice. Reflections on Trust, Time and Transparencies

Tina Weidner

My outlook

Over the past year it struck me that what was missing in my assessment of the risk factors that play a role in the conservation of slide-based and technology-dependent artworks was a full acknowledgement of the risks associated when artists and key people in these networks die. And also of the personal responses to the processes we trigger when a work comes into a museum collection.

These processes deal with the challenges of reaching an agreement on how, or if, slide projections can be presented digitally in the future as well as the loss of their original materiality. In practice, we often delay triggering the process that will enable these decisions to be made, in part for reasons of conservation ethics – not wanting to instigate a change in the artwork prematurely – but above all for the love of this format. At this moment, we are still in the position to compare analogue slide projections and digital video projections. In doing so we must trust our eyes, because as a generation we have uniquely experienced the transformation of both the analogue and the digital worlds over the last twenty years. This essay is therefore also a 'call to arms': for the acknowledgement of the special knowledge and experience held in a generation of artists, technicians and conservators, and a desire to see that passed on.

Slide-based artworks in museum collections, 1970 to 2005

Since entering museum collections in the 1970s, the first slide-based artworks will shortly celebrate their fiftieth anniversary. These works were among the first to move into the museum with a suitcase full of technical equipment, triggering questions about competence among the museum's accumulated authorities. Conservators specialising in contemporary art or time-based media did not yet exist, and the conservation of photographs was in its infancy. The acquisition records show that some of the specifics regarding the display of these works were agreed upon directly between director, curator and artist,

Die Bezeichnung diabasiertes Kunstwerk umfasst eine große Vielfalt künstlerischer Praxis, weshalb maßgeschneiderte Erhaltungskonzepte benötigt werden. Oft sind die Dias mit den Künstler*innen durch die Welt gereist und haben somit die Aufgabe eines Archivs oder einer Dokumentation. Handelt es sich um ein experimentelles Kunstwerk, dann kann es gut sein, dass der Diarahmen gar kein Dia beinhaltet, sondern eine Zeichnung oder mitunter auch inkrustierte Materialkombinationen, flüssige Kristalle, Farbfolien und Schablonen. Es gibt Kunstwerke, deren Ursprungsformat auf Dias zurückgeht, die bereits während der Entstehung des Werks vom Künstler oder der Künstlerin digitalisiert und umformatiert wurden; Werke, die gefundene Dias einer anderen Ära verwenden, und Installationen, bei denen die Diaprojektion eine Komponente von mehreren darstellt. Wahlweise können die projizierten Dias stillstehen oder in einer zeitlichen Abfolge von sehr ähnlichen Abbildungen scheinbar Bewegung vermitteln.

Dias sind nicht nur reproduzierbar, sie müssen sogar reproduziert werden, um projiziert zu werden. Durch die Lichtstärke der Projektorlampe kommt es im Dia zu graduellen Veränderungen der Farbstoffe, durch die sie im Lauf der Zeit ihre Farbigkeit verlieren. Die Intervalle, in denen die Vorführkopie erneuert werden muss, sind abhängig von der Anzahl der Durchläufe pro Tag, die sich aus den Öffnungszeiten des Museums, den Standzeiten per Dia und der Anzahl der Dias per Karussell ergibt. Als ungefähre Faustregel erlaubt man sechs bis acht Wochen für ein volles Karussell mit 80 Farbdias, die circa alle sieben Sekunden wechseln und bis zu 70 Stunden pro Woche zu sehen sind.

Die Reproduzierbarkeit des Mediums ermöglicht den Vertrieb als Edition, der Großteil existiert also seriell mehrfach. Was genau im Ankauf enthalten ist, ist von der Natur des Kunstwerks und dem Naturell des Künstlers abhängig. Wenn die Arbeit editiert ist oder wenn das gleiche Diamaster auch Bestandteil eines anderen Kunstwerks ist, verbleiben die Originale meist beim Künstler oder bei der Künstlerin, da Zugang unabdingbar ist. Bis circa 2005 war es für Museen beim Ankauf eines diabasierten Kunstwerks üblich, wenigstens zwei Diasätze zu erwerben, die idealerweise identisch sein sollten. Im Austausch mit Kolleg*innen anderer Museen zeigte sich jedoch weitaus mehr Vielfalt in der Ankaufspraxis diabasierter Kunst. Einige Künstler*innen gingen davon aus, dass das Museum die beiden Diasätze als Vorführkopien verwendet und sich meldet, wenn mehr benötigt werden.[1]

Wie viel Zeit Künstler*innen in die Qualitätskontrolle neuer Duplikate für die Museen stecken konnten, hing von vielen Faktoren ab: Das gegenseitige Vertrauen war und ist hierbei entscheidend. Das Herstellen der Duplikate beinhaltet die Handhabung der Originale, die wiederholte Überprüfung der Orientierung, den Kontakt mit dem Labor, aber auch

1 Dies war der Fall bei zwei Neuerwerbungen von Lothar Baumgarten (1944–2018) von der Tate und der Hamburger Kunsthalle.

and some questions remained unresolved. A wide variety of practices come under the umbrella term 'slide-based artwork' and each requires tailored preservation measures. Sometimes the slides record the life and travels of the artist and are archival or documentary in nature. In a more experimental work, the mount does not even contain a slide but rather a drawing, or sometimes even encrusted material combinations: liquid crystals, coloured foils and stencils. There are artworks whose original formats stem from slides which have already been digitised and reformatted by the artists during the creation of the works. Then there are works that use found slides from another era and installations in which the slide projection is only one of several components. Some projections are of a single static image, others alternate slides at set times, conveying the impression of movement through a sequence of very similar images.

It is not just that slides can be reproduced but that they *have* to be reproduced in order to be projected. Through the luminosity of the projector lamp, the chromogenic dyes in the slides gradually change, meaning that over time they lose their colours. The intervals at which the exhibition copy has to be renewed depend on the number of screening cycles each day. This in turn depends on the opening times of the museum, the duration for which each slide is shown, and the number of slides in the carousel. As a rule of thumb, one allows six to eight weeks for a full carousel of eighty colour slides that change every seven seconds and that are shown for up to seventy hours a week.

The reproducibility of the medium enables distribution as an edition; the majority thus exist as multiple series. What exactly is acquired when a work enters the collection depends on the nature of the artwork and the disposition of the artist. If the work is an edition, or if the master slides are also part of another artwork, the originals in most cases will stay with the artist because access is vital. Up until 2005, when acquiring a slide-based artwork, it was common for museums to purchase at least two sets of slides that ideally were as close a match as possible. However, when talking to colleagues from other museum collections, we found there was a far greater variety of practices adopted when slide-based works were acquired. For example, some artists assumed that the museum would use both sets of slides as exhibition copies and would get in touch if more were needed.[1] In addition, artist certificates often provided information about from whom and at what cost further exhibition copies could be obtained.

The amount of time artists were prepared to invest in the quality control of new duplicates for museums also depended on other factors: here, respective trust was and is crucial. This process

1 This was the case with new acquisitions by Lothar Baumgarten (1944–2018) at both Tate and the Hamburger Kunsthalle.

etwas Bangen und ein paar Stoßgebete, dass alles glattgeht. Zum einen will man der Technologie trauen und zum anderen muss man jede Komponente kritisch überprüfen. Diavervielfältigung, auch Duplizierung genannt, ist ein variierender Prozess, der unter anderem von der photochemischen Entwicklung abhängt. Ziel ist es hierbei, das Duplikat in seiner Farbigkeit dem Original am besten ununterscheidbar anzupassen. Fehler können passieren, und es erfordert Zeit, jedes Duplikat mit dem Original über dem Leuchttisch durch die Lupe zu vergleichen. Sinnvoll ist es, die Notizen der Kameraeinstellung (Blende, Belichtungszeit, Farbtemperatur des Blitzes, Farbfiltrierung) für den Vergleich zuhilfe zu nehmen. Beim intensiven Betrachten der in systematischer Reihenfolge ausgelegten Testdias wird augenscheinlich, wenn die Farbintensität eines Details nicht weiter verbessert werden kann, ohne ein anderes Detail weitaus nachteiliger zu beeinträchtigen. Leider konnten die Restaurator*innen den Künstler*innen bei diesem Entscheidungsprozess nicht immer über die Schulter schauen und im gemeinsamen Gespräch mit den Laborant*innen die Beobachtungen des anderen teilen. Die einzig auffindbare Notiz in den Museumsakten ist oft nur die Rechnung für den Auftrag.

Wissensspeicher der analogen Diaduplizierung. Neue Praktiken an der Tate 2007 bis heute

Die erste Digitalisierungskampagne der Tate für diabasierte Kunstwerke startete im Jahr 2000 und ging über erste Testserien nicht hinaus.[2] Die Beteiligten spürten, dass das Vokabular, um Farbe analog und digital zu definieren, Schwierigkeiten bereitete und die Kalibrierungsmethoden nicht zu eindeutigen Ergebnissen führten. Zwischen 2000 und 2007 nahmen Qualität und Präzision der Labore kontinuierlich ab. Viele erfahrene Fototechniker*innen verloren ihre Arbeit oder bekamen neue, digitale Aufgabenbereiche zugewiesen. Der Ankauf diabasierter Kunstwerke durch Museen riss jedoch keineswegs ab, und trotz des scheinbaren Revivals war es nicht länger möglich, zufriedenstellende Duplikate herzustellen, was den Ankaufsprozess zwar verlangsamte, aber auch Türen der Zusammenarbeit öffnete.

Für mich begann alles damit, dass ich 2007 im Intensivkurs von Rod Tidnam lernen durfte Dias zu duplizieren. Damals stand der Diaduplizierungstisch Firenze Chroma Pro 45 noch in der Tate Britain bei den Fotografen. Wir trafen uns jeden Donnerstag, und ich wartete, bis Rod durch die Drehtür aus der Dunkelkammer kam. Er arbeitete an Schwarz-Weiß-Abzügen von Röntgenbildern großformatiger Gemälde und berichtete, dass dies der einzige Arbeitsbereich sei, der noch nicht digital erfasst worden sei. Ich fragte, ob er den Wandel bedauere und wünschte mir

2 Peter R. Fornaro, Rudolf Gschwind, Lukas Rosenthaler und Pip Laurenson, „Digital slide reproduction using densitometry. Proc. SPIE 4421", 9th Congress of the International Colour Association, Rochester (NY), 6.6.2002.

of creating duplicates involves the handling of the originals, the repeated checking of orientation, the contact with the photo laboratory – and also some trepidation and a few prayers that things will run smoothly. On the one hand one wanted to trust the technology, but on the other, one had to critically monitor each component. Slide reproduction, also called duplication, is a variable process that is, among other things, dependent on photochemical processing. The aim is to indistinguishably match the duplicate to the original in terms of colour. Errors can occur, and it takes time to compare every duplicate, on a light table with a magnifying glass, to the original. It helps to have the notes of the camera settings (aperture, exposure time, colour temperature of the flash, colour filtration values) alongside the series of tests. Upon intensive inspection of the systematically arranged test slides, it becomes apparent when the colour intensity of a detail can't be further enhanced without negatively impacting another detail. Unfortunately, conservators weren't always able to look over artists' shoulders during this decision-making process, nor to share each other's observations in a joint conversation with the lab technician. Often the only note to be found in the museum files is the invoice for the order.

Learning about analogue slide duplication. Emerging practice at Tate from 2007 to the present

Research into digitisation for slide-based artworks at Tate began in 2000 but it didn't go beyond initial testing.[2] Those involved felt that the vocabulary for defining and translating colour between analogue and digital caused difficulties and that the calibration methods didn't produce clear results.

Between 2000 and 2007, the quality of laboratories had continually declined and many experienced photo technicians had moved into new digital roles. The acquisition of slide-based artworks by museums, however, did not cease. Despite the seeming revival, duplicates could no longer be produced satisfactorily. This slowed down the acquisition process but it also opened doors for cooperation.

For me it all began in 2007 when I had the chance to learn how to duplicate slides in an intensive course with Rod Tidnam. Back then, the slide-duplicating machine Firenze Chroma Pro 45 was still with the photography department at Tate Britain. We met every Thursday and I waited until Rod left the darkroom through the revolving door. He was working on black-and-white prints of x-rays of large-scale paintings, and he stated that this was the only work area that hadn't yet been digitised.

2 Peter R. Fornaro, Rudolf Gschwind, Lukas Rosenthaler and Pip Laurenson (2002), 'Digital slide reproduction using densitometry', Proc. SPIE 4421, 9th Congress of the International Colour Association, Rochester (NY), 6 June 2002.

eine bejahende Antwort, aber nein, er reflektierte, wie viel einfacher und zeiteffizienter es sei digital zu arbeiten. Ich wusste, dass Rod recht hatte und machte eine geistige Notiz, dass Nostalgie nicht zu seinem Repertoire gehört. Nach drei Monaten Lehrzeit zog die Diaduplizierungsmaschine in die Restaurierungsabteilung um. Wir kauften große Mengen Kodak-Edupe-Duplizierfilm und legten los. Francis Alÿs' (geb. 1959) *Ice 4 Milk* (2004/05)[3] bot beste Lehrvoraussetzungen. „Milk" hält die morgendliche Lieferung der Milchflaschen fest, die auf dem obersten Tritt vor verschiedenfarbigen Londoner Reihenhaustüren stehen. Zugleich zeigt „Ice", wie in Mexiko-Stadt allmorgendlich große Eisblöcke im Schatten urbaner Wochenmärkte geliefert werden. Das Weiß der Milch, die Backsteinfassaden und die Farbigkeit der viktorianischen Eingangstüren sind in der Farbfiltrierung schwieriger zu balancieren als die langsam schmelzenden Eisblöcke im gleißenden Morgenlicht. Ich merkte, dass es allein schwierig war, den Überblick, aber auch den Blick fürs Detail zu behalten und gleichzeitig die Einstellungen zu perfektionieren sowie alles zu protokollieren. Mein Kollege Frederico Fazenda Rodrigues und ich, wir duplizierten ungefähr drei Jahre gemeinsam. In dieser Zeit reisten wir in Gedanken zu den Schauplätzen unserer Diaduplikate. Wir lieben beide die Architektur von Oscar Niemeyer (1907–2012), die Armando Andrade Tudela (geb. 1975) in *Casas Alteradas* (2006)[4] als Kulisse wählte. Aber nach einer Weile merkten wir deutlich, dass wir zusätzliche Fachkompetenz brauchten.

Anfang 2011 besuchte ich Elke und Jochen Trabandt (1958–2015) von Activity-Studios in Esslingen zum ersten Mal und merkte sofort, was ich alles nicht wusste. Die beiden hatten gerade damit begonnen, mit den gleichen Forox-Trickanimationskameras, die sie Mitte der 1980er-Jahre für ihr Grafik- und Werbegestaltungsstudio erworben hatten, Dias für Künstler zu duplizieren. Miteinander Beobachtungen auszutauschen, war einer Sehschule ähnlich, in der man lernt, seinen eigenen Augen und Rückschlüssen zu trauen. Die Kollaboration der Tate mit Activity-Studios besteht seit jenem Tag, und die Künstler*innen sind dank der Offenheit von Elke und Jochen Trabandt, ihre Erfahrungen zu teilen, auch endlich daran interessiert, mitzumachen und der Tate leihweise Zugang zu den Diaoriginalen aus ihrem Besitz zu ermöglichen.

Heute und zukünftig – eine Aussicht auf digitale Projektion?

Für aktuelle Ankäufe diabasierter Kunstwerke fragen die Medienrestaurator*innen der Tate die Künstler*innen, ob das Kunstwerk auch digital projiziert werden darf, wenn Diatechnologie trotz allen Mühen nicht länger fortbestehen sollte. Dieses Gespräch benötigt reichlich Vertrauen und

3 2006 erworben, 160 35-mm-Farbdias, 2-Kanal-Diaprojektion, Tate, London, T12198.

4 2007 erworben, 160 35-mm-Farbdias, 4-Kanal-Diaprojektion, synchronisiert, ca. 2 min, Tate, London, T12771.

I asked if he regretted the change, hoping for an affirmative reply – but no, he reflected on how working digitally was much easier and more time-efficient. I knew that he was right and I made a mental note that nostalgia wasn't in his repertoire. After three months of training, the slide-duplicating machine was moved into the conservation department. We bought large amounts of Kodak-Edupe slide-duplicating film and got started. Francis Alÿs' (b. 1959) work *Ice 4 Milk* (2004/05)[3] provided an excellent opportunity for learning. 'Milk' captures the morning milk-delivery standing on the steps in front of the colourful doors of London's terraced houses. Simultaneously, 'Ice' shows how, in Mexico City, large ice blocks are delivered every morning in the shade of urban weekly markets. Balancing the colour filtration for the white of the milk, the brick facades and the colour of the Victorian front doors was more difficult than the slowly melting ice blocks in the blazing morning light. I noticed that, working alone, it was difficult to stay on top of things, paying attention to detail and simultaneously perfecting the settings and recording everything. My colleague Federico Fazenda Rodrigues and I duplicated for approximately three years. During this time, we travelled in our thoughts to the scenes of our duplicates. We both love the architecture of Oscar Niemeyer (1907–2012), chosen by Armando Andrade Tudela (b. 1975) as the backdrop in *Casas Alteradas* (2006).[4] But after a while it became clear to us that there was a need for additional expertise.

At the beginning of 2011, for the first time I visited Elke and Jochen Trabandt (1958–2015) of Activity-Studios in Esslingen, and immediately I became aware of all the things I didn't know. The two of them had just started to duplicate slides for artists on the same Forox animation cameras they had purchased in the mid-1980s for their graphic and advertising design studio. Exchanging observations was like a school for seeing where one learns to trust one's own eyes and conclusions. Tate's collaboration with Activity-Studios has continued since that day. Owing to Elke and Jochen's willingness to share their expertise, artists finally also became interested in collaborating with Tate and offered temporary access to the slide originals.

Today and in the future – the prospect of digital projection?

For current acquisitions of slide-based artworks at Tate, time-based media conservators ask the artists if the work may be projected digitally should slide technology, despite all efforts, not survive. Having these conversations requires a great deal of trust and is affected by which technological generation the artist

3 Acquired 2006, 160 35 mm colour slides, 2-channel slide projection, Tate, London, T12198.

4 Acquired 2007, 160 35 mm colour slides, 4-channel synchronised slide projection, ca. 2 min, Tate, London, T12771.

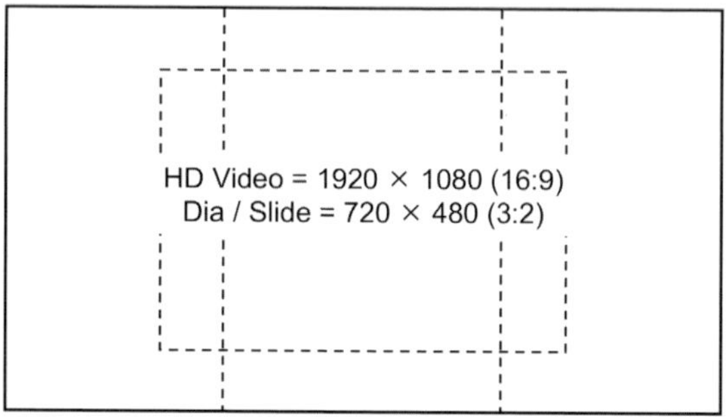

1

wird entscheidend davon beeinflusst, welcher technologischen Generation ein Künstler oder eine Künstlerin angehört. Die Antwort lässt sich aber auch oft aus dem Kontext der Entstehungsgeschichte des Werks erahnen. Sofern der Künstler oder die Künstlerin eine mögliche digitale Zukunft seines Kunstwerks nicht ausschließen kann und es die Materialität des Werks erlaubt, versuchen wir die Kosten für die Digitalisierung in die Ankaufsarchivierung zu integrieren. Das bedeutet nicht, dass die Werke dann auch sofort digital gezeigt werden, sondern dass man in Zukunft diese Option weiter evaluieren kann, für die wir mit der Digitalisierung die Grundlage schaffen. Vielleicht müssen die Künstler*innen auch erst etwas Zeit mit den Digitalisaten verbringen, bis man den nächsten Schritt macht und die analoge Dia- und digitale Videoprojektion direkt miteinander vergleicht.

Im Fall des kanadischen Filmemachers und Künstlers Michael Snow (geb. 1928), dessen Arbeit *Slidelength* (1969–1971)[5] das letzte diabasierte Kunstwerk ist, das von der Tate erworben wurde, sind die Worte so klar und endgültig, als hätte er diesen Standpunkt sein Leben lang vertreten: Seine Kunstwerke dürfen ausschließlich analog gezeigt und erhalten werden. *Slidelength* ist eine Hommage an die analog-händischen Techniken, die bei der Entstehung seines 35-mm-Films und Avantgardemeisterwerks *Wavelength* (1967) zum Einsatz kamen. Michael Snows Antwort ist nicht überraschend, zumal Format und Sujet in seinem Œuvre untrennbar miteinander verschmolzen sind und digital geradezu ihres Sinngehalts beraubt werden würden.

Ein Großteil der Künstler*innen hat sich diese Frage selbst gestellt, ohne sich definitiv entscheiden zu wollen. In ihrer Antwort an uns ist die Frage enthalten, wie andere Künstler*innen mit der digitalen Zukunft ihrer Diakunstwerke umgehen. Die Herangehensweise der Tate sieht vor, die Künstler*innen in regelmäßigen

5 2017 erworben, 80 35-mm-Farbdias, 1-Kanal-Diaprojektion, 20 min, Tate, London, L04082.

Abb. 1 Auflösung für Hoch- und Querformat kombiniert
Abb. 2 Auflösung für Hoch- und Querformat, wenn separat projiziert

2

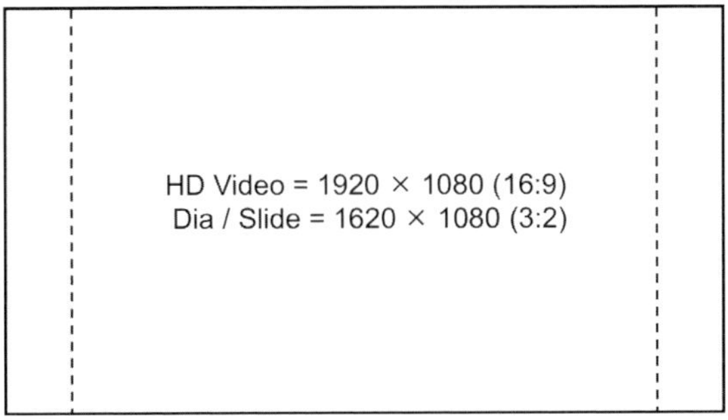

is from. Often one can also guess the answer from the context of the work's genesis. If the artist doesn't rule out a possible digital future for their artwork, and the materiality of the work allows for it, we try to include the cost of digitisation in the archiving of the newly acquired artwork. This does not mean that the works will be shown digitally straightaway, but rather that one is able to evaluate this option further in the future, for which digitisation is a prerequisite. Perhaps the artists also need to spend some time with the digital copies before taking the next step of a direct comparison of analogue slide and digital video projection.

In the case of Canadian filmmaker and artist Michael Snow (b. 1928), whose work *Slidelength* (1969–1971)[5] was the most recent slide-based artwork acquired by Tate, his words are as clear and decisive as if he had held this view his entire life: his artworks may only be exhibited and conserved in their analogue form. *Slidelength* is a homage to the analogue-manual techniques employed in the making of his 35 mm film and avantgarde masterpiece *Wavelength* (1967). Snow's instruction comes as no surprise, particularly as, in his oeuvre, format and subject are inextricably linked and would literally lose their meaning in a digital form.

However, many artists may have considered this question but have not arrived at a conclusion. Often, when replying to our question about a possible digital future for the work, artists ask how other artists have responded. At Tate, we regularly invite artists to compare the latest projection technologies, creating a forum for sharing observations openly and involving all. A source of concern that is often voiced relates to the aspect ratio of slides being 3:2, which means that the landscape and

5 Acquired 2017, 80 35 mm colour slides, single-channel slide projection, 20 min, Tate, London, L04082.

Fig. 1 Resolution for portrait and landscape orientation combined.
Fig. 2 Resolution for portrait and landscape orientation when projected separately.

Abständen zu einem informativen Projektionstest einzuladen, um so neueste Projektionstechnologien vorzustellen und im offenen Dialog Beobachtungen auszutauschen. Das 3:2-Seitenverhältnis der Dias bereitet häufig Probleme, da hierdurch die Hoch- und Querformate in ihrer Projektion durch einen HD-Videoprojektor[6] auf 720 × 480 Pixel begrenzt sind (Abb. 1, 2). Ich warte gespannt darauf, die erste digitale Diashow zu sehen, in der Hochformate und Querformate auf zwei Videoprojektoren aufgeteilt sind, von denen einer hochkant positioniert ist.

Die beste Herangehensweise ist es Zeit aufzubringen, um die Kenntnis verschiedener Projektionstechnologien und deren zukünftige Weiterentwicklung zu verfolgen. Künstler*innen, Galerist*innen, Restaurator*innen, Mitwirkende – in der Tat wir alle – sollten uns bemühen, unser Wissen über Projektionstechnologien stets auf den neuesten Stand zu bringen, da dies die Grundlage für unsere fortlaufenden Bemühungen bildet. Jedoch entziehen sich viele Künstler*innen noch immer diesen Gesprächen in der Befürchtung, sich dem Anfang vom Ende zu nähern, wenn es ihnen nicht mehr möglich ist, ihre Kunstwerke als Diaprojektionen zu zeigen.

Im Wandel der technologischen Landschaft

Wir haben den Fortschritt, den die Digitalisierung genommen hat, über 20 Jahren an der Tate verfolgt, und es lässt sich eine deutliche Qualitätsverbesserung in der Farbübersetzung vom Analogen zum Digitalen feststellen. Im Unterschied zu unseren ersten Digitalisierungsversuchen im Jahr 2000 ist es seit der Entwicklung digitaler Mittelformat-Kamerasysteme wie Mamiya Leaf oder Phase One, die Flachbett- und Trommelscanner abgelöst haben, jetzt auch endlich technisch möglich, beim Digitalisat des Diaoriginals gute Ergebnisse in der Farbwiedergabe, in Kontrast und Auflösung zu erzielen. Dies hängt vor allem von einem Workflow ab, der auf einem strengen Farbmanagement und dem Einsatz von Referenzdaten für die spezifische Filmemulsion beruht. Ein solches System verwendet auch Picturae, eine niederländische Digitalisierungsfirma für Kulturgüter. Der Aufbau besteht aus einem bühnenartigen Tisch, der eine Aussparung für das Dia enthält. Darunter ist ein Blitz mit einer genormten Lichtquelle, die beim Aufwärmen jeden Tag auf ihre Farbtemperatur überprüft wird und das gesamte System dementsprechend kalibriert. Picturaes wirkliches Kapital sind die tausendfachen Referenzdaten (ΔE), die den Farbraum des Farbstoffs vom Dia bis zum Pixel definieren. Die Größe der Aufnahmesensors – derzeit werden Auflösungen von 100 Megapixeln erzielt, die weit über den sechs bis zehn Megapixeln liegen, die in einem Dia wirklich enthalten sind – wird in Zukunft sicherlich weiter zunehmen.

Aktuelle Praxis an der Tate ist es, fünf verschiedene Dateien während der Digitalisierung zu erstellen: die einzelnen

6 Bezogen auf einen HD-Videoprojektor mit einem Seitenverhältnis von 16:9 und einer Auflösung von 1920 × 1080 Pixeln.

portrait formats are restricted to 720 × 480 pixels when projected on one HD video projector.[6] Therefore I am eagerly awaiting the first digital slideshow in which landscape and portrait formats are assigned to two video projectors with one being positioned upright (figs. 1, 2). The best approach here is to make a commitment of investing time to understand the direction in which projection technology is heading. Artists, curators, gallerists, conservators, collaborators – all of us, in fact – need to be more actively engaged in keeping up with the latest technology, as this builds the basis for our ongoing dialogue. However, many artists are unwilling to enter into such a dialogue, feeling that somehow this will bring about the beginning of the end of their ability to show their work using slides.

The changing technological landscape

In the twenty years we have been tracking developments in digitisation at Tate, there has been a significant improvement in quality in terms of translating colour from analogue to digital. In contrast to our first digitisation attempts in 2000, it is now technically possible, owing to the advancement of digital medium-format camera systems such as Mamiya Leaf or Phase One, which replaced flatbed and drum scanners, to achieve good results in which there is a greater match between the colour, contrast and resolution in the original slides and digital copies. This depends first and foremost on a set-up that is based on strict colour management and the use of reference data specific to that particular film emulsion.

A company currently able to offer high-end digitisation of slides is Picturae, a Dutch digitisation company for cultural assets. The equipment used involves a specialised table with a recess in the stage-like attachment for the slide.

Underneath is a flash light with a standardised light source that is checked every morning as it is warming up for its colour temperature and also that to which the entire system is calibrated. Picturae's true capital, however, is the thousands of reference data (ΔE) that map colour from the chromogenic dye in its translation to a pixel. The size of image sensors – currently with resolutions up to a hundred megapixels, which far exceed the six to ten megapixels actually contained in a slide – will most likely increase further in the future.

Current practice at Tate involves creating the following five sets of files as part of the digitisation: the single TIFF images before and after any subsequent digital correction, the program file of the editing suite that was used to create the video sequence and two further video file exports, one optimised for playback and the other

6 This is assuming that the HD video projection has an aspect ratio of 16:9 and a resolution of 1920 × 1080 pixels.

TIFF-Dateien jeweils vor und nach weiteren softwarebasierten Maßnahmen, die Projektdatei des Videoverarbeitungsprogramms, in der die Videosequenz angelegt wurde, und zwei weitere Videodateien, von denen eine für die Wiedergabe optimiert wurde und die andere unkomprimiert der Archivierung dient. Diese Dateien sollten in einem digitalen Repositorium gespeichert werden. Außerdem empfiehlt es sich, die Daten mit den Editionseigentümern zu teilen, sodass sie auf voneinander unabhängigen Servern gelagert werden können.

Die britische Filmemacherin Tacita Dean ist die lautstärkste Vertreterin einer Koexistenz von analog und digital in der zeitgenössischen Kunst und propagiert diese bei Kodak und bei der UNESCO. Cine- und Fotografiefilm gehen scheinbar Hand in Hand, wobei der größere Kundenstamm der Filmindustrie den kleineren Markt der Fotografie in seinem Fortbestand unterstützt. Als Kodak nach der Insolvenz, die im Januar 2012 Schlagzeilen gemacht hatte, Mitte 2013 wieder auf die Beine fand, hätte niemand vermutet, dass wir im September 2018 die Wiedereinführung des Farbumkehrfilms Kodak Ektachrome E100 feiern würden, durch den neue diabasierte Kunstwerke entstehen können.[7] Selbst wenn Technologien außergewöhnlich langlebig erscheinen können, darf diese freudige Entwicklung aber nicht überbewertet werden, da die Produktion von Kodak-Ektapro-Diaprojektoren († 2004), Kodak-Edupe-Duplizierungsfilm († 2010) und Diarähmchen der Marke Wess (circa † 2012) nicht wiederaufgenommen worden ist. Gepes Produktion von Diarähmchen besteht fort – allerdings mit einem stark reduzierten Artikelkatalog. Auch die EXY-Halogenlampen für die Ektapro-Diaprojektoren sind seit circa fünf Jahren nicht mehr zu bekommen. Es gibt jedoch noch EXR- und FHS-Halogenlampen, sie besitzen aber eine höhere Lichtstärke und eine deutlich geringere Lebensdauer (Abb. 3).[8]

Zudem schwindet die technische Kenntnis rapide, Diaprojektoren zu warten und zu reparieren oder Diasequenzen auf Dataton zu programmieren. Umso wichtiger und dringlicher erscheint es für Museen zu versuchen, dass die bereits pensionierten Techniker*innen ihren Wissensschatz und ihr Handwerk an eine jüngere Generation weitergeben können. Adrian Fogarty (1952–2018) war der Freund, Techniker und Ingenieur, der Museen und Galerien mit Rat und Tat dabei unterstützt hat, ältere Kunstwerke weiterhin ausstellen zu können, aber auch mit Künstler*innen neue technologiebasierte Werke zu schaffen. Durch Adrians technisches Gespür waren Gustav Metzger (1926–2017) und Susan Hiller (1940–2019) über fast 40 Jahre in der Lage, komplexe Kunstwerke zu realisieren, ihre Funktionstüchtigkeit

7 https://www.kodak.com/us/en/corp/press_center/new_ektachrome_films_to_begin_shipping/default.htm (aufgerufen am 6.3.2019).
8 EXY: 52 V, 250 W, 780 lm, 200 h; EXR: 52 V, 300 W, 1300 lm, 35 h; FHS: 52 V, 300 W, 1030 lm, 70 h.

Abb. 3 Zukunftsprognose für Diamaterialien und Gerätschaften

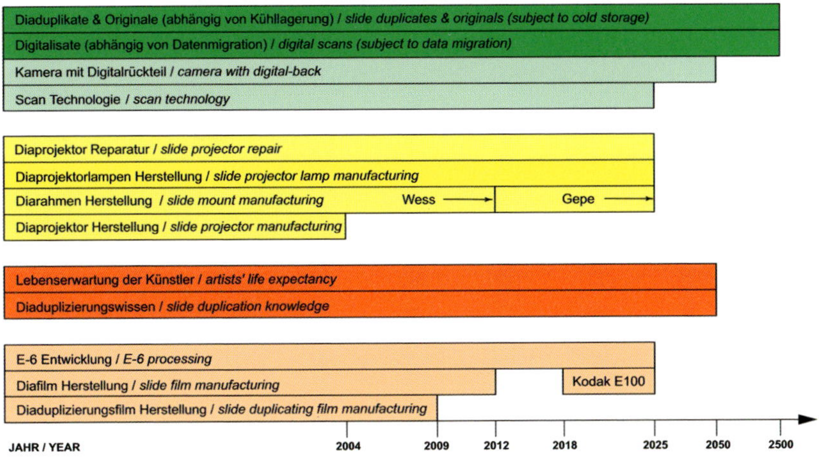

3

uncompressed for archiving. Storing these files in a digital repository and duplicating the set of files across different servers, shared with museums or collectors who own an edition of this work, is also highly recommended.

In contemporary art, the British filmmaker Tacita Dean is the most vocal advocate of the coexistence of analogue and digital technologies, promoting it at Kodak and UNESCO. Cine and photo film apparently go hand in hand, with the larger customer base in the film industry supporting the survival of the smaller market for photography. When Kodak emerged mid-2013, having filed for bankruptcy protection in January 2012, nobody would have guessed that, in September 2018, we would be celebrating the reintroduction of the colour reversal film Kodak Ektachrome E100, thus enabling the creation of new slide-based artworks.[7] Whilst technologies can be surprisingly persistent, this exciting development should not be overrated since the production of Kodak-Ektapro slide projectors († 2004), Kodak-Edupe duplicating film († 2010) and slide mounts by the brand Wess (circa † 2012) has not been resumed. Gepe's production of slide mounts continues but with a much reduced catalogue of articles. Over the last five years, the EXY halogen light bulbs for the Ektapro slide projectors have also no longer been available. EXR and FHS halogen bulbs do still exist, but with a higher luminosity and shorter lifespan[8] (fig. 3).

Besides this, the technical knowledge about maintaining and repairing slide projectors or programming slide sequences

7 https://www.kodak.com/us/en/corp/press_center/new_ektachrome_films_to_begin_shipping/default.htm (accessed: 6.3.2019).

8 EXY: 52 V, 250 W, 780 lm, 200 h; EXR: 52 V, 300 W, 1300 lm, 35 h; FHS: 52 V, 300 W, 1030 lm, 70 h.

Fig. 3 Expected decline of slide materials and equipment.

zu dokumentieren und für die Zukunft zu erhalten. Die plötzlichen Verluste und die schnelle Aufeinanderfolge, in der Gustav, Adrian und Susan verstorben sind, machten mir klar, dass wir unser von ihnen ererbtes Wissen schnellstens streuen müssen.[9]

Liebe Künstler*innen, Galerist*innen, Kurator*innen, Restaurator*innen und Freund*innen

Die Dringlichkeit, Vertrauen aufzubauen und miteinander zu kommunizieren, liegt auf der Hand. Sollte Diatechnologie nicht fortbestehen und es unser Wunsch sein, diabasierte Kunstwerke später nicht nur als Dokumentation zeigen zu wollen, dann müssen wir versuchen, diesen Kunstwerken eine Zukunft zu geben, solange das technologische Wissen noch fortbesteht.

Wir sollten auch über die respektiven Ängste sprechen, wobei die Künstler*innen befürchten, dass ihre Kunstwerke in Zukunft nurmehr digital gezeigt werden, und die Museen ihrerseits den Vorwurf fürchten, sie hätten zu früh aufgegeben.

Wir müssen gemeinsam handeln, solange die Künstler*innen leben und wissen, wo die Originale sind und wie sie auszusehen haben. In diesem Zeitfenster sollten die Restaurator*innen die Chance nutzen, endlich einen Blick auf die Originale zu werfen, um diese mit den Duplikaten zu vergleichen. Das Vieraugenprinzip ist immer hilfreich, wenn es um den Farbeindruck geht und sollte ebenso bei der Digitalisierung Anwendung finden. Manchmal überraschen mich die Künstler*innen mit der Digitalisierung ihrer diabasierten Kunstwerke im Alleingang. Museen sollten daher überdenken, inwieweit sie für diese Gespräche einen geeigneteren Rahmen finden können.

Fazit

Es ist nahezu unmöglich, das Überleben oder Verschwinden einer Technologie vorherzusehen. Es war mir ein Anliegen, nicht nur die technologischen Gegebenheiten zu betrachten, die bei der möglichen digitalen Zukunft diabasierter Kunstwerke eine Rolle spielen, sondern auch die innermenschlichen, sozialen Faktoren. Die sozialen Faktoren ähneln einer Zwickmühle: Einerseits riskieren wir den Verlust derer, die dieses Fachwissen besitzen und es möglich machen, dass analog and digital nebeneinander existieren können; andererseits zeigen die Künstler*innen ein Zögern, sich mit dieser Fragestellung auseinandersetzen zu

9 Im Oktober 2018 startete Dirk van de Leemput sein PhD zu dem Thema „Social-material networks of technology-based artworks and their importance for museum's collections" im Rahmen des dreijährigen Forschungsprojekts „Reshaping the Collectible: When Museums Live in the Museum", finanziert von der Andrew W. Mellon Foundation und geleitet von Pip Laurenson, Head of Collection Care Research, Tate Gallery, sowie Professorin am Maastricht Centre for Arts and Culture, Conservation and Heritage.

on synchronisation devices such as Dataton wanes quickly. It is therefore urgent that museums should recognise their obligation to work with technicians, many of whom have now retired, as an opportunity to pass on their wealth of knowledge to a younger generation. Adrian Fogarty (1952–2018) was the friend, technician and engineer who supported museums and galleries in word and deed by making it possible to continue to display important earlier works, as well as realising new technology-based works with artists. Adrian's technical sensibility enabled Gustav Metzger (1926–2017) and Susan Hiller (1940–2019) to realise complex artworks and to preserve and document their functionality for the future. The deaths of Gustav, Adrian and Susan have followed one another much too quickly, and have made it clear that we must urgently disseminate this knowledge.[9]

Dear artists, gallerists, curators, conservators and friends

The urgency to build trust and to communicate with each other is obvious. In the event that slide technology should cease to exist, and we wish to not merely display the documentation of slide-based artworks, we should try and create a future for them, as long as there is the technical knowledge. We should also acknowledge the anxieties on the parts of the artist and the museum, with artists fearing that, once created, their artworks will only be shown digitally, and museums fearing being seen to have given up too early.

It is key to act while the artists are still alive and can still be asked about the originals and what they ought to look like. During this window of time we must create the opportunity to also compare the originals with digital duplicates. Having a second pair of eyes is always helpful when talking about colour, and the same is true for digitisation. Sometimes, artists surprise me by going solo with the digitisation of their slide-based artworks. Therefore, we must ask how museums can provide a better environment for these conversations to take place.

Conclusion

It is not possible to predict the persistence or disappearance of a technology. I have outlined not only the technological but also the human challenges for imagining a digital future for slide-based artworks. These human challenges are twofold: firstly, the loss of those with the profound knowledge and skills for a working environment in

9 In October 2018, Dirk van de Leemput started his PhD research on the subject of 'Social-material networks of technology-based artworks and their importance for museums' collections' as part of 'Reshaping the Collectible: When Museums Live in the Museum', a three-year research project funded by the Andrew W. Mellon Foundation and led by Pip Laurenson, Head of Collection Care at Tate and Professor at the Maastricht Centre for Arts and Culture, Conservation and Heritage.

wollen. Die nötigen Erhaltungsmaßnahmen für diese Werke gleichen nicht nur einer Ansammlung technologischer Lösungen, sondern bieten auch die Freiheit für offene und ehrliche Kollaborationen.

Die Auseinandersetzung darüber, welche der diabasierten Kunstwerke uns auf dieser Reise begleiten und welche ohne das analoge Vehikel an Aussage verlieren, findet bislang kaum öffentlich statt. Mit der Fürsorge tragen wir auch Verantwortung, so viele Spuren wie möglich zu dokumentieren, sodass diejenigen, die nach uns kommen, verstehen, warum wir so lange mit der Digitalisierung gewartet haben. Von unseren Zweifeln und Hoffnungen zu wissen, hilft ihnen, in Zukunft verantwortungsvolle Entscheidungen zu treffen.

which the analogue and the digital both coexist, and secondly, the reluctance of many artists to explore a possible digital display format for their work, should it be needed in the future. The conservation needs for these works consist not only of repositories of technological solutions and expertise but also of spaces for open and trusted collaboration.

To care is also to take responsibility for documenting as many traces as possible, so that those who follow us can understand why we have waited for such a long time before digitising these works. Knowing of our doubts and hopes will help them make responsible decisions in the future.

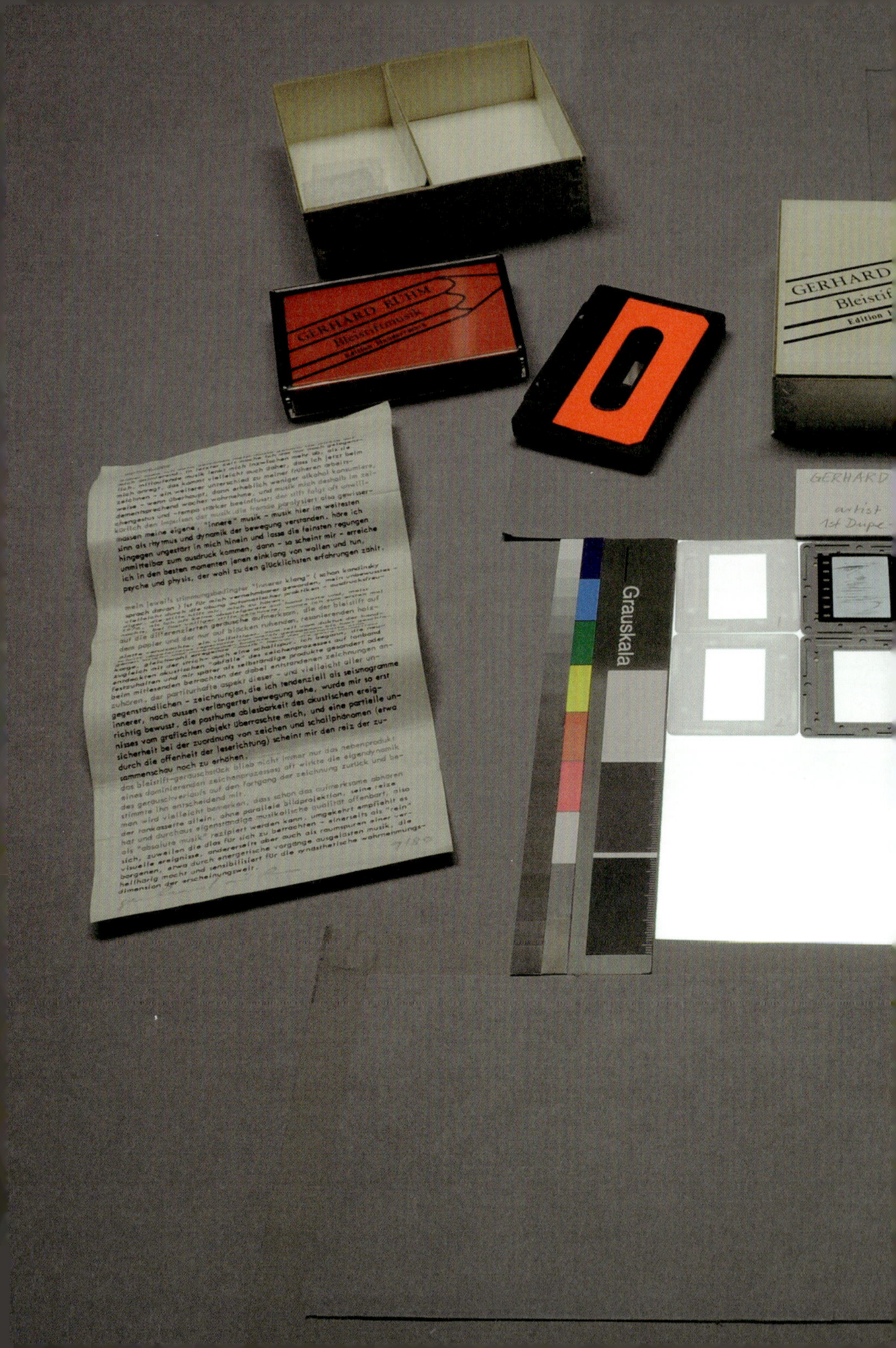
GERHARD RÜHM
Bleistiftmusik
Grauskala

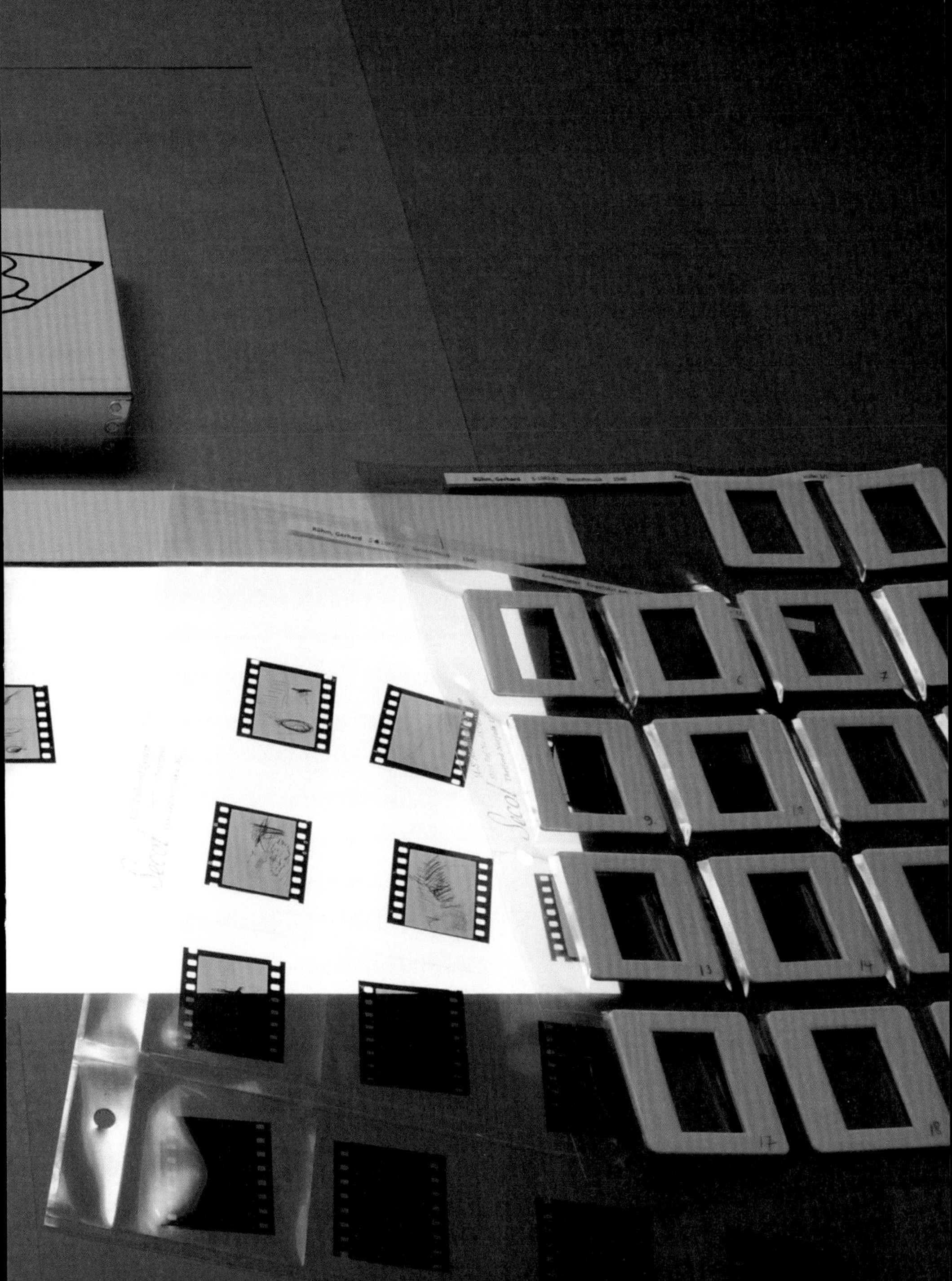

Künstlerische Beweggründe für das Medium Dia. Geert Goiris' *Whiteout* (2008–2011) und Tris Vonna-Michells *Finding Chopin* (2008/2018)

Brigitte Kölle

Im Jahr 2009 unternahm der in Antwerpen lebende Fotograf Geert Goiris (geb. 1971 in Bornem, BE) mit einer Gruppe Wissenschaftler*innen eine Expedition in die Antarktis. Er wollte das seltene meteorologische Phänomen des sogenannten Whiteout kennenlernen, das vor allem in Polargebieten und im Hochgebirge auftritt. Whiteout entsteht durch eine hohe Konzentration von Eiskristallen in der Atmosphäre und durch gedämpftes Sonnenlicht, das endlos reflektiert wird. Das Licht wirkt gefiltert, weich, diffus. Durch die verringerte Leuchtdichte kommt es zu einer starken Kontrastverringerung, welche ein Verschwinden des Horizonts zur Folge hat. Boden und Himmel gehen nahtlos ineinander über, was eine Desorientierung und eine Beeinträchtigung des Gleichgewichtssinns mit sich bringen kann.

Geert Goiris fand, wonach er suchte. Rückblickend schilderte er seine Erfahrung: „Die Lichtstreuung war perfekt: Egal, wohin man schaute, war die Helligkeit gleich. Vorne, hinten, oben oder unten hatte seine Bedeutung verloren."[1] Er machte eine ganze Reihe fotografischer Aufnahmen von diffus-weichen Landschaften, aber auch von Menschen und Gebäuden im Schnee, die in ihrer Klarheit und Brillanz innerhalb der weißen, konturlosen Atmosphäre erstaunen (Abb. 1). Whiteout ist kein Nebel, der Unschärfen generiert. Im Gegenteil, die Sicht ist erstaunlich klar und scharf, doch der Horizont verschwindet. Die fotografisch festgehaltene Grenzerfahrung überführte Goiris ohne digitale Manipulation in eine Installation, die aus 49 mittelformatigen Dias besteht. Über einen entsprechenden Mittelformatprojektor werden sie in einem Loop-Verfahren in einem dunklen Raum projiziert. Der Künstler gewann 2009 den Baloise Kunst-Preis, und das Werk ging über eine Schenkung der Baloise in die Sammlung der Gegenwartskunst an der Hamburger Kunsthalle ein. Später wurde es nochmals verändert.[2]

1 Geert Goiris, „The Whiteness Report", in: *AM-XX Horizont*, Nr. 20, 2015, S. 29.

2 Das Bildprogramm wurde 2011 im Zuge der Ankaufsübergabe durch den Künstler noch einmal verändert, wodurch sich die Datierung 2008–2011 ergibt.

Artistic Motifs for the Slide Medium. Geert Goiris' *Whiteout* (2008–2011) and Tris Vonna-Michell's *Finding Chopin* (2008/2018)

Brigitte Kölle

In 2009, together with a group of scientists, the Antwerp-based photographer Geert Goiris (b. 1971, Bornem, BE) undertook an expedition to Antarctica. He wanted to experience the rare meteorological phenomenon of the so-called whiteout, which occurs mainly in polar and high mountain regions. Whiteout is caused by high concentrations of ice crystals in the atmosphere and dimmed, endlessly reflected sunlight. The light appears filtered, soft, diffuse. The reduced luminosity leads to a stark decrease of contrast resulting in the disappearance of the horizon. The sky and the ground merge seamlessly, which can cause disorientation and an impaired sense of balance.

Geert Goiris found what he was looking for. In retrospect, he described his experience: 'Light diffusion was perfect: wherever you looked the brightness was equal. Front, back, up or down had lost their meaning.'[1] He shot an entire photo series of diffusely soft landscapes, but he also included buildings and people in the snow, whose clarity and brilliance amid the white shapeless environment is astonishing (fig. 1). Whiteout is not a fog that generates blur. On the contrary, the view is surprisingly clear and sharp, even though the horizon disappears. Goiris converted this extreme experience captured in photographs without any digital manipulation into an installation consisting of forty-nine medium-format slides. Using a matching medium-format projector they are projected in a loop inside a dark room. In 2009, Goiris won the Bâloise Art Prize and the work was donated by Bâloise to the Hamburger Kunsthalle's contemporary art collection. Afterwards, changes in the slide programme were made by the artist.[2]

During a symposium on slide conservation, as head of the collection I had the opportunity of conducting a public conversation with the artists Geert Goiris

1 Geert Goiris, 'The Whiteness Report', in: *AM-XX Horizont*, no. 20, 2015, p. 32.
2 The image programme was eventually changed by the artist in the course of the handover process, thus the dating is from 2008 to 2011.

Im Rahmen eines Symposiums zur Diakonservierung hatte ich als Sammlungsleiterin die Gelegenheit, ein öffentliches Gespräch mit den beiden Künstlern Geert Goiris und Tris Vonna-Michell zu führen.[3] Dabei interessierten vor allem Fragen der künstlerischen Entscheidungsfindung: Welche Aspekte des Mediums Lichtbild schätzen Künstler*innen in besonderem Maße, sodass sie sich für den Einsatz dieses Mediums in ihrer Kunst entscheiden? Welche Erfahrungen haben sie mit dem Medium Dia im Lauf ihrer künstlerischen Laufbahn gemacht, und welche Probleme sind aufgetaucht, welche Überraschungen? Hat sich ihre Sichtweise, ihre Wertschätzung mit der Zeit geändert (Abb. 2)?

Ich werde versuchen, die Äußerungen von Geert Goiris und Tris Vonna-Michell zusammenzufassen und bitte dies als exemplarisch, als Beispiele von vielen möglichen zu verstehen. Es gibt erstaunlich viele unterschiedliche Weisen, das Medium Dia künstlerisch einzusetzen. Man denke nur an die opernhafte Inszenierung in Nan Goldins *The Ballad of Sexual Dependency* (1992): ein beeindruckendes, ja überwältigendes Gesamtkunstwerk aus Erzählung, Musik und Bild, bestehend aus über 720 Kleinbilddias und neun Projektoren. Vergleicht man dies mit der Reduktion auf ein einzelnes Diamotiv und dessen spielerisch-abstrakte Verwandlungsformen wie in Robert Barrys *Asked ...* (1974), so wird deutlich, welcher Spannungsbogen und welche Bandbreite im künstlerischen Einsatz dieses Mediums möglich ist. Im Folgenden soll es, eng an den Kunstwerken entlang argumentierend, um die individuellen Entscheidungsfindungen von Geert Goiris und Tris Vonna-Michell gehen.

Das meteorologische Phänomen Whiteout wird in erster Linie charakterisiert durch eine Veränderung des Lichts, dessen Wahrnehmung und die Rolle, die das Licht bei unserer räumlichen Orientierung spielt. Insofern war es für Goiris naheliegend, die Fragen nach der Transformation von Materie und Landschaft in Licht auch in einem künstlerischen Medium zu stellen, welches sich aus Licht zusammensetzt: der Fotografie. Mehr noch als der Print vertraut das Medium Dia (Lichtbild) in seiner Präsentationsform auf das Licht, ist auf dieses angewiesen, um in Erscheinung treten zu können. Die künstlerische Entscheidung von Geert Goiris war daher, das Thema Licht nicht nur als Sujet, sondern auch als Präsentationsform, als Essenz wirksam werden zu lassen.

Hinzu kommt der ephemere, vergängliche Charakter von Diaarbeiten. „There is something light about it" („Es hat etwas Leichtes an sich"), fasst das Goiris in schöner Doppeldeutigkeit von „light" als

3 Das Gespräch mit den Künstlern Geert Goiris und Tris Vonna-Michell fand unter dem Titel „Artist Talk. Slide Projection as an Artistic Medium" (in englischer Sprache) am 18. Januar 2018 im Rahmen der Tagung „Back to the Future! Im Karussell der Diakonservierung" in der Hamburger Kunsthalle statt. Sämtliche folgende Künstlerzitate sind, sofern nicht anders gekennzeichnet, diesem Gespräch entnommen.

Abb. 1 Geert Goiris, *Whiteout* (2008–2011), Detail, Dia Nr. 30

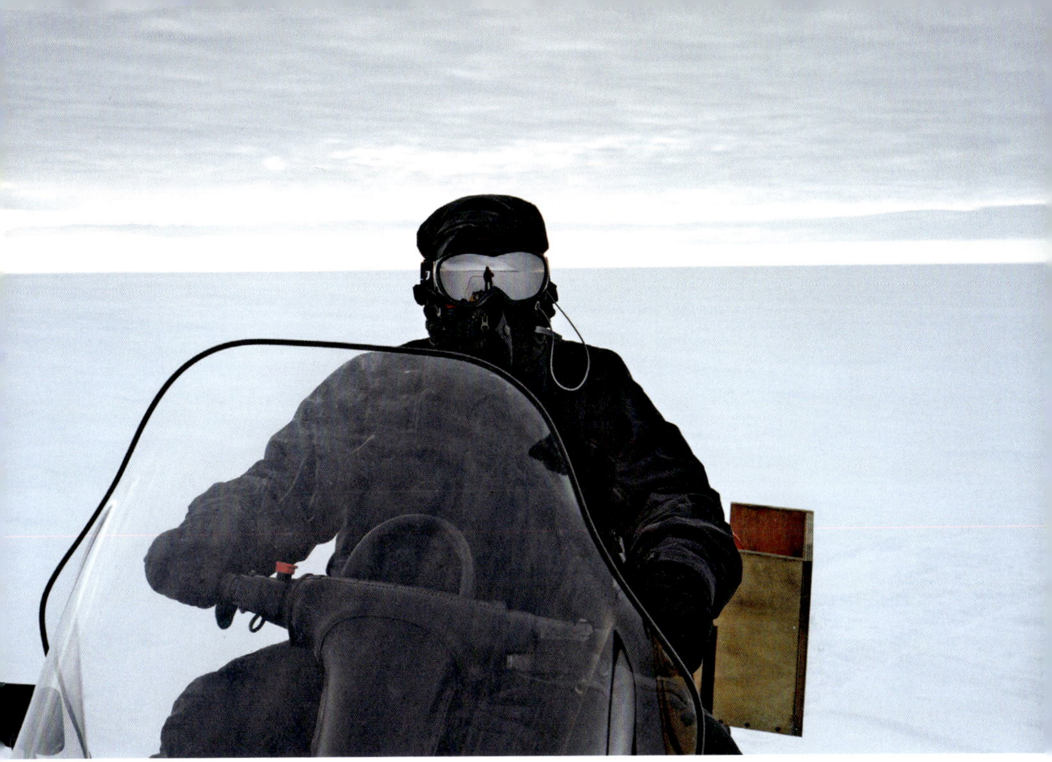

1

and Tris Vonna-Michell.[3] Questions on artistic decision-making were of particular interest here. Which aspect of photography as a medium do artists value especially, so much so that they decide to employ this medium in their art? What experiences have they had with slides in the course of their artistic careers: what problems have they encountered, and what surprises? Has their perspective, or their appreciation, changed over time? (fig. 2)

I will try to summarise the statements by Geert Goiris and Tris Vonna-Michell, but I ask you to take them as a few examples of many possible ones. There is a surprisingly large number of different ways of employing slides as an artistic medium. One only has to think of the opera-like presentation in Nan Goldin's *The Ballad of Sexual Dependency* (1992): an impressive, even overwhelming *gesamtkunstwerk* of narrative, music and image,

3 The conversation with the artists Geert Goiris and Tris Vonna-Michell took place under the title 'Artist Talk. Slide Projection as an Artistic Medium' (in English) on 18 January 2018 as part of the symposium 'Back to the Future! Im Karussell der Diakonservierung' at the Hamburger Kunsthalle. Unless stated otherwise, all of the following artists' quotes are taken from this conversation.

Fig. 1 Geert Goiris, *Whiteout* (2008–2011), detail, slide no. 30.

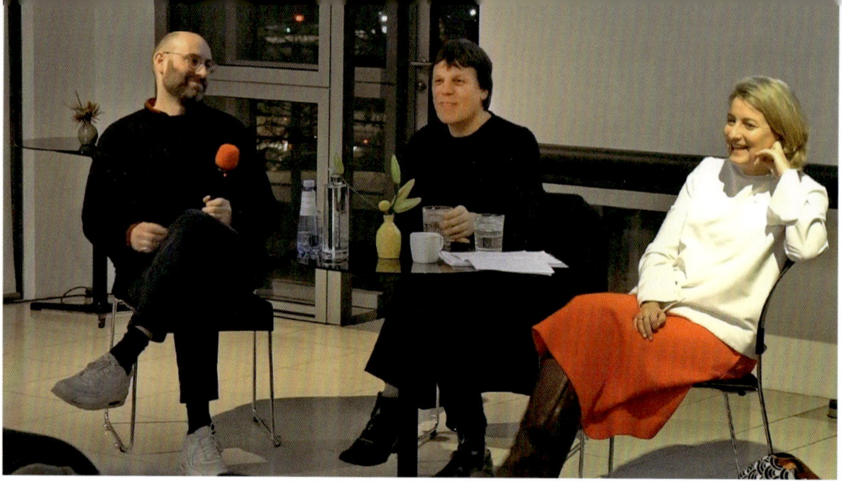

2

Leichtigkeit/Licht zusammen. Eine (gerahmte) Fotografie ist ein Objekt, oftmals konventionell und noch dazu Kunstmarkt-konform. Das Medium Dia entzieht sich dieser Verwertbarkeit jedoch – ein Aspekt, den Goiris ebenfalls zu schätzen weiß. Im Gegensatz zum fotografischen Abbildeverfahren, in dem die technische Apparatur normalerweise unsichtbar gemacht wird und nur Mittel zum Zweck ist, ist ein Diaprojektor – noch dazu ein Mittelformatprojektor, wie ihn Goiris bei *Whiteout* verwendet – eine gut sichtbare und hörbare Maschine im Raum. Sie zieht die Aufmerksamkeit auf sich und ist skulptural präsent. Goiris mag die anachronistische Erscheinung von Mittelformatprojektoren: „Sie sehen modern aus und gleichzeitig mechanisch. Es ist schwer zu bestimmen, aus welcher Zeit sie kommen." Der Aspekt der Zeitlichkeit spielt auch eine Rolle bei einem Vergleich Goiris' mit (aus der Mode gekommenen) pädagogischen Präsentationsformen wie Diaabenden im Familien- und Freundeskreis oder Berichten von Expeditionen in Stadthallen und Volkshochschulen. Auch hier erzählen Reisende von ihren Erlebnissen in fremden Ländern und machen diese anhand von Lichtbildern anschaulich. Jedoch ist Goiris abwesend – die Hauptperson, der respektive die Vortragende fehlt. Ein Umstand, der anhand von einer Diaserie im Raum deutlicher bewusst wird als wenn Fotografien an den Wänden hängen würden. Das erzählerische Moment bleibt jedoch auch in *Whiteout* zentral. Es ist die erstaunliche Qualität, die verblüffende Farbigkeit und Schärfe der mittelformatigen Dias, die in ihrer High Definition gleichsam eine Hyperrealität ins Spiel bringen, welche der Narration, dem Aspekt des Geschichtenerzählens, an welchem dem Künstler gelegen ist, zugutekommt.

Auch der in England geborene, heute in Stockholm lebende Künstler Tris Vonna-

Abb. 2 Tris Vonna-Michell (links), Geert Goiris (Mitte) und Brigitte Kölle (rechts) beim Künstlergespräch auf dem Fachsymposium „Back to the Future! Im Karussell der Diakonservierung" im Januar 2018.

consisting of more than 720 35 mm slides and nine projectors. If one compares this to the reduction to a single slide motif and its playful, abstract forms of transformation in Robert Barry's *Asked...* (1974), the spectrum and range of what is possible within the artistic use of this medium become apparent. In the following, the focus will be on Geert Goiris' and Tris Vonna-Michell's individual decision-making processes, discussed closely along their respective artworks.

The meteorological phenomenon of whiteout is primarily a change of light, its perception and the role it plays in our spatial perception. For Goiris it was thus obvious to pose any questions on the transformation of matter and landscape into light also with the means of an artistic medium that is composed of light: photography. The slide medium (photography) in its presentation format relies, even more than print, on light; it is dependent on it in order to manifest. Consequently, Goiris' artistic decision was to let light as a theme not only take effect as a subject but also as a form of presentation: as an essence.

In addition, there is also the ephemeral, transient character of slide-based works. 'There is something light about it', Goiris summarises, being beautifully ambiguous about light as lightness or illumination. A (framed) photograph is an object, often conventional and in line with the art market. The slide medium, however, eludes this commodification – an aspect that Goiris also appreciates. In contrast to the photographic imaging process, in which the technical equipment is usually rendered invisible and only as a means to an end, a slide projector – especially a medium-format projector like the one Goiris uses in *Whiteout* – is a highly visible and audible machine. It attracts attention and is sculpturally present. Goiris likes the anachronistic appearance of medium-format projectors: 'They look modern and at the same time they are mechanical. It is quite hard to determine which age they are from.' The aspect of temporality also plays a role when comparing Goiris' work to (now unfashionable) pedagogical forms of presentation such as slide-show evenings with family and friends, or reports of expeditions in town halls and adult education centres. Here, too, travellers tell of their experiences in foreign lands and make them more vivid with the help of images. But Goiris is absent: the protagonist, the presenter, is missing – a fact that one becomes more aware of presented with a series of slides in the room rather than photographs hanging on the walls. Yet the narrative moment remains central also in *Whiteout*.

It is the remarkable quality, the striking colourfulness and sharpness of the medium-format slides, which in their high definition bring into effect a hyperreality, that benefits the narration, the aspect of storytelling the artist is interested in.

Fig. 2 Tris Vonna-Michell (left), Geert Goiris (centre) and Brigitte Kölle (right) at the artist talk at the symposium 'Back to the Future – Riding the Slide Carousel' in January 2018.

Michell (geb. 1982 in Southend-on-Sea, GB) ist ein großer Geschichtenerzähler – aber auf eine ganz andere Art und Weise als Goiris. In seinen Performances, die innerhalb sorgfältig aufgebauter Installationen stattfinden, verbindet Vonna-Michell Tatsachen und Fiktion. In den mit großer Geschwindigkeit vorgetragenen Monologen präsentiert er Ereignisse und Geschichten, die mit Dokumenten, Musik und Literatur ergänzt werden. Bleiben Herkunft und Zweck der Objekte in der Installation oft ungeklärt, bindet Vonna-Michell diese während der Performance konkret mit ein. Sie dienen als Requisiten, die nach der Performance als Relikt seiner Erzählung verbleiben. Sein Werk *Finding Chopin* (2008/2018), das ebenfalls durch die Baloise in die Sammlung der Hamburger Kunsthalle einging, folgt den Spuren des legendären Künstlers Henri Chopin, den er 2005 in Paris zu finden versuchte (Abb. 3). Vonna-Michell ist ein großer Bewunderer des Dichters und Musikers Henri Chopin (1922–2008), einer Schlüsselfigur der französischen Avantgarde, der durch seine Aufnahmen mit ersten Tonbandgeräten bekannt wurde, in denen er mit Stimme, Technik und Poesie experimentierte. Vonna-Michell schildert die Schritte seiner Suche, die von unvorhergesehenen Ereignissen – wie dem Diebstahl seiner gesamten Archivalien – erschwert wurde.

Die Arbeiten von Tris Vonna-Michell sind eine performative Form der Spurensuche. Vom Künstler selbst als „narrational writing" („erzählerisches Schreiben") bezeichnet, ähneln sie einem Reisetagebuch. Seine künstlerischen Anfänge hatte Tris Vonna-Michell in der Schwarz-Weiß-Fotografie und den analogen Dunkelkammertechniken. Irgendwann genügte die reine Fotografie nicht mehr, um dem starken Drang des Künstlers, zu erzählen und Geschichten zu entwickeln, gerecht zu werden. Es bedurfte einer stärkeren Kontextualisierung und Verzeitlichung. Installative Objektarrangements und eine performanceähnliche Aufführung waren folgende, konsequente Entwicklungsschritte. „Vor allem erlaubte der Projektor meine Anwesenheit, um als Performer Teil des Werks zu werden", schildert es der Künstler. „Und wenn ich gehe, wenn ich aufhöre zu performen, können der Projektor und andere Ephemera bleiben." Performanceartige Aufführungen gestatten eine gewisse Flexibilität und Spontaneität. Objekte (auch Dias!) können geändert werden, ebenso die Choreografie und Dramaturgie. So sind Vonna-Michells Werke nicht statisch, sondern nehmen im Lauf der Zeit unterschiedliche Formen an. Vor allem entstehen eine Direktheit und Intimität während einer Performance, die auch die Technologie nicht ausschließt. Im Gegenteil: Das Bedienen der Geräte und die Abfolge der Lichtbilder schaffen einen Rhythmus des Erzählens, der durch die Momente Bild, Auflösung, Pause, Bewegung und so fort bestimmt wird. Performer und Projektor bedingen einander, treiben sich gegenseitig an, können ohne einander nicht weiter. Tempo, Rhythmus und

Abb. 3 Tris Vonna-Michell, *Finding Chopin* (2008/2018), Detail, Installationsansicht 2008

3

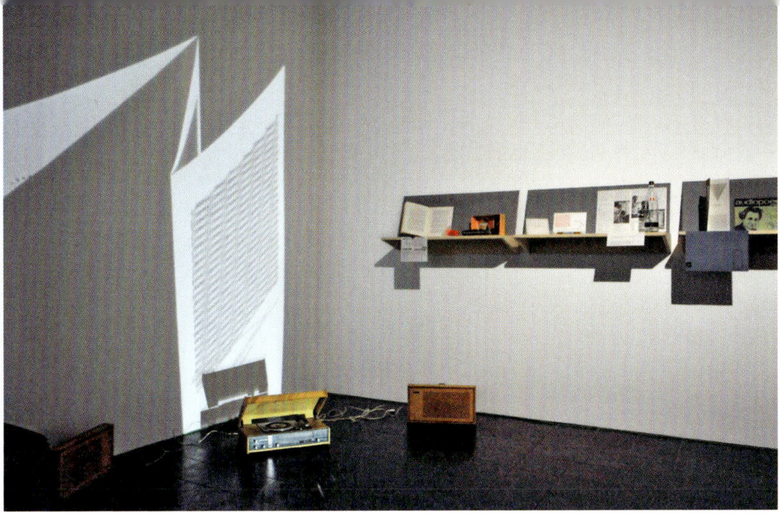

Born in England but now living in Stockholm, the artist Tris Vonna-Michell (b. 1982, Southend-on-Sea, GB) is also a great storyteller – but in a completely different way than Goiris. In his performances, which take place within carefully constructed installations, Vonna-Michell combines facts and fiction. In monologues recited at great speed, he presents events and stories complemented by documents, music and literature. While the origin and purpose of the objects in the installation often remain unclear, Vonna-Michell specifically involves them during the performance. They act as props, which, after the performance, remain as relics of his story-telling. His work *Finding Chopin* (2008/2018), which also found its way into the collection of the Hamburger Kunsthalle through Bâloise, follows in the footsteps of the legendary artist Henri Chopin, whom the artist tried to find in Paris in 2005 (fig. 3). Vonna-Michell is a great admirer of the poet and musician Henri Chopin (1922–2008), a key figure of the French avant-garde who became known for his recordings with early tape recorders in which he experimented with voice, technology and poetry. Vonna-Michell describes the steps of his search, which were complicated by unforeseen events – such as the theft of his entire archival records.

Vonna-Michell's works are a performative form of searching. Described by the artist himself as 'narrational writing', they resemble a travel diary. Vonna-Michell's artistic beginnings were in black and white photography and analogue darkroom techniques. But eventually, pure photography was no longer enough to satisfy the artist's strong urge to tell and develop stories. Greater contextualisation and temporalisation were needed. Installative arrangements of objects and performance-like

Fig. 3 Tris Vonna-Michell, *Finding Chopin* (2008/2018), detail, installation view 2008.

Entwicklung der Geschichte werden durch das Zusammenspiel von Mensch und Maschine, Künstler und Medium, Stimme und Bild gestaltet. Darin äußert sich ein grundsätzlich anderes Verständnis des Mediums und seiner Abhängigkeit von einem agierenden, „präsenten Autor" bei Tris Vonna-Michell als beispielsweise bei Geert Goiris, Michaela Melián, (der späteren) Nan Goldin, Robert Barry, Ross Sinclair, Lothar Baumgarten und anderen Künstler*innen, deren Diawerke sich in der Sammlung der Hamburger Kunsthalle befinden.

In der Diskussion, die sich im Anschluss meines Gesprächs mit Geert Goiris und Tris Vonna-Michell entwickelte, wurden vor allem Fragen nach dem Umgang der Künstler mit dem Medium Dia im Hinblick auf Lagerung, Archivierung und Dokumentation gestellt. Obwohl zum Beispiel Vonna-Michell die Firma Mount Analogue gründete, die sich dem Medium als Technikverleih, aber auch der Förderung von mit Dias arbeitenden Künstlern widmet, verwundert es wohl kaum, dass beide Künstler betonten, dass sie mehr Zeit und Energie in die Schaffung neuer Werke steckten als in die Dokumentation und Archivierung älterer Werke. Sie seien zwar beide bemüht, möglichst genaue Anweisungen und Dokumentationen zu geben, wären aber froh, wenn sich die Museen und Sammlungen um den Erhalt und die Pflege der diabasierten Kunstwerke kümmern würden. Auf die Lagerung von Originalmaterial angesprochen, erzählte Tris Vonna-Michell von der (nicht nur) in Skandinavien üblichen Methode, hierfür üblicherweise den Keller zu nutzen. Das könne der Fahrradkeller sein oder auch mal der Raum neben der Sauna (!), sodass wöchentliche Temperaturausschläge die Folge seien. Tris Vonna-Michells lakonische Äußerung, diese Praxis nach dem während des Symposiums Gehörten doch noch einmal „zu überdenken", hat großes Gelächter ausgelöst.

Die Hamburger Kunsthalle dankt den beiden Künstlern Geert Goiris und Tris Vonna-Michell für ihre Offenheit und Bereitschaft, Einsicht in ihre künstlerische Praxis zu geben. Sie standen während unseres Diakonservierungsprojekts hilfreich mit Expertise, Geduld und Gesprächsbereitschaft zur Seite.

presentations were the next, consequential steps. 'The projector allowed a certain presence for myself to come into the work as a performer', the artist explains, 'and when I'm gone, when I stop performing, the projector and the ephemera can remain' (fig. 3). Performance-like presentations allow for a certain flexibility and spontaneity. Objects (also slides!) can be changed, as can the choreography or dramatisation. Thus, Vonna-Michell's works aren't static but rather take on different forms over time. And above all, a directness and intimacy develop during a performance that doesn't exclude technology. On the contrary, the operation of the devices and the sequence of the images create a narrative rhythm that is defined by moments of image, dissolution, pause, motion and so on. Performer and projector depend on each other, drive each other, cannot go forward without one another. The pace, rhythm and development of the narration are shaped by the interaction of man and machine, artist and medium, voice and image. Here Vonna-Michell's fundamentally different understanding of the medium and its dependency on an active 'present author' becomes evident, compared to, for example, Geert Goiris, Michaela Melián, (later) Nan Goldin, Robert Barry, Ross Sinclair, Lothar Baumgarten and other artists whose slide-based works are in the collection at the Hamburger Kunsthalle.

During the discussion that followed my conversation with Geert Goiris and Tris Vonna-Michell, above all questions were asked concerning the artists' handling of the slide medium with regard to storage, archiving and documentation. Although Vonna-Michell, for instance, founded the company Mount Analogue that engages with the medium as a rental business for technical equipment as well as promoting artists who work with slides, it hardly comes as a surprise that both artists emphasised investing more time and energy in the creation of new works than in the documentation and archiving of earlier works. Although both would try to provide instructions and documentation that were as precise as possible, they were happy if museums and collections took care of the preservation and maintenance of the slide-based artworks. When asked about the storage of original material, Vonna-Michell talked about the method common (not only) in Scandinavia of using the cellar for this purpose. This could be a bicycle cellar or even the room next to the sauna(!), the consequences of which were weekly temperature changes. His laconic remark that he would 'rethink' this practice after what he had heard during the symposium drew great laughter.

The Hamburger Kunsthalle thanks the artists Geert Goiris and Tris Vonna-Michell for their openness and readiness to offer insights into their artistic practices. During our slide conservation project they contributed helpful expertise, patience and a willingness to talk.

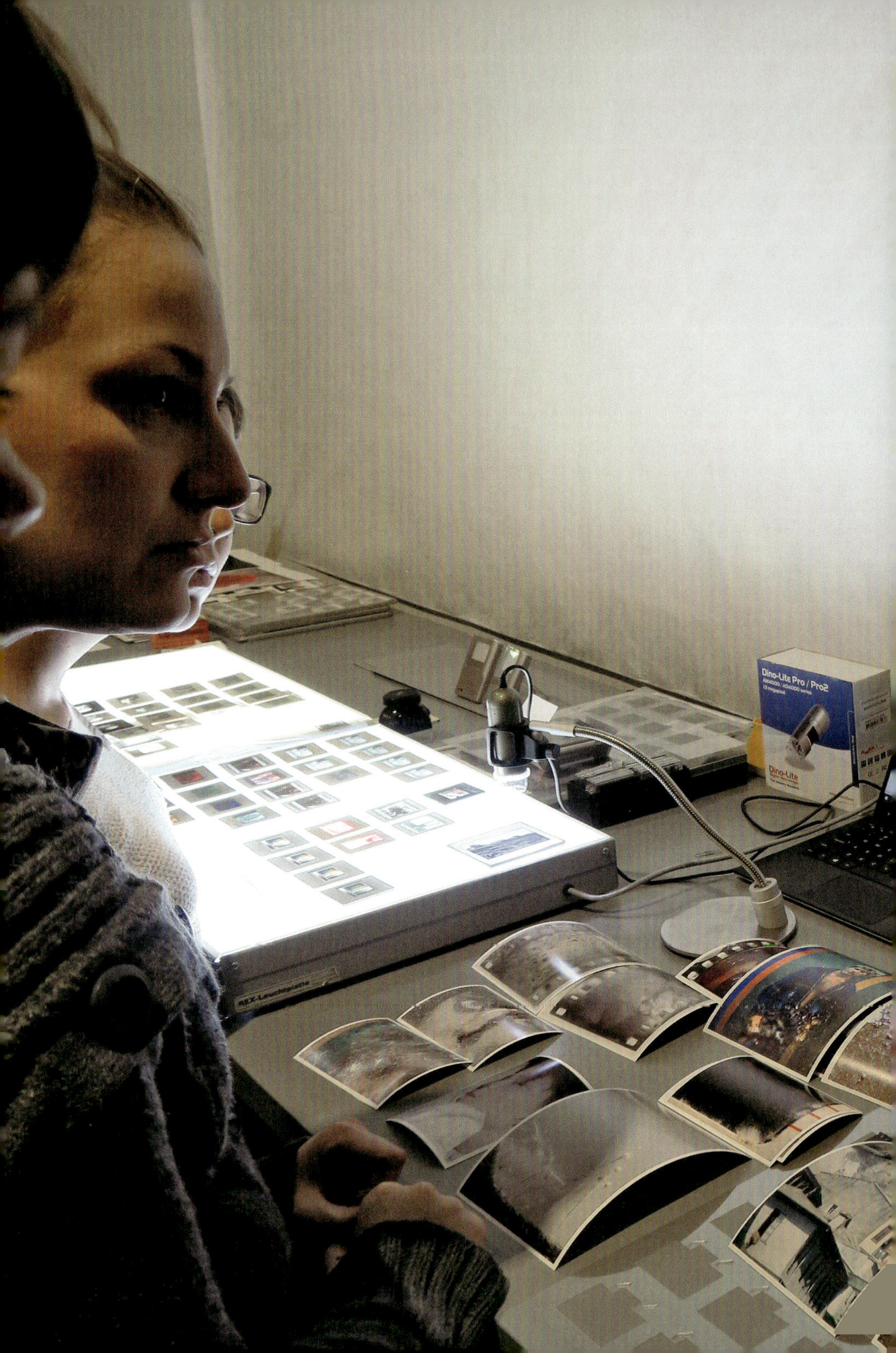
Dino-Lite Pro / Pro2
Dino-Lite

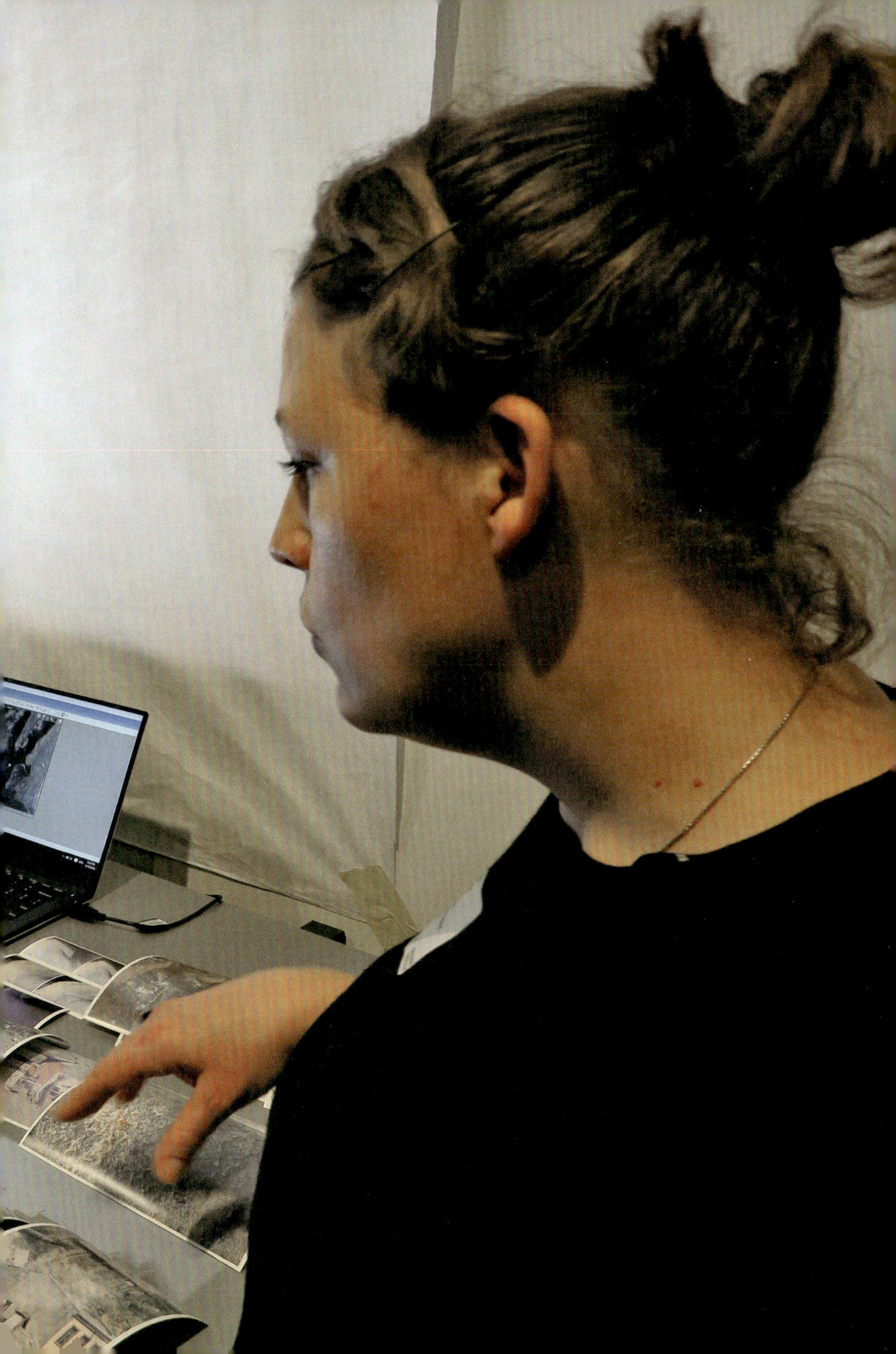

Die Dias von Ed van der Elsken im Nederlands Fotomuseum

Katrin Pietsch und Lénia Oliveira Fernandes

Das Nederlands Fotomuseum in Rotterdam hütet das Vermächtnis zahlreicher einflussreicher Fotografen der niederländischen Geschichte. In den meisten Fällen gingen deren Gesamtarchive in die Sammlung des Museums über. Aus diesem Grund machen Originalnegative und -dias etwa 80 % der nahezu sechs Millionen Fotografien aus. Eines der bedeutendsten Archive ist wohl der Nachlass von Ed van der Elsken (1925–1990). Van der Elsken begann schon sehr früh in seiner Karriere, gegen Mitte der 1950er-Jahre, eine intensive Auseinandersetzung mit Farbdias. 1977 erschien sein legendäres erstes Fotobuch in Farbe *Eye Love You*, das zu jener Zeit als bahnbrechend galt.

All seine Fotografien bewahrte er in seinem Haus in Edam auf, das sich in der Nähe eines Deichs befand. Aufgrund der feuchten Umgebung breitete sich Schimmel auf den Fotografien aus – ein Problem, das ihm zwar vage bewusst war, das sich später jedoch als ziemlich gravierend herausstellen sollte.

Als sie 1993 ins Museum kamen, war es nicht möglich, die Konservierung der 100.000 Schwarz-Weiß-Negative und der 42.000 Farbdias sofort auszuführen; die fragilen Objekte wurden daher konservierend verpackt und in Kaltlagerung untergebracht. In der Zwischenzeit begann man mit der Ausarbeitung einer Konservierungsstrategie für diesen Teil der Sammlung. Leider beschränkt sich das Schimmelwachstum nicht nur auf die Dias und Negative von Van der Elsken. Filmbasierte Sammlungen auf der ganzen Welt sind höchst empfindlich, was diese Art des Verfalls angeht.[1]

1 Niccolo Caldararo und Candis Griggs, „Preliminary report" on the conservation of slides with special reference to the removal of mould, in: *Topics in Photographic Preservation*, 9, S. 97–102, http://resources.conservation-us.org/pmgtopics/2001-volume-nine/09_07_Caldararo.pdf (aufgerufen am 12.1.2019); Miguel J. L. Lourenço und José Paulo Sampaio, „Microbial Deterioration of Gelatin Emulsion Photographs: A case study", in: *Topics in Photographic Preservation*, 12, S. 19–34, http://resources.conservation-us.org/pmgtopics/2007-volume-twelve/12_06_Lourenco.pdf (aufgerufen am 14.1.2019); Isbel Vivar, Sofia Borrego, Gary Ellis, D. M. Moreno und Ana M. Garcia, „Fungal Biodeterioration of Color Cinematographic Films of the Cultural Heritage of Cuba", in: *International Biodeterioration and Biodegradation*,

The Slides of Ed van der Elsken at the Nederlands Fotomuseum

Katrin Pietsch and Lénia Oliveira Fernandes

The Nederlands Fotomuseum in Rotterdam holds the legacy of many influential photographers in Dutch history. In most cases, their entire archives became part of the museum's collection. Therefore, about 80% of its nearly six million photographs are original negatives and slides. One of the most significant archives is surely the estate of Ed van der Elsken (1925–1990).

Very early in his career, in the mid-1950s, Van der Elsken started working intensely with colour slides. In 1977 he published his iconic first colour photobook *Eye Love You*, which was ground-breaking at the time.

All his photographs were kept in his Edam house, located near dikes. Due to the unavoidably humid environment, mould started to spread on his photographs, a problem of which he was slightly aware but which later became severe.

When they arrived at the museum in 1993, it wasn't possible to immediately carry out conservation of 100,000 black-and-white negatives and 42,000 colour slides, so these vulnerable objects were rehoused and placed in cold storage. Meanwhile, the long journey to develop a conservation strategy for this part of the collection began. Unfortunately, mould growth is not specific to the Van der Elsken slides and negatives; film-based collections are susceptible to this type of decay all over the world.[1]

1 Niccolo Caldararo and Candis Griggs, "Preliminary report on the conservation of slides with special reference to the removal of mould", in: *Topics in Photographic Preservation* 9, pp. 97–102, http://resources.conservation-us.org/pmgtopics/2001-volume-nine/09_07_Caldararo.pdf (accessed: 12.01.2019); Miguel J. L. Lourenço and José Paulo Sampaio, 'Microbial Deterioration of Gelatin Emulsion Photographs: A case study', in: *Topics in Photographic Preservation* 12, pp. 19–34, http://resources.conservation-us.org/pmgtopics/2007-volume-twelve/12_06_Lourenco.pdf (accessed: 14.01.2019); Isbel Vivar, Sofia Borrego, Gary Ellis, D. M. Moreno and Ana M. Garcia, 'Fungal Biodeterioration of Color Cinematographic Films of the Cultural Heritage of Cuba', in: *International Biodeterioration and Biodegradation* 84, pp. 1–9, http://oa.upm.es/29150/1/Fungal%20biodeterioration.pdf (accessed: 14.01.2019); Christine L. Sundt, 'Mounting Slide

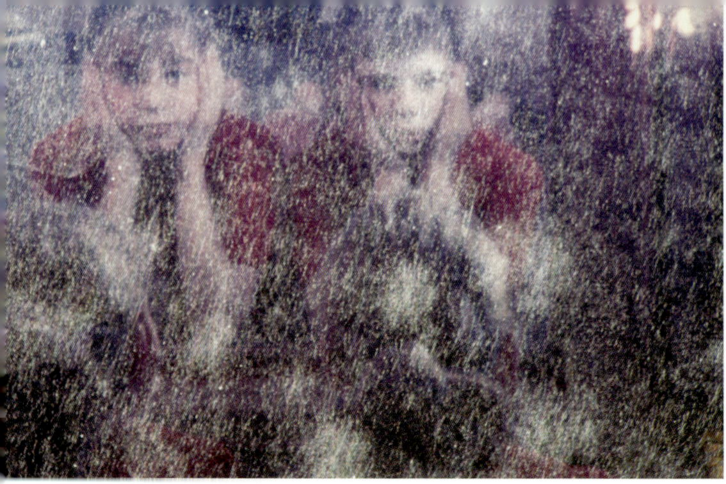
1

Ursachen und Nebenwirkungen von Schimmel auf Farbdias

Fotografische Materialien sind besonders anfällig für mikrobiologischen Verfall wie Schimmelpilzwachstum, da die meisten Prozesse eine Bildschicht aufweisen, die aus organischem Material besteht. Gelatine ist ein idealer Nährboden und eine Nahrungsquelle für Schimmel. Die meisten Schimmelpilzarten weisen das höchste Wachstum und die größte Ausbreitung bei über 60 % rF (relative Luftfeuchtigkeit) und zwischen 20 und 30 °C auf.[2] Der offensichtlichste Schaden von Schimmel auf Fotos ist die visuelle Beeinträchtigung. In der Diasammlung Van der Elsken hatte diese ein Ausmaß erreicht, bei dem sogar die digitale Rekonstruktion einiger Einzeldias kaum mehr möglich war. In solchen Fällen wäre der Zeitaufwand für die Bildbearbeitung extrem hoch und zudem hinsichtlich der Originalität des Bilds ethisch problematisch gewesen (Abb. 1). Außerdem handelt es sich bei Schimmel um einen lebenden Organismus mit einem funktionsfähigen Stoffwechsel. Seine Nebenprodukte verbleiben auf der fotografischen Emulsionsschicht und reagieren mit Gelatine und Farbstoffen. Daher können die folgenden Veränderungen auftreten:

84, S. 1–9, http://oa.upm.es/29150/1/Fungal%20biodeterioration.pdf (aufgerufen am 14.1.2019); Christine L. Sundt, „Mounting Slide Film Between Glass – For Preservation or Destruction?", in: *Visual Resources*, Bd. 2, Nr. 1–3 (Herbst 1981 – Frühling 1982), S. 37–62. Sundt veröffentlichte etliche Artikel zur Diakonservierung; einige davon finden sich unter https://pages.uoregon.edu/csundt/cv.htm (aufgerufen am 14.1.2019).

2 Sherry Guild, Mould Prevention and Collection Recovery: *Guidelines for Heritage collections*, Ottawa, Canadian Conservation Institute, 2004.

Abb. 1 Ed van der Elsken, Ata, Thomas, Madeleine und Juliette Kandó und Ed van der Elsken (im Spiegel), Detail, Sèvres, Frankreich, 1954 (Inv.-Nr. EVE-1302 001-02), 6-x-6-cm-Originaldia in Kodak Ektachrome. Durch Schimmel stark beschädigte Partie

Abb. 2 Ed van der Elsken, Auguste Hommel, Detail, Paris, Frankreich, ca. 1952–1954 (Inv.-Nr. EVE-0509001-11), 35-mm-Original-dia in Kodak Kodachrome Typ A. Durch Schimmel stark beschädigte Partie mit sich auflösender Emulsionsschicht. Rechts: Detail

Causes and side effects of mould on colour transparencies

Photographic materials are particularly prone to microbiological decay such as mould growth because most processes have an image layer consisting of organic material. Gelatine is an ideal fertile soil and source of nourishment for mould. Most mould species can grow and spread rapidly at above 60% RH and between 20 and 30°C.[2]

The primary disadvantage of mould on photographs is visual disturbance. In the Van der Elsken slide collection, it had reached a point where even digital reconstruction of some single images became nearly impossible. In such cases, the amount of retouching needed would be an extremely time-consuming task and pose an ethical dilemma regarding the originality of the image (fig. 1). Secondly, mould is a living organism with a functioning metabolism. Its by-products remain on the photographic emulsion layer and interact with the gelatine and dyes. As a result, the following changes may be detected:

Film Between Glass – For Preservation or Destruction?', in: *Visual Resources*, vol. 2, nos. 1–3 (Fall 1981–Spring 1982), pp. 37–62. Sundt published several articles about slide preservation, some of which can be found at https://pages.uoregon.edu/csundt/cv.htm (accessed: 14.01.2019).

2 Sherry Guild, *Mould Prevention and Collection Recovery: Guidelines for Heritage collections*, Ottawa, Canadian Conservation Institute, 2004.

Fig. 1 Ed van der Elsken, Ata, Thomas, Madeleine and Juliette Kandó and Ed van der Elsken (in mirror), detail, Sèvres, France, 1954 (acc.-no. EVE-1302001-02), 6 × 6 cm original slide in Kodak Ektachrome. Area severely damaged by mould.

Fig. 2 Ed van der Elsken, Auguste Hommel, detail, Paris, France, ca. 1952–1954 (acc.-no. EVE-0509001-11), 35 mm original slide in Kodak Kodachrome Type A. Area severely damaged by mould with disintegrated emulsion. Right: detail.

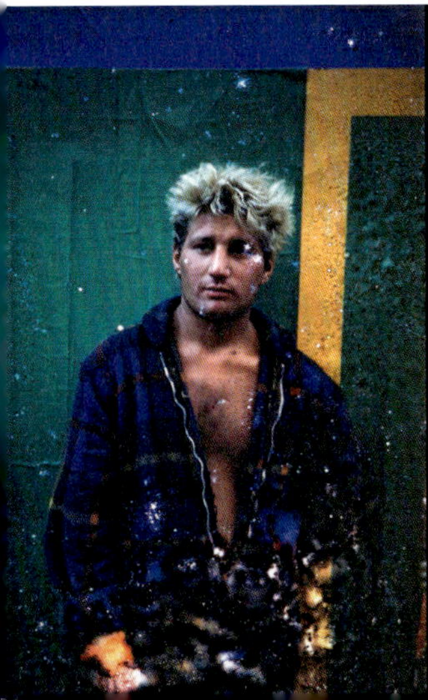

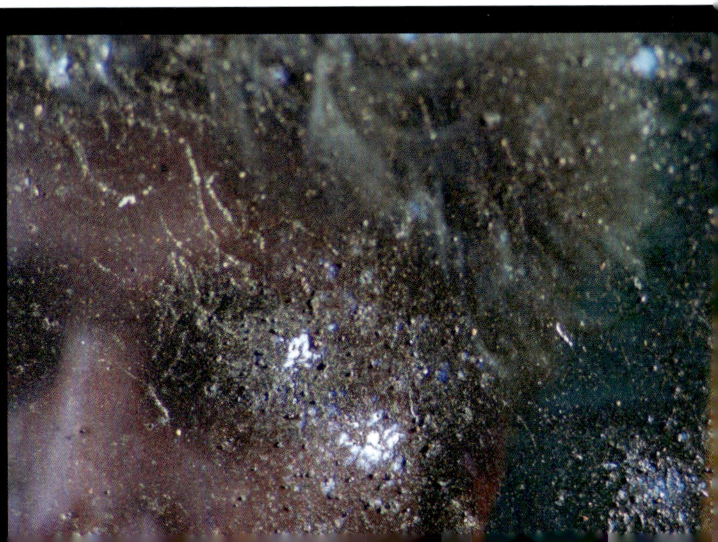

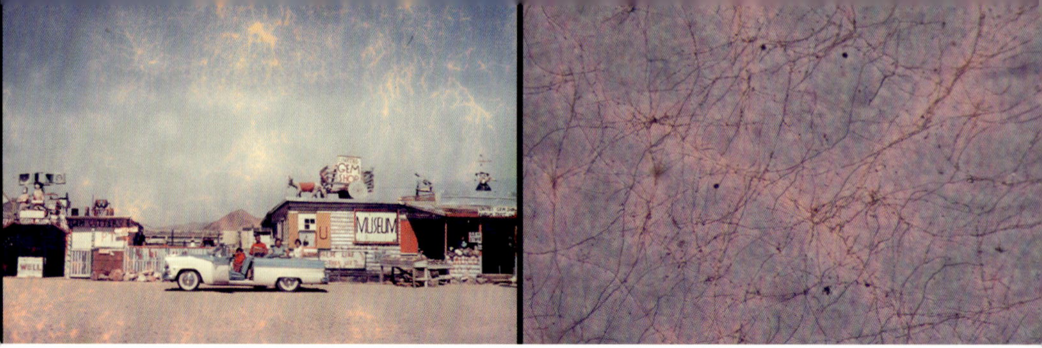

3

- Zerfall der Emulsion

Je länger Schimmel auf der Oberfläche von Dias verbleibt, desto stärker breitet er sich aus. Da er die Gelatineschicht schließlich verdaut, hydrolisiert und schwächt er die Proteinstruktur. In der Folge zeigen sich Risse in der Bildschicht, gefolgt von einer Ablösung der Emulsion vom Filmträger. Dies macht die Dias sehr empfindlich, besonders wenn es zu physischem Kontakt kommt (Abb. 2).

- Partielle Verfärbungen

Wenn Schimmel wächst, gibt er etliche, oftmals säurehaltige Stoffwechselprodukte ab. Die Farbstoffe Magenta, Gelb und Cyan in chromogenen Dias interagieren unterschiedlich schnell mit diesen Produkten. Dieses Phänomen ähnelt dem Alterungsprozess von Farbstoffen in allen chromogenen Materialien: Der Zerfall einer der drei Farbstoffe versursacht eine Farbveränderung. Im Fall von Pilzbefall geschieht dies genau in jenen Bereichen, in denen Schimmel aktiv die Bildemulsion angegriffen hat. Egal wie diese Farbveränderungen zustande kommen, sie sind immer unumkehrbar, und das Bild lässt sich physisch nicht mehr restaurieren (Abb. 3). Dieser Prozess der Farbveränderung findet auch bei Kaltlagerung statt, allerdings bedeutend langsamer.

Bei der Voruntersuchung der Diasammlung Van der Elsken ging man davon aus, dass mehr als 70 % von über 42.000 Objekten durch Schimmel beschädigt waren. Ungefähr 0,1 % waren von massivem Zerfall betroffen.[3] Diese Dias gehörten auch zu den ältesten der Sammlung und waren dem Schimmelbefall wahrscheinlich am

3 Nach der Behandlung zog man den Schluss, dass etwa 90 % aller Objekte in der Sammlung durch Schimmel beschädigt waren, 0,5 % davon schwer.

Abb. 3 Links: Ed van der Elsken, Miniaturen Museum in der Mojave-Wüste, Kalifornien, USA, ca. 1959/60 (Inv.-Nr. EVE-0701003-16), 35-mm-Originaldia in GAF Anscochrome Typ 531. Lokale Verfärbungen, verursacht durch Schimmelsporen. Rechts: Detail eines ähnlichen Dias

Abb. 4 Ed van der Elsken, Zwei Männer, Amsterdam, Niederlande, ca. 1968–1974 (Inv.-Nr. 0123003-05), 35-mm-Originaldia in Kodak Ektachrome-X. Links: vor der Behandlung; rechts: nach der Reinigung und der Entfernung des Schimmels

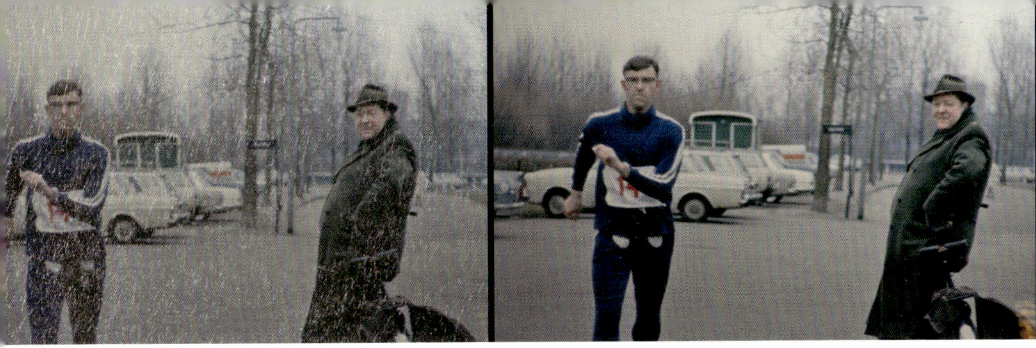

4

- Disintegration of the emulsion

The longer mould remains on the surface of a slide, the more it will spread. As mould eventually digests the gelatine layer, it hydrolyses and weakens the protein structure. Consequently, cracks begin to appear over the image layer, followed by delamination of the emulsion from the film base. This makes the slide very vulnerable to any physical contact (fig. 2).

- Local discolouration

When mould grows, it gives off several, often acidic metabolites. The magenta, yellow and cyan dyes in chromogenic slides chemically interact with these products at different speeds. This phenomenon is similar to the ageing of dyes in other chromogenic materials: degradation of one of the three dyes results in a colour shift. In the case of fungal decay, it occurs precisely around the areas where mould actively attacked the photographic emulsion. Regardless of how colour change occurs, it is always irreversible and the image can't be physically restored (fig. 3). Furthermore, the discoloration process also happens in cold storage, although at a much slower rate.

Through a survey of Van der Elsken's slide collection, it was estimated that 70% of over 42,000 objects were damaged by mould. About 0.1% were degraded to an extensive degree.[3] Those slides were also among the oldest in the collection and had possibly been mould-damaged the longest. The alarming condition of these 1950s slides made it clear that treatment was imperative to prevent further damage.

3 After treatment it was concluded that about 90% of all objects in the collection were damaged by mould; 0.5% are severely degraded.

Fig. 3 Left: Ed van der Elsken, Miniature Museum in the Mojave Desert, California, USA, ca. 1959/60 (acc.-no. EVE-0701003-16), 35 mm original slide in GAF Anscochrome Type 531. Local discolouration caused by mould spores. Right: detail from similar slide.

Fig. 4 Ed van der Elsken, Two men, Amsterdam, The Netherlands, ca. 1968–1974 (acc.-no. 0123003-05), 35 mm original slide in Kodak Ektachrome-X. Left: before treatment; right: after cleaning and removal of mould.

längsten ausgesetzt. Der besorgniserregende Zustand dieser Dias aus den 1950er-Jahren verdeutlichte, dass eine Behandlung unbedingt erforderlich war, um weitere Schäden zu verhindern.

Vom Konservierungskonzept zur Behandlungsmethode

Als die Fotorestauratorin Katrin Pietsch 2007 mit ihrer Arbeit am Nederlands Fotomuseum begann, war das Archiv Van der Elsken zum größten Teil nicht zugänglich und seine Zukunft äußerst fraglich. Es war dringend erforderlich, die Dias zu desinfizieren und den Schimmel auf der Oberfläche zu entfernen. In den Restaurierungswerkstätten des Museums nahm nun eine Reise ihren Anfang, die nahezu acht Jahre lang dauern sollte und in deren Verlauf eine erfolgreiche Massenbehandlung verschimmelter Dias entwickelt wurde. Unterschiedliche Herangehensweisen wurden auf Testobjekten erprobt; dazu gehörte auch die Erforschung möglicher Nebeneffekte der Nassreinigung auf die Langzeitstabilität der Dias. Da sich die Methode als unschädlich für Negativ- und Diamaterial erwiesen hatte, konnte die Reinigung der Originaldias von Van der Elsken schließlich beginnen (Abb. 4).

Wann immer Bilder aus einer kleinen Gruppe von Dias für Publikationen oder Ausstellungen benötigt wurden, verfeinerte man im Lauf der Jahre die Konservierungsmethode stets weiter. Dennoch handelte es sich um ein Verfahren, das Dia für Dia durchgeführt wurde, weshalb es sich für eine Sammlung in der Größe von jener Van der Elskens nicht wirklich eignete. Im Sommer 2015 investierte das Nederlands Fotomuseum daher in ein Pilotprojekt mit circa 1000 Dias aus dem Fotobuch *Eye Love You*. Dabei konnte ein Behandlungsworkflow entwickelt werden, mit dem die effiziente Restaurierung und Digitalisierung von ungefähr 200 bis 300 Dias am Tag erreicht wurde. Mit diesen Ergebnissen rückte die Rettung des Archivs Van der Elsken schließlich in greifbare Nähe. Eine umfassende Finanzierungskampagne startete, mit deren Hilfe 200.000 Euro von Kulturstiftungen, privaten Geldgebern und durch Crowdfunding gesichert werden konnten. Und so nahm das größte Fotokonservierungsprojekt, das bisher in den Niederlanden stattgefunden hatte, im Oktober 2016 seinen Anfang. Innerhalb von zwei Jahren wurde die gesamte Sammlung von Farbdias gereinigt, umgesiedelt, digitalisiert und erfasst.

Workflow bei der Massenbehandlung[4]

Die unterschiedlichen Behandlungsschritte erfolgten in Zusammenarbeit mit verschiedenen Expert*innen innerhalb des Museums. Anstatt die Digitalisierung der Diabilder außer Haus zu vergeben, wie im Diakonservierungsprojekt der Hamburger Kunsthalle, fand diese

4 Siehe Workflow im Technischen Anhang, S. 162.

From conservation concept to treatment method

When photograph conservator Katrin Pietsch started working at the Nederlands Fotomuseum in 2007, the Van der Elsken archive was largely inaccessible and its future under threat. Disinfecting the slides and removing the surface mould remained an absolute necessity. At the museum's conservation studio a journey of about eight years began, to develop a successful mass treatment for mouldy slides. Different approaches were tested on dummies, including research to predict possible side effects of wet cleaning on the long-term stability of the slides. As the method proved harmless to negatives and slide film, the cleaning of Van der Elsken's original slides finally started (fig. 4).

Throughout the years, whenever images from a small group of slides were needed for publication or exhibition, this conservation method was further refined. Still, it was a process done slide by slide, which made it unsuitable for a collection the size of Van der Elsken's.

In summer 2015 the Nederlands Fotomuseum invested in a pilot project with about 1,000 slides from the *Eye Love You* photobook. A treatment workflow was developed for the efficient restoration and digitisation of about 200 to 300 slides a day.

With these results, saving the entire Van der Elsken archive became a real possibility. A broad financing campaign started, through which about €200,000 was gathered from cultural foundations, private ambassadors and crowdfunding. Thus the biggest photograph conservation project ever to take place in The Netherlands began in October 2016. Within two years, the complete colour slide collection was cleaned, rehoused, digitised and registered.

Mass treatment workflow[4]

The different treatment steps involved the collaboration of several experts within the museum. Instead of outsourcing the digitisation of the slide images, as in the Hamburger Kunsthalle slide conservation project, this was carried out in-house. Photograph conservator Lénia Oliveira Fernandes and digitisation specialist Lídia Pereira were additionally hired for the duration of the project.

The weekly load of slides was acclimatised in two steps of twenty-four hours each, to enable transition from a separate cold storage area (3°C, 33% RH) to the conservation work environment (19°C, 50% RH). Customised packaging was prepared for the restored slides and labelled with the slides' accession numbers.[5]

4 See workflow in Technical Appendix, p. 163.

5 For detailed information on the conservation treatment itself, see Katrin Pietsch, 'Die Restaurierung der durch Schimmel angegriffenen Farbdias Ed van der Elskens am Nederlands Fotomuseum: Teil 2', in: *VDR Beiträge* 2 (2017), pp. 52–55.

im Haus selbst statt. Hierfür wurden für die Dauer des Projekts die Fotorestauratorin Lénia Oliveira Fernandes und die Digitalisierungsexpertin Lídia Pereira angestellt.

Die wöchentlich zu bearbeitenden Dias wurden in zwei Schritten von je 24 Stunden akklimatisiert, um den Wechsel von einer separaten Kaltlagerung (3 °C, 33 % rF) in den Restaurierungsbereich (19 °C, 50 % rF) zu ermöglichen. Für die restaurierten Dias wurde eine individuelle Verpackung vorbereitet und mit den Inventarnummern der Dias versehen.[5]

Digitalisierung und Erfassung

Nach der Restaurierung wurden die Farbdias unter Einsatz einer DSLR-Kamera (im RAW-Format) und des DigiDupe-Lichtkastens (Abb. 5 a) fotografiert. Der Lichtkasten besteht aus einem Blitzlicht und etlichen Spiegeln, die das Licht durch eine Milchglasoberfläche streuen und lenken.[6] Dieses System reduziert die Sichtbarkeit von Staubpartikeln und Oberflächenkratzern und damit auch die digitale Bildbearbeitung nach der Bilderfassung.

Jedes Dia wurde über dem DigiDupe fotografiert und ist dabei nur an seiner Ober- und Unterkante durch eine Maske aus Acrylglas bedeckt (Abb. 5 b). Die so entstandenen Aufnahmen wurden zu Dokumentations- und Veröffentlichungszwecken in den Formaten RAW, TIFF und JPG gespeichert.[7] Die Dateien wurden einer minimalen Bearbeitung unterzogen (z. B. Kalibrierung der Farbe mit den Bildprofilen; Zuschnitt; Veränderung der Bildausrichtung; Hinzufügen von Copyright-Metadaten, etc.) und im digitalen Archiv des Museums (einem lokalen Server mit einem Remote-Server als Backup) sowie im digitalen Katalog des Museums (MemorixMaior) gespeichert. Für jedes Objekt existieren detaillierte Aufzeichnungen, die es mit Schlagworten, Produktionsdaten etc. beschreiben, verbunden mit den dazugehörigen Bilddateien.[8]

Die Dekodierung von Diafilm (Umkehrfilm)

Ed van der Elsken sortierte seine Farbdias nicht chronologisch, sondern nach Themen. Es war demzufolge eine Herausforderung, festzulegen, wann eine Aufnahme

5 Für ausführliche Angaben zur konservatorischen Behandlung selbst siehe Katrin Pietsch, „Die Restaurierung der durch Schimmel angegriffenen Farbdias Ed van der Elskens am Nederlands Fotomuseum: Teil 2", in: *VDR Beiträge*, 2, 2017, S. 52–55.

6 Konzipiert von Eelco Loode und Mathijs van Oosterhoudt.

7 Nicht bearbeitete und nicht beschnittene Bilderfassung auf NEF RAW, Konvertierung in TIFF, ca. 7300 × 4900 Pixel, 16 bit, Pro RGB, ca. 5250 ppi. Konvertierung für Website (bearbeitet und beschnitten) von TIFF in JPG, Stufe 10, 16 bit, sRGB, mit ca. 6700 × 4600 Pixel und ca. 5100 ppi für 35-mm-Dias und mit ca. 4600 × 4600 Pixel und ca. 2000 ppi für 6-×-6-cm-Dias.

8 Erfassung ausgeführt von Mario van den Winkel.

Abb. 5 a, b Links: Prototyp der DigiDupe-Box. Rechts: Kameraaufbau und DigiDupe-Box für die Fotografie der Dias mit Acrylmaske

Digitisation and registration

After conservation, the colour slides were photographed using a DSLR camera (in RAW format) and the DigiDupe light box (fig. 5 a), which is composed of a flashlight and several mirrors that diffuse and direct light towards a frosted glass surface.[6] This system reduces the visibility of dust particles and surface scratches, hence reducing digital retouching after image capture.

Each slide was photographed over the DigiDupe, covered only at its top and bottom edges by an acrylic mask (fig. 5 b). The produced digital files were archived in RAW, TIFF and in JPG format for documentation and publishing purposes.[7] The files underwent minimal editing (e.g. calibrating colour with image profiles; cropping; changing image orientation; adding copyright metadata, etc.). They were saved in the museum's digital archive (a local server backed up by a remote server) as well as in the museum's digital catalogue (MemorixMaior). There are detailed records for each object, describing them with keywords, production dates, and so on, coupled with the corresponding image files.[8]

Decoding reversal film

Ed van der Elsken organised his colour slides not chronologically but rather in themes. It can therefore be challenging to determine when an image was originally

6 Designed by Eelco Loode and Mathijs van Oosterhoudt.
7 Unedited and uncropped image capture in NEF RAW, conversion to TIFF, ca. 7300 × 4900 pixel, 16 bit, Pro RGB, ca. 5250 ppi. Conversion for website (edited and cropped) from TIFF to JPG, level 10, 16 bit, sRGB, with ca. 6700 × 4600 pixel and ca. 5100 ppi for 35 mm slides and with ca. 4600 × 4600 pixel and ca. 2000 ppi for 6 × 6 cm slides.
8 Registration executed by Mario van den Winkel.

Figs. 5 a, b Left: prototype of the DigiDupe box. Right: set-up of camera and DigiDupe box to photograph slides in acrylic mask.

5 a, b

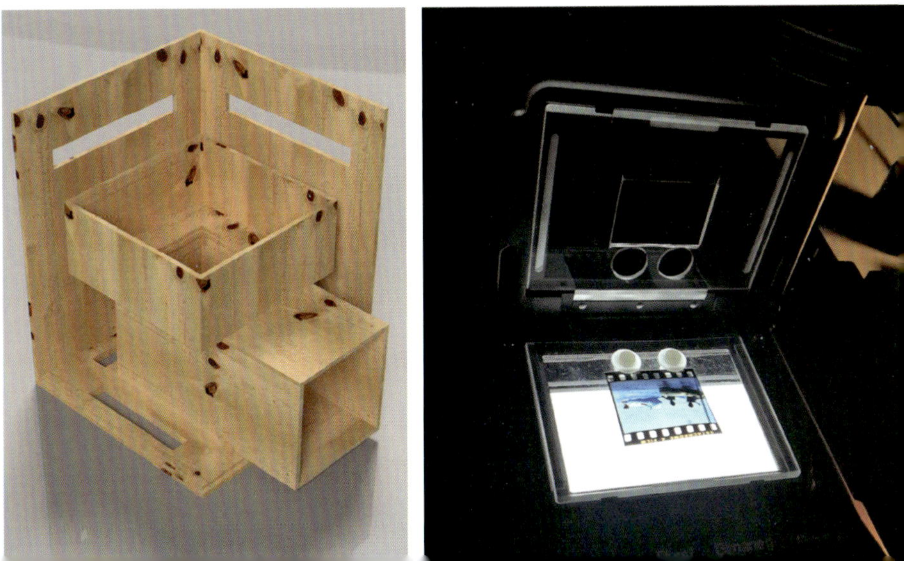

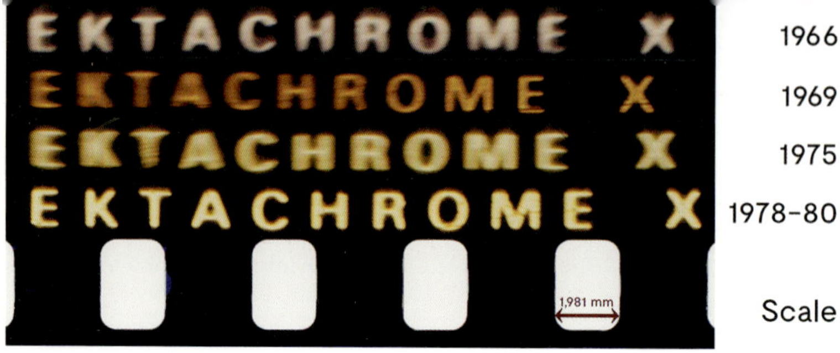

6

ursprünglich entstanden war, da Dias aus unterschiedlichen Perioden miteinander vermischt waren. Die Daten wurden schließlich bestimmt, indem man das Wissen zum Bild selbst mit den Eigenschaften des verwendeten Films kombinierte.

Die Diasammlung Van der Elsken enthält eine breite Palette an 35-mm-Diafilmen, die etwa zwischen 1950 und 1990 von Kodak, Fuji, Agfa, GAF und 3M massenproduziert wurden. Diese Materialien waren permanenten Veränderungen unterworfen, nicht nur um eine bessere Bildqualität zu erzielen, sondern auch um die Herstellungskosten zu reduzieren. Graphische Details entlang der Perforation markieren diese Veränderungen und helfen uns dabei, Filmarten, Herstellungsdaten, Originale und Duplikate zu unterscheiden (Abb. 6).[9] Das Wissen darüber, wann und wie Farbdiafilme hergestellt wurden, kann dazu beitragen, die ästhetischen Eigenschaften, die dem Bild innewohnen, besser zu verstehen. So beschreibt Van der Elsken in seinem Fotobuch *Hallo!* (1978) zum Beispiel, wie er Kunstlichtfilm, der eigentlich für die Verwendung in Innenräumen gedacht war, im Freien verwendete, da es der einzige Film war, der ihm damals zur Verfügung stand (Abb. 7).[10] Die resultierende Aufnahme zeigt zwar einen Blaustich, wurde jedoch ungeachtet dieses Fehlers für die Publikation ausgewählt. Die Farbabstimmung einiger anderer Filme in der Sammlung weist aufgrund des Alterungsprozesses sichtbare Schäden auf. Dies gilt zum Beispiel für den GAF (General Aniline & Film) Anscochrome-Film. Die Farben auf diesem Film gelten als grundsätzlich unbeständig, ein Problem, das bei vielen

9 Sylvie Pénichon, Appendix A – Chronology of Kodachrome and Kodak Ektachrome Films, in: *Twentieth-Century Colour Photographs: The Complete Guide to Processes, Identification and Preservation*, London/Los Angeles 2013, S. 298–303; Robert L. Shanebrook, „Chapter 16 – Film Identification“, in: *Making Kodak Film*, 2., erw. Auflage, Rochester (NY) 2016, S. 368–374.
10 Ed van der Elsken, *Hallo!*, Bussum 1978, o. S.

Abb. 6 Beispiel von Perforationsinformationen des 35-mm-Ektachrome-X-Films aus der Sammlung Ed van der Elsken, ca. 1966–1980. Kodak produzierte diesen Film ca. 1963–1978. Quelle: Pénichon 2013 (wie Anm. 9)
Abb. 7 Ed van der Elsken, Läufer, Edam, ca. 1976–1978. 35-mm-Originaldia in Kodak High Speed Ektachrome B Film (Inv.-Nr. EVE-0316003-07)

made, as slides from different periods are mixed together. Dates were determined by combining knowledge about the image itself and the characteristics of the used film.

The Van der Elsken slide collection contains a wide range of 35 mm reversal film mass-produced by Kodak, Fuji, Agfa, GAF and 3M between about 1950 and 1990. These materials were continuously altered not only to improve image quality but also to reduce production costs. Graphic details along the perforation area mark those changes and can help us distinguish film types, production dates, originals and duplicates (fig. 6).[9,10]

Knowing when and how colour slide film was made can help us understand the images' inherent aesthetic properties. For example, in his *Hallo!* photobook (1978) Van der Elsken describes how he used artificial light film meant for indoor exposure outdoors, because it was the only film he had available at the time (fig. 7).[11] The resulting image has an overall blue colour cast but was chosen for publication regardless of that shortcoming. The colour balance of certain other films in the collection has visibly decayed due to ageing. This is the case of images in GAF (General Aniline & Film) Anscochrome film: dyes in this film are known to be inherently unstable, a problem detected in many contemporary films, including early GAF Ansco duplicates (ca. 1965–1970) that changed dramatically when projected (fig. 8).[12]

9 Sylvie Pénichon, Appendix A – Chronology of Kodachrome and Kodak Ektachrome Films, in: *Twentieth-Century Colour Photographs: The Complete Guide to Processes, Identification and Preservation*, London/Los Angeles (CA) 2013, pp. 298–303.

10 Robert L. Shanebrook, Chapter 16 – Film Identification, in: *Making Kodak Film*, expanded second edition, Rochester (NY) 2016, pp. 368–374.

11 Ed van der Elsken, *Hallo!*, Bussum 1978, n.p.

12 Henry Wilhelm and Carol Brower, *The Permanence and Care of Color Photographs: Traditional and Digital Color Prints, Color Negatives, Slides, and Motion Pictures*, Grinnell (IA) 1993, p. 218.

7

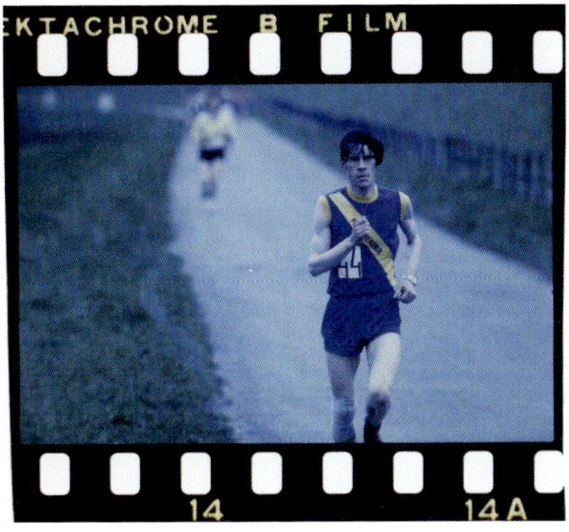

Fig. 6 Examples of perforation information of 35 mm Ektachrome-X film found in the Ed van der Elsken collection, dated ca. 1966–1980. Kodak produced this film ca. 1963–1978 (source: Pénichon 2013. See note 9).

Fig. 7 Ed van der Elsken, Runner, Edam, ca. 1976–1978. 35 mm original slide in Kodak High Speed Ektachrome B Film (acc.-no. EVE-0316003-07).

zeitgleichen Filmen auftritt, darunter auch frühe GAF Ansco Duplikate (ca. 1965–1970). Die Farbkuppler in diesem Film veränderten sich äußerst rasch durch Projektion (Abb. 8).[11]

- Duplikate

Etwa 3 % der Sammlung Van der Elsken sind Reproduktionen. Diese Dias wurden anhand folgender Charakteristika identifiziert:

1. Duplikate weisen für gewöhnlich keine individuelle Nummerierung auf, sondern normalerweise nur Text (wie „Safety Film") sowie geometrische Symbole, die auf das Herstellungsdatum eines Films verweisen. Dies gilt für Duplizierfilm von Kodak, der mit braunem, orangem oder gelbem Text versehen ist.[12] Frühere Duplikate (ca. 1966–1977) sind mit „Eastman" bezeichnet, während spätere Exemplare (ca. nach 1977) einen vierstelligen Code aufweisen (z. B. „5071").

2. GAF Ansco Duplizierfilm zeigt blaue Linien entlang beider Kanten. Gelegentlich ist auch der cyanfarbene Text „5470 Ansco Dupe" beziehungsweise „Safety" sichtbar. Aufnahmen guter Qualität weisen entweder eine blauviolette Farbtönung auf oder verändern sich durch Projektion in Richtung Magenta (Abb. 8).

3. Da Duplizierfilm oftmals in großen Rollen (z. B. 100 Meter) verkauft wurde, ist er für gewöhnlich relativ flach.

4. Ist ein direkter Vergleich mit dem Kameraoriginal möglich, so zeigen Duplikate einen anderen Farbstich, eingeschränktere Abstufungen und weniger Details in den hellen Bereichen.

5. Zudem ist die Bildfläche an den Kanten oft leicht beschnitten, weshalb einige Informationen der originalen Aufnahme verloren gehen. Da das Duplikat die gleiche Bildfläche einnimmt, erscheint es im Vergleich zum Original größer.

11 Henry Wilhelm und Carol Brower, *The Permanence and Care of Color Photographs: Traditional and Digital Color Prints, Color Negatives, Slides, and Motion Pictures*, Grinnell (IA) 1993, S. 218.

12 Kodak, *A Guide to Identifying Year of Manufacture for KODAK Motion Picture Films*, Rochester (NY) 2013, https://www.kodak.com/uploadedfiles/motion/Guide_to_Identifying_Year_of_Manufacture.pdf (aufgerufen am 18.12.2018); National Film Preservation Foundation, Appendix A: Edge Code Chart, in: *The Film Preservation Guide: The Basics for Archives, Libraries, and Museums*, San Francisco (CA) 2004, S. 93, https://www.filmpreservation.org/userfiles/image/PDFs/fpg_10.pdf (aufgerufen am 20.12.2018).

Abb. 8 Ed van der Elsken, Studioporträt einer Frau mit Fischglasschale, Amsterdam, Niederlande, 1956–1959, 35-mm-Film. Links: 35-mm-Originaldia in GAF Super Ansco-chrome Tageslichtfilm Typ 525 (Inv.-Nr. EVE-0127002-11); Mitte (Inv.-Nr. EVE-0127001-11) und rechts (Inv.-Nr. EVE-0127003-07): 35-mm-Duplikate in GAF Ansco Duplizierfilm (ca. 1959–1965). Das linke Bild ist gespiegelt dargestellt (es wurde auf digitale Weise horizontal gedreht); es ist unsicher, ob die gespiegelte Duplizierung des Bilds beabsichtigt war. Das rechte Dia ist durch die Projektion verblasst. Der untere Rand war vom Plastikdiarahmen abgedeckt, und der Cyanfarbstoff blieb somit vor Lichteinfall geschützt.

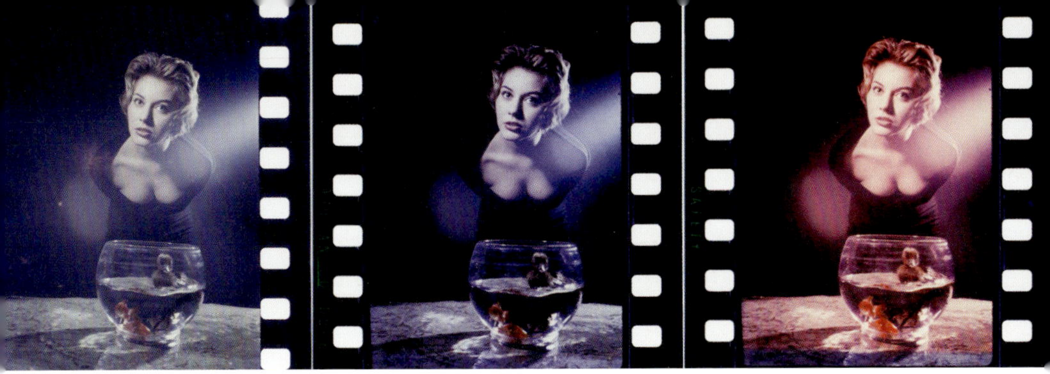

8

• Duplicates

About 3% of the Van der Elsken collection are reproductions. These slides were identified by looking at the following characteristics:

1) Duplicate film images don't typically have individual numbers; they tend to only have text (such as 'Safety Film') and geometric symbols indicating a film production date. This is true for Kodak duplicating film, which appears in brown, orange or yellow text.[13] Earlier duplicates (ca. 1966–1977) are branded 'Eastman', while later examples (after ca. 1977) have a four-number code (e.g. '5071').

2) GAF Ansco Dupe film has blue lines along both edges. Occasionally, the cyan blue text '5470 Ansco Dupe' or 'Safety' is visible. Images in good condition have either an overall violet-blue colour or, if projected, will have shifted towards magenta (fig. 8).

3) As it was often sold in large rolls (e.g. 100 metres long), duplicate film tends to be relatively flat.

4) If direct comparison with the 'in-camera' original is possible, duplicates have a different overall colour cast, more limited gradations and fewer details in highlight areas.

5) In addition, the image area will often be slightly cropped around the

13 Kodak, *A Guide to Identifying Year of Manufacture for KODAK Motion Picture Films*, Rochester (NY) 2013, https://www.kodak.com/uploadedfiles/motion/Guide_to_Identifying_Year_of_Manufacture.pdf (accessed: 18.12.2018); National Film Preservation Foundation, Appendix A: Edge Code Chart, in: *The Film Preservation Guide: The Basics for Archives, Libraries, and Museums*, San Francisco (CA) 2004, p. 93, https://www.filmpreservation.org/userfiles/image/PDFs/fpg_10.pdf (accessed: 20.12.2018).

Fig. 8 Ed van der Elsken, Studio portrait of a woman with a fishbowl, Amsterdam, The Netherlands, ca. 1956–1959, 35 mm film. Left: original in GAF Super Anscochrome Daylight type 525 film (acc.-no. EVE-0127002-11); centre (acc.-no. EVE-0127001-11) and right (acc.-no. EVE-0127003-07): duplicates in GAF Ansco Dupe film (ca. 1959–1965). The left image is shown here digitally flipped (mirrored horizontally); it is uncertain whether the image was purposely duplicated with a different orientation. The right slide faded due to projection, except for the area on the bottom edge where it was protected by a plastic mount.

- Diarahmen

Originalrahmen sind aufgrund der Veränderungen ihrer grafischen Gestaltung und der Materialien eine nützliche Quelle zur Datierung von Dias. In unserem Fall war dies vor allem für Kodachrome-Papierrahmen relevant, es lässt sich aber auch auf ähnliche Objekte anwenden.[13] Veränderungen lassen sich nicht nur an Äußerlichkeiten des Rahmens festmachen (Logos, Schriftart etc.), sondern auch an inneren Bestandteilen. Werden Kodachrome-Dias von ihren Rahmen getrennt, lassen sich Faserreste vom Klebestreifen ebenfalls zur Datierung heranziehen (Abb. 9).

Veröffentlichungen zur Geschichte von Diasammlungen weisen oft nur wenige Bildbeispiele auf.[14] Die „Historische Kleinbildfilm Datenbank“ erwies sich als äußerst nützliches visuelles Instrument zur Identifizierung, ließe sich jedoch mit Beispielen zu Diarahmen und zusätzlichen Filmarten noch weiter verbessern. Dieser Forschungsbereich würde von einer visuellen Brücke zwischen technischen Quellen und typischen Schadensbildern für jeden Film immens profitieren.[15]

Die Aufbewahrung von Farbdias

Lagerungsbedingungen sind üblicherweise in Temperaturzonen gegliedert: Raumtemperatur, kühl, kalt und unter 0 °C.[16] Allgemein lässt sich sagen, dass die Lebenserwartung eines fotografischen Objekts umso länger ist, je kälter die Umgebung ist, da sich jegliche chemische Zersetzung bei niedrigen Temperaturen verlangsamt.[17] Dies gilt besonders für Farbfotografien und filmbasierte Fotografien.

Die zusätzlich gewonnene Lebensdauer bei einer Lagerung unter 0 °C ist im Vergleich zu einer Kaltlagerung relativ gering. Im Zuge der Akklimatisierung erschwert sich jedoch auch der Zugang. In beiden Fällen sind spezielle Verpackungssysteme nötig, um Kondensation zu vermeiden.[18] Dennoch entschloss

13 Andy Romano, „Kodachrome Slide Mount Chart“, 2003, http://trainutz.com/rcMOUNT.shtml (aufgerufen am 20.12.2018).

14 Shanebrook 2016 (wie Anm. 9); Gert R. Koshofer, *Farbfotografie*. Bd. 2: *Moderne Verfahren*, München 1981.

15 Erwin Zbinden, „Historische Kleinbildfilm Datenbank“, 2015, http://www.bilderdienst.ch (aufgerufen am 20.12.2018). Nutzername: rundbrief; Passwort: Fotografie2015; veröffentlicht in: Erwin Zbinden, „Randmarkierungen: Neue Möglichkeiten der Datierung von Kleinbildfilmen“, *Rundbrief Fotografie*, 22, 2015, Nr. 4, N.F. 88, S. 20–30. http://www.rundbrief-fotografie.de/archiv/hefte/rf-88/artikel-zbinden (aufgerufen am 21.6.2019).

16 International Organization of Standardization, *Imaging materials – Multiple Media Archives – Storage Environment: ISO 18934:2011*, 2011.

17 Die in Anm. 16 erwähnte ISO-Norm enthält Aufbewahrungsempfehlungen für sämtliche fotografische Techniken.

18 Mark H. McCormick-Goodheart, *On the Cold Storage of Photographic Materials in a Conventional Freezer Using the Critical Moisture Indicator (CMI) Packaging Method*, Juli 2003, http://www.wilhelm-research.com/subzero/CMI_Paper_2003_07_31.pdf (aufgerufen am 14.1.2019).

Abb. 9 Beispiele von Kodachrome-Diarahmen in der Sammlung Ed van der Elsken, datiert zwischen 1977 und 1986. Das Äußere ist gleichbleibend (spätere Beispiele haben kein „+“-Zeichen), aber die Farbe des Klebestreifens im Inneren des Rähmchens hat sich geändert.

9
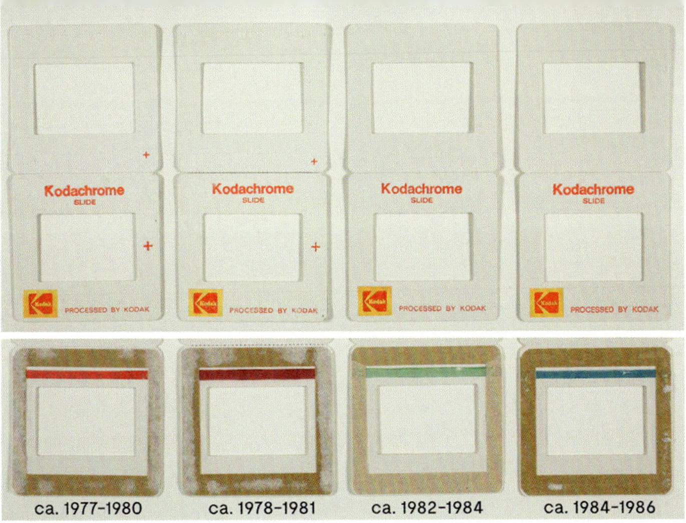

edges and some information from the original image will be lost. Because it fills the same image area, the duplicate appears enlarged in comparison to the original.

- Slide mounts

Original mounts are a valuable resource with which to date slides, through the changes in graphic design and materials. In our case this was especially relevant for Kodachrome paper mounts, but it can certainly be applied to similar objects.[14] Change is not only visible in the exterior of the mount (logos, font, etc.), but also in interior components. When Kodachrome slides are separated from their mounts, remnant fibres from the adhesive strip can also be used as a dating tool (fig. 9).

Published sources on the history of slide collections are often limited in terms of visual examples.[15] The 'Historische Kleinbildfilm Datenbank' was extremely useful as a visual tool for identification, but it could be improved with examples of mounts and more film types. This field of study would benefit immensely from a visual bridge between technical sources and typical degradation patterns for each film.[16]

14 Andy Romano, 'Kodachrome Slide Mount Chart', 2003, http://trainutz.com/rcMOUNT.shtml (accessed: 20.12.2018).
15 Shanebrook 2016 (see note 10); Gert R. Koshofer, *Farbfotografie*. Vol. 2: *Moderne Verfahren*, Munich 1981.
16 Erwin Zbinden, 'Historische Kleinbildfilm Datenbank', 2015, http://www.bilderdienst.ch (accessed: 20.12.2018). Username: rundbrief; password: Fotografie2015.

Fig. 9 Examples of Kodachrome mounts in the Ed van der Elsken Collection, dated between 1977 and 1986. The exterior remains similar (later examples having no '+' sign) but the colour of the adhesive strip inside has changed.

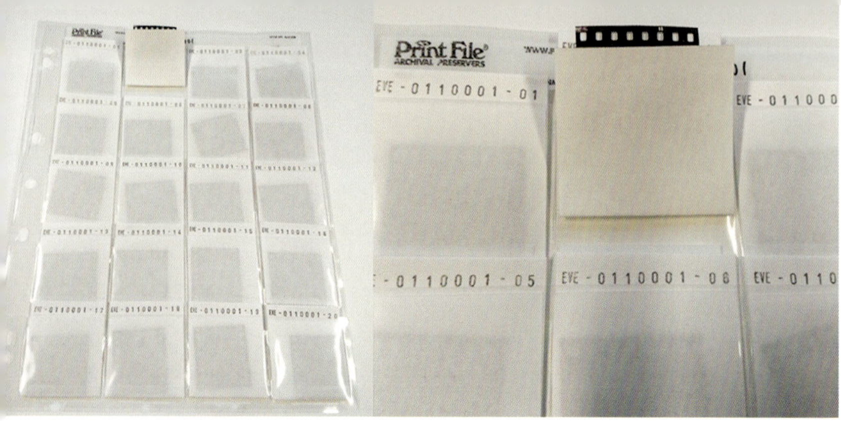

10

man sich an der Tate und an der Hamburger Kunsthalle für eine Lagerung unter 0 °C, während beim Nederlands Fotomuseum andere Anforderungen vorliegen. Aufgrund der erhöhten Energiekosten, des Arbeitsaufwands und der möglichen Risiken, die eine Unter-0 °C-Kühlung für mehr als 42.000 Dias birgt, entschloss man sich zu einer Kaltlagerung. Die wichtigsten Aufbewahrungsrichtlinien für Dias lauten:

- Sicherstellung stabiler klimatischer Bedingungen

Fotografische Farbmaterialien profitieren aufgrund der langfristigen Stabilität erheblich von einer Lagerung bei kalten Temperaturen, doch nicht jede Sammlung kann eine Lagerung bei 3 °C, 33 % rF gewährleisten. In diesen Fällen ist ein stabiles Klima ohne starke Schwankungen von Temperatur oder relativer Luftfeuchtigkeit unerlässlich. Temperaturschwankungen können aufgrund einer Erhöhung der Feuchtigkeit im Mikroklima zu Kondensation führen. Dies ist besonders problematisch, wenn die Dias ohne feuchtigkeitsabsorbierende Materialien in Kunststoffhüllen aufbewahrt werden. Neben der stabilen Temperatur sollte auch die relative Luftfeuchtigkeit unter 55 % bleiben.

- Neue Verpackung in PAT-zertifizierte Materialien

Dias werden für gewöhnlich in Karussellen, Kunststoffmagazinen oder -hüllen gelagert, die meist Zusatzstoffe und Weichmacher enthalten, welche Dias schädigen können. Zudem können Kunststoffgehäuse als Feuchtigkeitsbarrieren wirken und damit auch das Risiko von Kondensation und Schimmelbildung mit sich bringen. Eine neue Verpackung sollte deshalb der erste Schritt zur Konservierung von Dias sein. Als Primärverpackung ist Papier zu empfehlen, um Feuchtigkeitsschwankungen abzufangen und die Dias vor ihren autokatalytischen Abbauprodukten zu schützen (Abb. 10).

Der Photographic Activity Test (PAT) wird durchgeführt, um zu bestimmen, ob

Abb. 10 Verpackungssystem für die Lagerung der Dias Ed van der Elkens nach der Reinigung

Storing colour slides

Storage environments are typically divided into room temperature, cool, cold and sub-zero climates.[17] Generally speaking, the colder the environment, the longer the life expectancy of a photographic object, because all chemical degradation is slower at lower temperatures.[18] That is especially true for colour and film-based photographs.

The gained life expectancy with sub-zero storage compared to cold storage is comparatively small. Access becomes more difficult with acclimatisation. The use of a specific packaging system to prevent condensation is needed in both situations.[19] Nevertheless, at Tate and the Hamburger Kunsthalle sub-zero storage was chosen, while there are different needs at the Nederlands Fotomuseum. The increase in energy costs, work time and possible risks caused by sub-zero storage for over 42,000 slides was decisively in favour of cold storage. The most important storage guidelines for slides are:

- Ensuring stable climate conditions

Photographic colour material benefits tremendously from cold temperature storage for its long-term stability but not everyone can keep their collections at 3˚C, 33% RH. In these cases, a stable climate without strong variations in temperature and/or RH is most important. Temperature fluctuations can cause condensation by raising humidity levels in microclimates. This is especially problematic when slides are stored in plastic enclosures, without any hygroscopic materials. Next to ensuring a stable temperature, RH levels above 55% should be avoided.

- Rehousing in PAT-certified materials

Slides are typically found in projector carousels, plastic magazines or sheets, most of which contain additives and plasticisers that can damage them. Furthermore, plastic enclosures might act as moisture barriers, enabling the risk of condensation and consequent mould growth. Rehousing should therefore be the first step to preserve slides. Paper is recommended for primary packaging, in order to buffer humidity fluctuations as well as to protect slides from their autocatalytic degradation products (fig. 10).

The Photographic Activity Test (PAT) is conducted to define whether packing materials cause any unwanted changes in photographs. Material with PAT certificates

17 International Organization of Standardization, *Imaging materials – Multiple Media Archives – Storage Environment: ISO 18934:2011*, 2011.
18 The ISO norm mentioned in note 17 has storage recommendations for different photographic processes.
19 Mark H. McCormick-Goodheart, *On the Cold Storage of Photographic Materials in a Conventional Freezer Using the Critical Moisture Indicator (CMI) Packaging Method*, July 2003, http://www.wilhelm-research.com/subzero/CMI_Paper_2003_07_31.pdf (accessed: 14.01.2019).

Fig. 10 Packaging system used for storing the Ed van der Elsken slides after cleaning.

Verpackungsmaterialien zu unerwarteten Veränderungen an Fotografien führen. PAT-zertifizierte Materialien sind unbedenklich, weshalb sie unzertifizierten Materialien stets vorzuziehen sind. Weitere Informationen sind bei den jeweiligen Anbietern der PAT-zertifizierten Produkte zu finden.

- Separieren der von Schimmel befallenen Objekte

Sobald Schimmel an Dias festgestellt wird, sollten diese unverzüglich von anderen Objekten getrennt werden, um einen weiteren Befall zu verhindern. Für den Umgang mit von Schimmel befallenen Fotografien sollten zudem spezialisierte Restaurator*innen zu Rate gezogen werden.

- Neubewertung des Einsatzes von Diarahmen

Diarahmen enthalten womöglich wichtige Bezeichnungen und Beschreibungen und stellen deshalb einen ganz wesentlichen Teil des Objekts dar. Dennoch wird nicht empfohlen, die Dias langfristig in ihren Rahmen aufzubewahren. Besonders wenn sie Glas enthalten, besteht das Risiko eines gefährdenden feuchten Mikroklimas, das Schimmelbefall begünstigen kann. Wenn Dias und Rahmen getrennt aufbewahrt werden, sollten sie die gleiche Inventarnummer aufweisen, damit alle Informationen erhalten bleiben.

Fazit

Alles in allem sind wir mit dem Ergebnis dieses Projekts äußerst zufrieden. Die Investition in ein zweiwöchiges Pilotprojekt war ausschlaggebend, um realistisch planen und budgetieren zu können, obwohl das Ausmaß an Schimmel im Archiv gravierender war als zunächst angenommen. Durch Online-Bereitstellung von Hintergrundinformationen wurde das Projekt einem breiteren Publikum zugänglich gemacht und die öffentliche Unterstützung trug so erheblich zum Gesamterfolg bei. Der in diesem Zuge ausgearbeitete Konservierungsworkflow kann Kolleg*innen und anderen Institutionen dazu dienen, zukünftige Maßnahmen einfacher umsetzen zu können.

Umfassende Konservierungsprojekte werden sich immer öfter auch im Onlineauftritt von Museen finden, wodurch die Konservierung und Restaurierung zu einem konstant sichtbaren Teil all unserer Museumsaktivitäten wird.

are considered to be harmless, which is why they should always be chosen over uncertified ones. Suppliers can provide more information about their PAT-certified products.

- Separating mould-contaminated objects

Whenever mould is encountered in slides, they should immediately be isolated from other objects to avoid further contamination. Contact a specialised conservator to obtain advice on how to deal with mould-contaminated photographs.

- Re-evaluating the use of slide mounts

Mounts can contain important markings and descriptions and are therefore an integral part of these objects. Even so, it is not recommended to store slides in their mounts in the long-term. Especially when they contain glass, mounts increase the risk of creating hazardous, humid microclimates, which can lead to mould growth. When stored separately, slides and their mounts should remain connected through their accession numbers, ensuring that all information is retained.

Conclusion

In summary, we are extremely satisfied with the outcome of this project. The investment in a two-week pilot was crucial for realistic planning and budgeting, even though the amount of mould in the archive turned out to be higher than first assumed. The project was made known to a broader public by sharing behind-the-scenes information and public support added to its overall success. The developed conservation workflow can be shared with colleagues at other institutions, with the aim of helping to improve future treatments.

Large-scale conservation projects will more often be featured in the museum's online presence so that conservation steadily remains a visible part of all our museum activities.

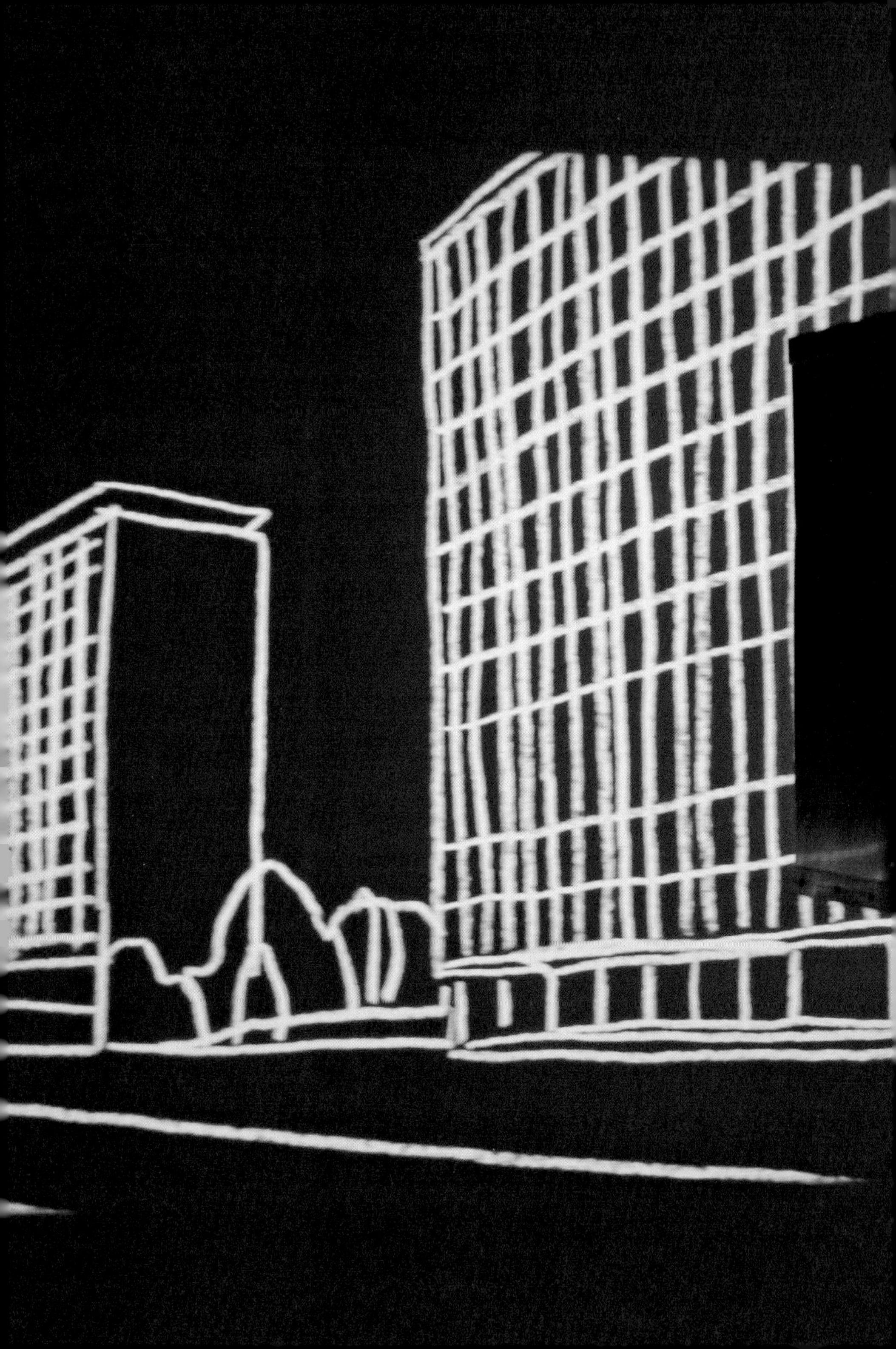

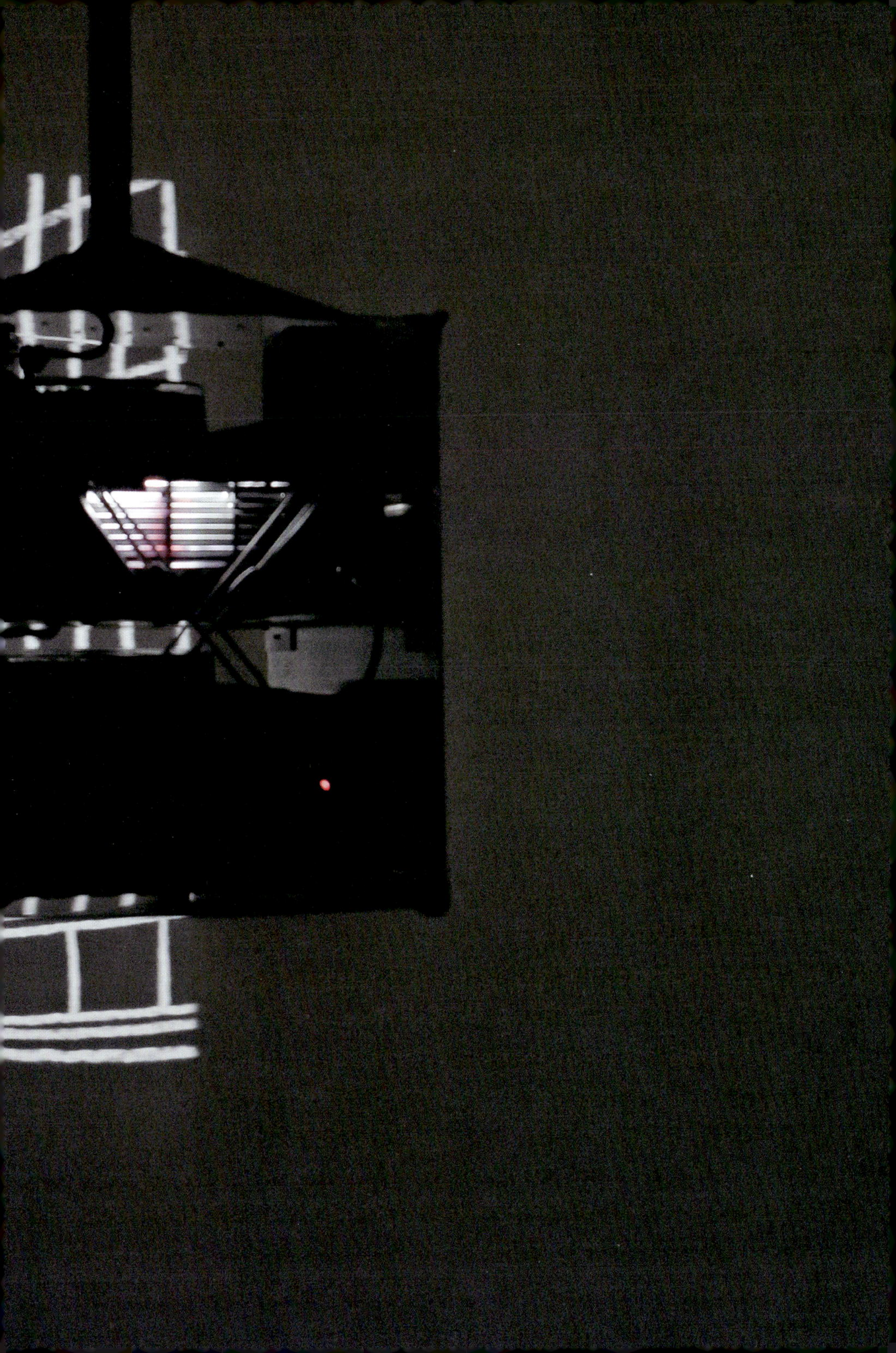

Dias, Projektoren und Herausforderungen. Fallbeispiele aus dem SFMOMA

Martina Haidvogl

Als das amerikanisch-norwegische Architekturbüro Snøhetta die Fassade der Museumserweiterung des San Francisco Museum of Modern Art (SFMOMA) 2016 gestaltete, erinnerte sein Design an die anhaltenden Nebelschwaden, die aus der nahe gelegenen Bucht durch die Stadt ziehen. So spezifisch wie dieses Phänomen für die geografische Lage von San Francisco ist, so ist auch das Museum selbst mit seiner Nähe zu den geschäftigen Start-ups des Silicon Valley und der reichen Stadtkultur, welche geprägt ist von gegenkulturellen Literatur- und Kunstbewegungen, einem Klima von Innovation und Kreativität ausgesetzt. Dieses Klima wiederum formt eine Arbeitskultur von interdisziplinärer Zusammenarbeit und Herangehensweisen, bei denen die Künstler*innen im Mittelpunkt stehen und welche ebenso einzigartig und standortspezifisch ist wie die hiesigen Nebelschwaden.

Seit seiner Gründung im Jahr 1935 als erstes Museum an der Westküste, das sich der modernen und zeitgenössischen Kunst widmet, hat das SFMOMA eine international renommierte Sammlung von mehr als 40.000 Kunstwerken zusammengetragen. Zusätzlich zu bedeutenden Beständen in den Bereichen Gemälde, Skulptur, Fotografie, Architektur und Design umfasst die Sammlung auch eine breite Palette von mehr als 400 Medienkunstwerken, darunter Videoarbeiten, Filme, Diainstallationen, Klangskulpturen, software- und computerbasierte Arbeiten sowie Onlineprojekte und Live-Performances. In Übereinstimmung mit der großen Vielfalt an Materialien und Technologien, aus denen zeitgenössische Kunstwerke bestehen, fordert das Museum eine Kultur abteilungsübergreifender Zusammenarbeit in der Betreuung seiner Sammlung. Diese Werte fanden auch im neuen Museumsanbau in einer Reihe gemeinsamer Räume Ausdruck, die der Erhaltung und Pflege von Medienkunstwerken gewidmet sind.[1] Ein weiteres Kernstück unter den architektonischen Besonderheiten des neuen Gebäudes ist der Artist Material Tower, welcher die beiden übereinanderliegenden Stockwerke des Restaurierungsateliers miteinander verbindet. Seine Struktur dient sowohl als Ausstellungsfläche als auch

1 Martina Haidvogl, „Expanding Into Shared Spaces at the San Francisco Museum of Modern Art“, in: *The Electronic Media Review*, Bd. 3, 2015, S. 23–29.

Slides, Projectors and Challenges. Case Studies from the SFMOMA Collection

Martina Haidvogl

When the American-Norwegian architecture firm Snøhetta shaped the façade of the San Francisco Museum of Modern Art's (SFMOMA) 2016 extension, its design was reminiscent of the streaks of fog that flow through the city from the nearby bay. As this phenomenon is distinctive to San Francisco's geographic location, so, too, is the museum itself exposed to a climate of innovation and creativity with its proximity to the bustling startups of Silicon Valley and the city's rich history of countercultural literature and art movements. This climate, in turn, shapes a working culture of interdisciplinary collaboration and artist-centric approaches that is as unique and site-specific as the area's fog.

Since its foundation in 1935 as the first West Coast museum devoted to modern and contemporary art, SFMOMA has retained an internationally recognised collection of over 40,000 artworks. In addition to significant holdings in painting, sculpture, photography, architecture and design, the collection encompasses a diverse range of over 400 media artworks, including video, film, slide, sound, software- and computer-based artworks, as well as online projects and live performances. In keeping with the wide variety of materials and technologies that works of contemporary art comprise, the museum fosters a culture of cross-departmental collaboration for its collection care. These values were made manifest in the museum's new extension in a series of shared spaces, dedicated to the preservation efforts for media artworks.[1] Another centrepiece among the new building's architectural features is the Artist Material Tower. Connecting the two levels that span the Conservation Department, the structure is both display and storage space of a collection of artist materials that, over the years, have accumulated as conservators have worked together with artists to care for and preserve the works of art. Prominently placed in the heart of the

1 Martina Haidvogl, 'Expanding Into Shared Spaces at the San Francisco Museum of Modern Art', in: *The Electronic Media Review*, vol. 3, 2015, pp. 23–29.

als Aufbewahrungsort für eine Sammlung von Künstlermaterialien, die sich im Lauf der Jahre aus der Zusammenarbeit von Restaurator*innen und Künstler*innen bei der Erhaltung und Restaurierung der Kunstwerke angesammelt haben. Prominent gelegen im Zentrum des Restaurierungsateliers, steht der Turm für das, was sich als Herzstück des Konservierungsansatzes des SFMOMA bezeichnen lässt. Er würdigt so die Bedeutung einer vertrauensvollen Beziehung zwischen Museum und Künstler*innen.

Beyond Things Past (1971/72), Ant Farm[2]

Was heute als die diabasierte Installation *Beyond Things Past* des 1968 gegründeten Künstlerkollektivs Ant Farm bekannt ist, wurde 1971/72 ursprünglich als Diaset für den Katalog *Environmental Communications* geschaffen und dort auch zum Verkauf angeboten (Abb. 1).[3]

Das in den 1970er-Jahren etablierte Projekt Environmental Communications hatte es sich zum Ziel gesetzt, Architektur und urbanes Design in Los Angeles mittels Versand in das damalige Bewusstsein der Leute zu bringen. Die Beschreibung im Katalog präsentiert die Arbeit folgendermaßen: „Diese losgelöste Sammlung visionärer Bilder ist repräsentativ für eine der Hauptleistungen von Ant Farm: ein raffinierter persönlicher Stil der Bildherstellung in graphischen Medien. Dies sind Collagen und visuelle Illusionen, die sie beim Sprung als Liebhaber*in in die Zukunft begleiten sollen. Ant Farm liefert die Bildtechnologie und überlässt die Interpretation den Betrachter*innen" (Abb. 2 a, b).

Die so entstandene Bildserie von Ant Farm, die an der Schnittstelle von Design, Technologie und kalifornischer Gegenkultur agiert, ist bezeichnend für die zeitgenössische Tendenz zum Erforschen. Die traumähnlichen Bildcollagen werden durch physisch überlagerte Dias in ihren Rähmchen und das Experimentieren mit Infrarotfilmmaterial erzeugt, womit surreale und psychedelische Effekte hervorgerufen werden (Abb. 4).

Für das anzukaufende Set des SFMOMA erstellte Künstler und Ant-Farm-Mitglied Chip Lord (geb. 1944) einen Mastersatz, der aus 40 Dias unterschiedlicher Generationen bestand. Sie waren alle in Papierrähmchen montiert, so wie sie auch damals Environmental Communications ausgeliefert hatte.

Zur Neueröffnung des Museums im Jahr 2016 wurde im Zuge der Vorbereitungen zur Ausstellung *The Campaign for Art: Modern and Contemporary* der Mastersatz des Kunstwerks in eines der letzten Labore für Diaduplizierung in den USA geschickt. Nachdem Kodak die Produktion von Diafilmen 2012 eingestellt hatte,[4] passten auch nationale Duplizierungseinrichtungen ihre Arbeitsweise an und verwenden nun Planfilm als Alternative.

2 Erworben 2014, 40 35-mm-Farbdias, Einkanalprojektion, SFMOMA, Inv.-Nr. 2014.240.A-NN.

3 www.environmentalcommunications.com (aufgerufen am 5.7.2019).

Abb. 1 Ant Farm, *Beyond Things Past* (1971/72). Installationsansicht 2016

1

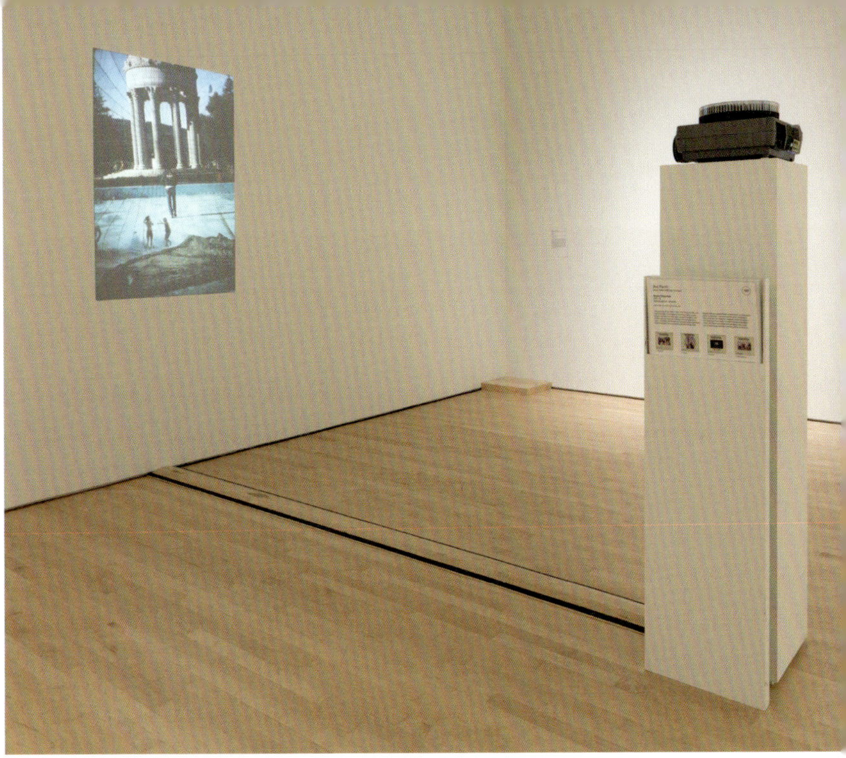

conservation lab, the tower represents what is at the core of SFMOMA's preservation approach and pays homage to the importance of a trustful relationship between museum and artist.

Beyond Things Past (1971/72), Ant Farm[2]

What is now the slide-based installation *Beyond Things Past* by the artist collective Ant Farm (founded in 1968) was originally created for and offered for sale in the Environmental Communications catalogue from 1971 to 1972 as a set of slides[3] (fig. 1).

The Environmental Communications project from the 1970s was aimed at bringing LA architecture and urban design via mail order into the contemporary consciousness. The description in the catalogue portrays the work as follows: 'This liberated collection of visionary images is representative of one of Ant Farm's primary accomplishments: a slick personal style of image-making, in graphic media. These are collages and visual illusions designed to waltz you down the road to a lover's leap into the

2 Acquired 2014, 40 35 mm colour slides, single-channel projection, SFMOMA, acc.-no. 2014.240.A-NN.

3 http://www.environmentalcommunications.com (accessed: 5.7.2019).

Fig. 1 Ant Farm, *Beyond Things Past* (1971/72), installation view 2016.

Planfilme unterscheiden sich von traditionellen Diafilmen – Letztere wurden besonders wegen ihrer leuchtenden Farben und der feinen Körnung geschätzt. Für die Reproduktion wurden die Originaldias zu TIFF-Dateien gescannt[5] und minimal farbkorrigiert, um die materialtypische Verfärbung in Richtung Magenta auszugleichen. Nachdem die Dias so auf Planfilm ausbelichtet wurden, konnten die Duplikate zum Vergleich mit den Originalen an das SFMOMA geschickt und Chip Lord eingeladen werden, das Ergebnis einer kritischen Begutachtung zu unterziehen (Abb. 3).

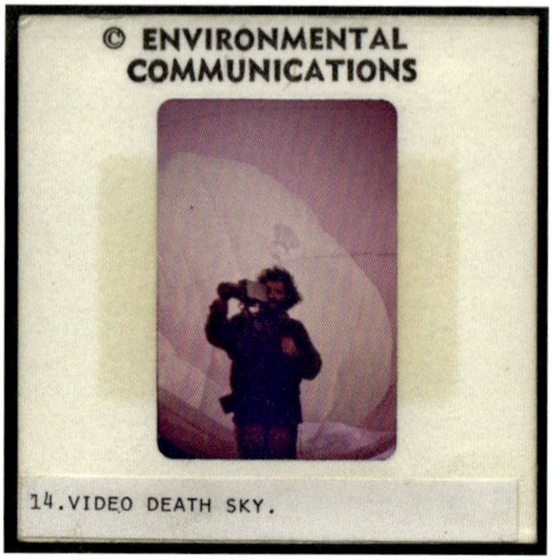

2 a

Die genauere Betrachtung der neuen Duplikate und der Verlust, welcher von einer Generation zur nächsten aufgetreten war, motivierte den Künstler nun nach jener Version der Dias zu suchen, welche dem Kameraoriginal am allernächsten kam – wenn nicht sogar nach dem Kameraoriginal selbst. Von 40 Dias fand Chip Lord sieben neue Masterdias von erheblich höherer Qualität. Über den Zeitraum von einem Jahr wurden die Duplikate nun individuell angepasst und korrigiert, wofür in einigen Fällen bis zu drei Durchgänge nötig waren. In einem Auszug aus den Anmerkungen des Künstlers zum Dia mit dem Titel „19. Jello Snatch" ist zu lesen: „Dieses ist schwierig, ich weiß. Das Original weist eine sehr weiche, körnige Zeichnung der Körperumrisse auf, und die neue Version ist zu kontrastreich, sogar eine Spur zu dunkel, und muss allgemein ‚weicher' sein. Die neue erscheint zu rot und hat in der körnigen Zeichnung der Körper an Details verloren" (Abb. 5). Ein detailliertes Dokument wurde erstellt, um die wesentlichen Eigenschaften jedes Dias festzuhalten. Darin findet sich auch eine Anleitung, welche die wichtigen Elemente für zukünftige Duplizierungen zusammenfasst.

Gemeinsam mit dem Künstler wurden die Dias nicht nur buchstäblich unter die Lupe genommen, sondern in der Zusammenarbeit auch Kontext und Produktionsumstände jedes Dias besprochen. Dies beeinflusste unsere Entscheidungsfindung und ermutigte uns, die Parameter der Reproduktion etwas zu lockern und von einer ausschließlich materialbasierten Eins-zu-eins-Duplizierung abzusehen. Ein Beispiel für diese

4 Kodak, Ankündigung der Einstellung, 1.3.2012. Website Kodak (nicht mehr verfügbar) https://web.archive.org/web/20120305013127/; http://www.kodak.com/global/en/professional/products/colorReversalIndex.jhtml?pq-path=13319/1229 (aufgerufen am 24.1.2019).

5 Die 35-mm-Dias wurden (inklusive Perforation) zu TIFF-Dateien gescannt, mit ca. 7800 × 5200 Pixel, 16 bit, RGB, 5500 ppi.

Abb. 2 a, b Ant Farm, *Beyond Things Past* (1971/72). Links: Detailansicht Dia „14. Video Death Sky". Rechts: Detailansicht Dias 1–20

future. Ant Farm provides the image technology and leaves interpretation up to the viewer' (figs. 2 a, b).

Working at the intersections of design, technology, and Californian counterculture, Ant Farm's slide installation is indicative of the exploratory nature of that time. The dream-like collage imagery is accomplished by physically overlaying transparencies within their mounts and experimenting with infrared film stock for surreal and psychedelic colour effects. For SFMOMA's acquisition, a master set was compiled by artist and Ant Farm member Chip Lord (b. 1944), consisting of forty slides in various stages of generations. All came mounted in paper frames as distributed by Environmental Communications (fig. 4).

When SFMOMA prepared for one of its inaugural opening exhibitions in 2016, *The Campaign for Art: Modern and Contemporary*, the artwork's master slide set was sent to one of the last remaining slide duplication labs in the US. With slide film discontinued by Kodak in 2012,[4] national duplication facilities have been adjusting

4 Kodak Discontinuation Notice, 1.3.2012. Kodak website (no longer available) https://web.archive.org/web/20120305013127/http://www.kodak.com/global/en/professional/products/colorReversalIndex.jhtml?pq-path=13319/1229 (accessed: 24.1.2019).

Figs. 2 a, b Ant Farm, *Beyond Things Past* (1971/72). Left: detail view of slide '14. Video Death Sky'. Right: detail views of slides 1–20.

2 b

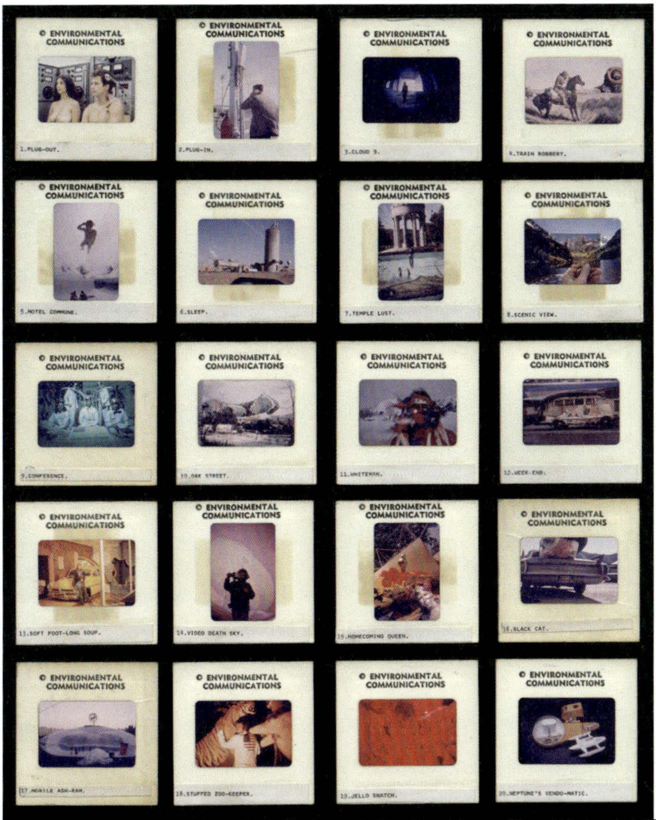

Herangehensweise ist das Dia mit dem Titel „9. Conference“. Es stellt das Künstlerkollektiv bei einer Performance dar und ist einer der wenigen Fälle, in denen Infrarotfilmmaterial eingesetzt wurde. Das neue Duplikat wies eine Zunahme von Blau in den Schattierungen auf: „Die blauen Schatten sind neu, ja, aber sie fangen die Stimmung der Szene tatsächlich gut ein, und das ist wichtig.“[6]

Mit dem Erwerb des Kunstwerks in die Sammlung des SFMOMA erfuhr es eine Wahrnehmungs- und Statusverschiebung: von einem Set in unbegrenzter Auflage aus dem Versandkatalog zu einer Diaprojektionsinstallation. Wenn Kunstwerke auf solche Weise in einem Museum eine neue Form der Existenz annehmen, lohnt es sich, unsere eigenen Herangehensweisen an die Erhaltungspflege zu überdenken und sie unter Berücksichtigung der Geschichte des Werks und der künstlerischen Praxis anzupassen; in der gleichen Weise und mit der gleichen Sorgfalt, die auch der Künstler selbst anwendet, wenn er die wesentlichen Eigenschaften jedes einzelnen Dias überprüft und wieder neu definiert (Abb. 6).

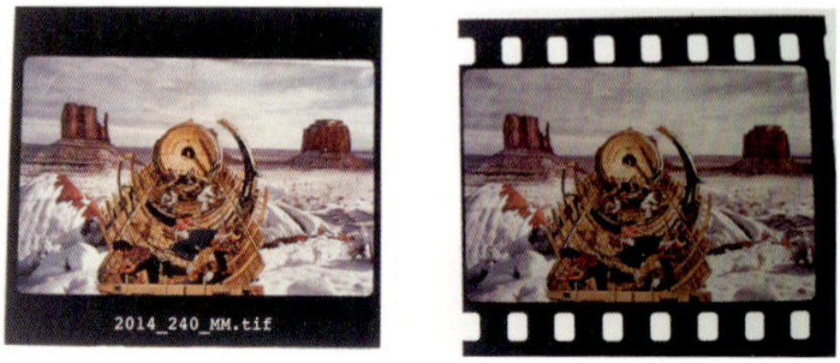

3

6 Anmerkung des Künstlers Chip Lord.

Abb. 3 Ant Farm, *Beyond Things Past* (1971/72). Detailansicht Dia „39. Rosie the Riviter“. Vergleich der Dias nach der Duplikation: neues Duplikat auf Planfilm (links) und Original (rechts)

Abb. 4 Ant Farm, *Beyond Things Past* (1971/72). Detailansicht Dia „14. Video Death Sky“. Durch die physische Überlagerung von Dias in ihren Rähmchen entstehen traumartige Bildcollagen. Nach sorgfältiger Überlegung wurde entschieden, die Diarahmen für den hochauflösenden Scan zu öffnen.

Abb. 5 Ant Farm, *Beyond Things Past* (1971/72). Detailansicht „19. Jello Snatch“

Abb. 6 Chip Lord im Restaurierungsatelier des SFMOMA

4

5 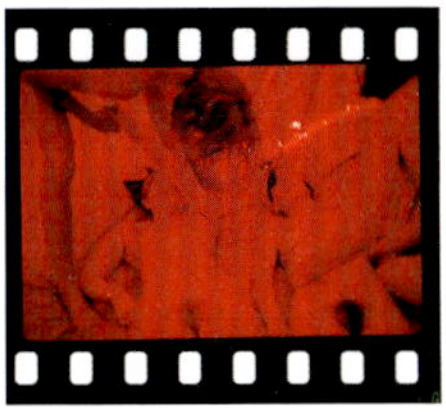

their practice by using transparency sheet film as an alternative. These sheet films differ from traditional slide films, which were celebrated for their vibrant colours and fine grain. For the 2016 reproduction, the original slides were digitally scanned to TIFF files[5] and slightly colour-corrected to counter the material's typical fade to magenta. Printed to sheet film with similar parameters, the duplicates were sent to SFMOMA to be compared to the originals. Chip Lord was invited to critique the results (fig. 3).

Seeing the new duplicates and the loss that occurred from one generation to another motivated the artist to search

5 The 35 mm slides were scanned (including perforation) as TIFF at ca. 7800 × 5200 pixels, 16 bit, RGB 5500 ppi.

Fig. 3 Ant Farm, *Beyond Things Past* (1971/72). Detail view of slide '39. Rosie the Riviter'. Comparing the slides after duplication: new duplicate using sheet film (left) and original (right).
Fig. 4 Ant Farm, *Beyond Things Past* (1971/72), detail view of slide '14. Video Death Sky'. Dreamlike collage imagery is accomplished by physically overlaying transparencies within their mounts. After consideration, the mounts were opened for high-quality scanning.
Fig. 5 Ant Farm, *Beyond Things Past* (1971/72). Detail view of slide '19. Jello Snatch'.
Fig. 6 Chip Lord in SFMOMA's conservation studio.

6

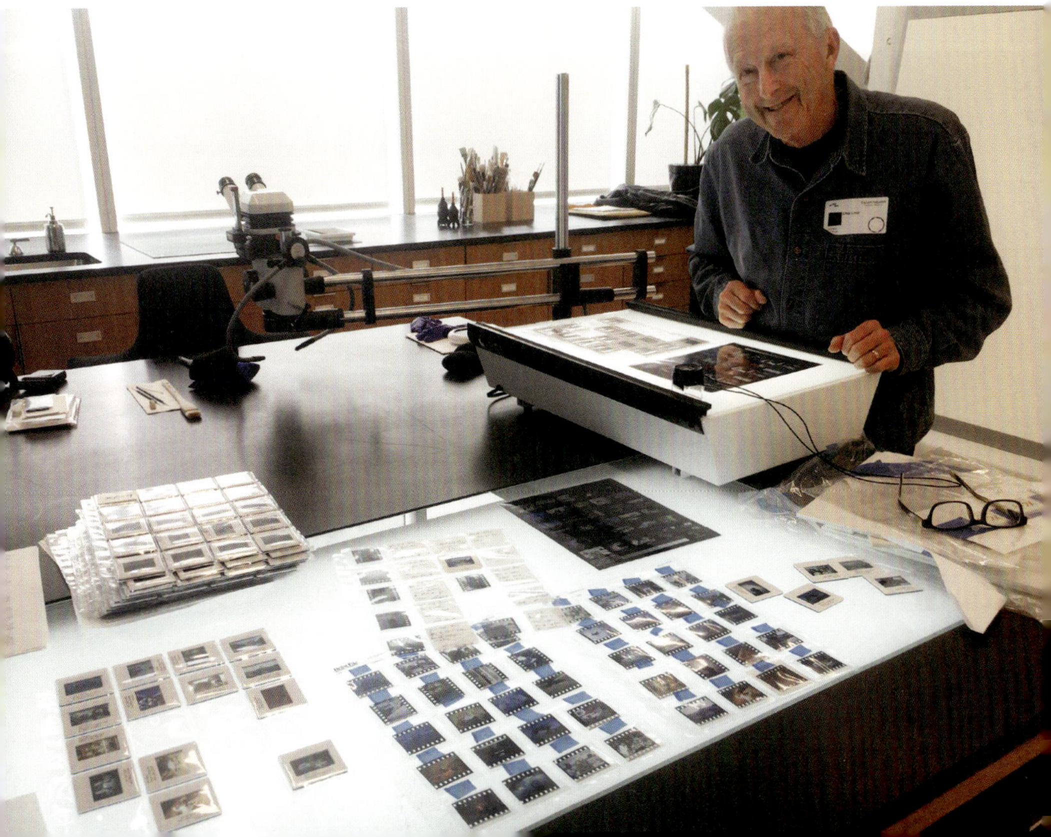

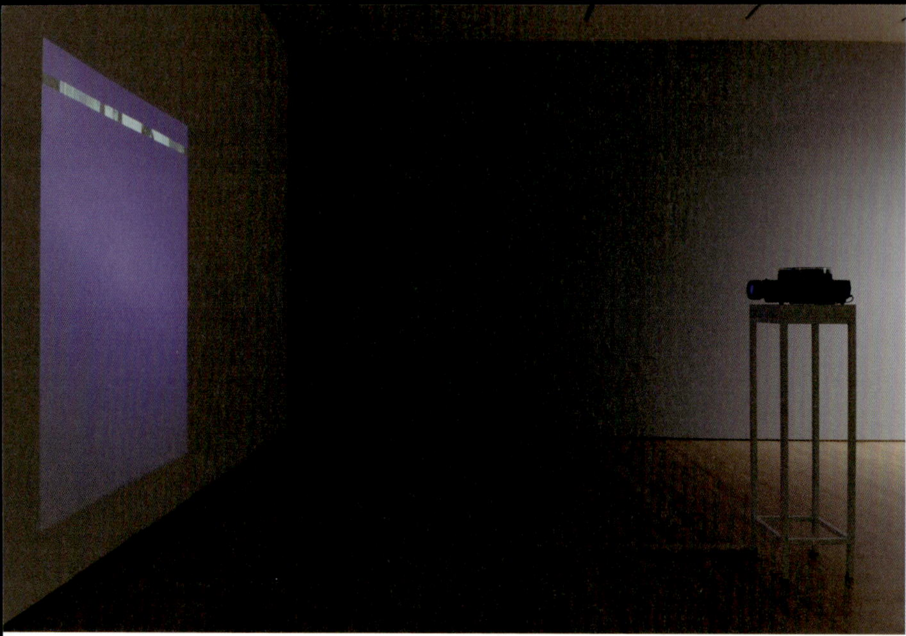

7

Slit-Scan (1972), Anthony McCall[7]

1972 experimentierte Anthony McCall (geb. 1946) mit den Elementen von Dauer und Zeit und schuf die Diainstallation *Slit-Scan*, die erste Interessen des Künstlers am bewegten Bild zeigte und die Grundlage für seine späteren filmischen Arbeiten legte (Abb. 7).[8]

Slit-Scan verwendet einen einzigen Diaprojektor, mit 81 Dias bestückt, der die Dias unter hoher Geschwindigkeit vor die Lampe (und so in weiterer Folge auch vor den Zuschauer) forciert. Maskiert von einer einfarbigen violetten Fläche, ist mit jedem projizierten Dia immer nur ein schmaler und jeweils anderer Streifen eines einzigen Gesamtbilds zu sehen. Dermaßen zerteilt, wird das Bild gewissermaßen „gescannt" und in einer Umrundung des Diakarussells enthüllt. Das ratternde Geräusch des unermüdlich weiterschaltenden Diaprojektors unterstreicht die hektische Art der Präsentation.

In den Installationsanweisungen der Arbeit betont der Künstler die Bedeutung der Geschwindigkeit: „*Slit-Scan* beruhte auf dem äußerst raschen Wechsel der Bilder: Ohne diese Geschwindigkeit ist das Werk nicht das Werk. Dies ist eine absolute Notwendigkeit. Der Projektor sollte einundachtzig Dias in circa 81 Sekunden projizieren können. Das ist die maximale Geschwindigkeit des Projektors, die Geschwindigkeit,

7 Erworben 2010, 81 35-mm-Farbdias, Einkanalprojektion, SFMOMA, Inv.-Nr. 2010.153.
8 Branden W. Joseph und Jonathan Walley, *Anthony McCall: The Solid Light Films and Related Works*, Evanston 2005, S. 56–58.

Abb. 7 Anthony McCall, *Slit-Scan* (1972), Installationsansicht 2016

for the closest version of the slides to the camera master – if not the camera master itself. Of forty slides, Chip brought seven new master slides of a strikingly higher quality. Over the course of a year, the duplicates were individually adjusted and corrected, with up to three revisions for certain cases. Here's an excerpt from the artist's commentary regarding the slide titled '19. Jello Snatch': 'This one is hard, I know. The original has very soft, grainy drawings of the bodies' outlines and the new version is too contrast-y, even a notch too dark, and needs to be overall "softer". The new one seems too red and lost detail in the grainy drawings of the bodies' (fig. 5). A detailed document was created to capture each slide's significant characteristics, with a guide outlining important elements for future duplications.

The collaboration with the artist did not just bring a literal keen eye to the process but also provided context to each of the slide's production circumstances. This influenced our decision-making and encouraged us to loosen the parameters of reproduction, withdrawing from a solely material-based, 1:1 duplication. One example of this approach is the slide titled '9. Conference', which depicts a performance of the artist collective and was one of the instances where infrared film stock was used. In the new duplicate, it showed an increase of blue in the shadows: 'The blue shadows are new, yes, but they really capture the mood of the situation, and that's important.'[6]

With the acquisition of the artwork into SFMOMA's collection, it underwent a perception and status shift, going from an un-editioned mail-order catalogue set to a slide projection installation. When artworks enter a new form of existence in a museum in such a way, it is worth reexamining our own approaches to stewardship and adapting them, considering the work's history and the artist's practice, in the same way and with the same scrutiny applied by the artist, reexamining the significant characteristics for each single slide (fig. 6).

Slit-Scan (1972), Anthony McCall[7]

Experimenting with the elements of duration and time, in 1972 Anthony McCall (b. 1946) created the slide installation *Slit-Scan*, showing first interests in the moving image and laying the groundwork for his later, film-based works[8] (fig. 7).

Slit-Scan employs a single slide projector, stacked with eighty-one slides of one and the same image, which are being forced in front of the lamp (and viewer) at high speed. Concealed by a purple, monochrome mask in front of the slide,

6 Comment by the artist Chip Lord.

7 Acquired 2010, 81 35 mm colour slides, single-channel projection, SFMOMA, acc.-no. 2010.153.

8 Branden W. Joseph and Jonathan Walley, *Anthony McCall: The Solid Light Films and Related Works*, Evanston 2005, pp. 56–58.

Fig. 7 Anthony McCall, *Slit-Scan* (1972), installation view 2016.

die man erzielt, wenn man die Vorwärtstaste einfach gedrückt hält."[9] An gleicher Stelle beklagt der Künstler die Folgen eines zu langsamen Projektors und beschreibt Methoden, wie man die Geräte manipulieren kann, um der unzureichenden Geschwindigkeit beizukommen.

Die Medientechniker*innen des SFMOMA folgten den Anweisungen bis ins kleinste Detail, trieben Diaprojektoren auf und testeten vor allem den Kodak Ektagraphic III, ein Modell, das in den Ausstellungsräumen des SFMOMA häufig zum Einsatz kommt. Zu ihrer Freude entdecken sie, dass der Ektagraphic-Projektor in der Lage war, 81 Dias in sogar 79 Sekunden zu projizieren. Zur einfacheren Instandhaltung und für höhere Flexibilität benutzten sie die Fernbedienung des Projektors und schlossen dessen Vorwärtstaste kurz, wodurch der Projektor einen durchgängigen Vorwärtsimpuls erhält. Ein zusätzlicher Schalter erlaubte es, die Vorwärtsfunktion komplett zu deaktivieren, was den Technikern ermöglichte, Schärfe und Ausrichtung des Bilds zu überprüfen, während sich der Projektor gewissermaßen in Ruhestellung befand. Dermaßen eingestellt, wurde die Arbeit im Mai 2016 für die Ausstellung *About Time* installiert.

Nachdem der Künstler die Installation bei einem Künstlerempfang gesehen hatte, übersandte er dem SFMOMA folgende Nachricht: „Die Interpretation dessen, was man innerhalb jedes Informationsspaltes sieht, ist immer schwierig (das ist ja der springende Punkt), aber irgendwie macht es eure etwas schnellere Geschwindigkeit nahezu unmöglich. Es bestand niemals die Absicht, eine völlig abstrakte Diapräsentation zu erzeugen."[10]

Diaprojektoren aus unterschiedlichen Epochen produzieren offenbar unterschiedliche Geschwindigkeiten, wenn die Dias in permanentem „fast-forward" abgespielt werden. Während ein Projektor aus der Zeit des Kunstwerks die 81 Dias in 81 Sekunden gezeigt hätte, schafft ein jüngeres Modell dies in kürzerer Zeit. Wie geht man also vor? Den Installationsanweisungen zufolge war das genaue Projektormodell nicht von Bedeutung, das Timing jedoch war ganz wesentlich.

Angesichts dieser Problematik zog Sasha Arden, damals Medientechniker*in am SFMOMA, zwei mögliche Strategien in Betracht: 1) eine elektronische Manipulation des Diaprojektors und dessen Verlangsamung durch den Austausch eines Kondensators, wie in der Anleitung des Künstlers beschrieben (allerdings dort für den gegenteiligen Effekt), oder 2) der Einsatz eines Arduino-Microcontrollers, um dem Projektor präzise Vorwärtskommandos zu schicken.

Während die erste Strategie am kostengünstigsten gewesen wäre, schien die Lernkurve zum Manipulieren komplexer elektronischer Schaltungen zu steil, um vielversprechend zu sein. Zudem hätte dieses Vorgehen die bereits wertvollen Diaprojektoren des Museums halbpermanent modifiziert – eine Aussicht, mit der niemand wirklich glücklich war. Die

9 Aus den Installationsanweisungen des Kunstwerks, SFMOMA-Archivdatei (unveröffentlicht).
10 E-Mail von Anthony McCall an Rudolf Frieling, 4.5.2016.

the slide projection reveals only a small and different strip of information of the single image each time at different positions. Dissected in such a manner, the image is being 'scanned' and revealed over the course of the slide carousel. The blaring sound of the slide projector's tireless advancing efforts underscores the frantic nature of the presentation.

In the installation instructions of the work, the artist emphasises the importance of the speed: '*Slit-Scan* was based on the high-speed changing of the images: Without that speed the piece is not the piece. This is an absolute requirement. The carousel projector should be capable of projecting 81 slides in approximately 81 seconds. This is the maximum speed of the projector, the speed you'll get if you simply hold down the slide-change button...'[9]

In the same place, the artist laments the consequences of using a projector that's too slow and describes ways of altering the machines in a way as to overcome any tempo inadequacies.

Following his instructions to a T, media technicians at SFMOMA sourced slide projectors and tested the Kodak Ektagraphic III in particular, a model widely used in SFMOMA's galleries. To their delight they discovered that the Ektagraphic projector could deliver speeds of even seventy-nine seconds per eighty-one slides. For ease of maintenance and flexibility, they used the projector's remote control and shortened it at the forward button. An additional toggle switch allowed them to deactivate the advance function completely, which made it possible for technicians to check on focus and alignment of the image, while the projector was 'resting'. Adjusted in such a way, the work was installed for the exhibition *About Time* in May 2016.

Having seen the work installed in this way at an artists' reception, SFMOMA received the following note from the artist: 'The read on what you are seeing within each slit of information is always difficult (this is the whole point) but somehow your slightly faster speed makes it quite impossible. It was never the intention to produce an entirely abstract slide event.'[10]

Apparently, slide projectors from different times produce different speeds, when continuously 'fast-forwarding' the slides. While a contemporary slide projector may have delivered the eighty-one slides in eighty-one seconds, a more modern one may do the same in less time. So how to continue? According to the installation instructions, the exact model of the projector was not important; the timing, however, was crucial.

Faced with this conundrum, Sasha Arden, then media technician at SFMOMA, considered two possible strategies: 1) Manipulating the slide projector

9 From the artworks installation instructions, SFMOMA archive file (unpublished).
10 Email from Anthony McCall to Rudolf Frieling, 4 May 2016.

zweite Strategie wies hingegen kaum Nachteile auf: Der Microcontroller würde den Projektor über dessen Fernbedienungsanschluss bedienen, was ihn zu einer externen, reversiblen und – am wichtigsten – übertragbaren Lösung machen würde. Während für die Beherrschung der grundlegenden Programmierung und der Elektronik noch einiges an Arbeit notwendig war, standen online eine große Community und zahlreiches Dokumentationsmaterial zur Verfügung. Arduino ist ein Open-Source-Hardware- und Softwareprojekt, das es sich zum Ziel gemacht hat, erschwingliche und einfach zu benutzende Microcontroller für die kreative Community zu schaffen (Abb. 8).[11]

Diese mit einer Reihe von Funktionen ausgestatteten Microcontroller werden gerne von Künstler*innen eingesetzt und erlauben eine mühelose Realisierung von Projekten mit interaktiven Sensoren und kinetischen Elementen. Mit seinem Programmierungsscript und definierbaren Zeiteinheiten in Mikrosekunden ermöglichte der Einsatz eines Arduino für *Slit-Scan* eine absolute Höchstpräzision bei der Konfiguration der Vorwärtstastenkommandos. Der Microcontroller wurde also so programmiert, dass er 81 Dias in exakt 81 Sekunden zeigte.

Leider hatte der Künstler keine Gelegenheit mehr, die endgültige Fassung zu sehen, um zu bestätigen, dass das Ergebnis zufriedenstellend war und die recht ungefähre Zahl „81" mit der tatsächlichen Realisierung übereinstimmte und dass das Kunstwerk nun in der Tat mit der gewünschten Geschwindigkeit lief. Trotz des geschickten Eingriffs mithilfe eines Arduino erwies sich die Installation als äußerst beschwerlich für die Diaprojektoren und brachte jeden einzelnen an die Grenzen seiner Leistungsfähigkeit. Sowohl Dias als auch Projektoren mussten wöchentlich gereinigt werden, und einige der Geräte überlebten die Ausstellung nicht.

GTO: hahn / huhn, variation 1 (2010), Tris Vonna-Michell[12]

Als Teil seiner Serie *hahn / huhn* (2003–2016), in der Tris Vonna-Michell (geb. 1982) versucht, historische Zufälle und konstruierte Geschichten in Einklang zu bringen, erinnert *GTO: hahn / huhn, variation 1* an eine Art von Archiv, eine Collage von Audiodateien, Fotografien, Ausdrucken und Texten. Verschiedene assoziative Fäden sind über Pinnwände verteilt, beleuchtet mit goldenen Bilderlampen. Ein alter Caramate-Diaprojektor, der eine längst vergangene Zeit im Klassenzimmer anklingen lässt, ruft mit jedem Dia, das auf den integrierten Bildschirm projiziert wird, undeutliche Erinnerungen hervor (Abb. 9). Die Besucher*innen können an dieser Erfahrung teilhaben, indem sie Kopfhörer aufsetzen oder sich durch die Fotokopien blättern.

11 https://www.arduino.cc/en/Main/AboutUs (aufgerufen am 30.1.2019).

12 Erworben 2011, 80 35-mm-Farbdias, Diaprojektor, Zweikanal-Audio via Kopfhörer, Tintenstrahldrucke, Korkplatte, Granit, Schild, Tisch, SFMOMA, Inv.-Nr. 2011.15.A-T.

Abb. 8 Arduino-Uno-Microcontroller

Abb. 9 Tris Vonna-Michell, GTO: *hahn / huhn, variation 1* (2010). Detailansicht des Caramate-Diaprojektors

electronically and slowing it down by exchanging a capacitor, as outlined in the artist's installation instructions (albeit the other way around), or 2) using an Arduino microcontroller to send precise 'advance' commands to the projector.

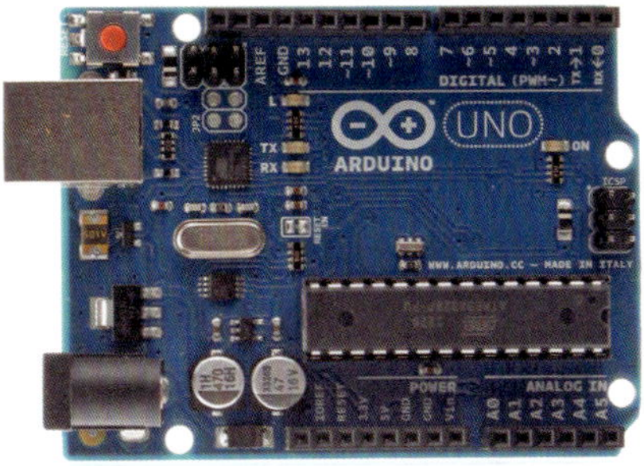

8

While the first strategy would have been most inexpensive, the learning curve of manipulating complex electronic circuits seemed too steep to be promising. Additionally, this procedure would have altered the museum's already precious slide projectors semi-permanently – a prospect nobody was particularly happy about. The second strategy, on the other hand, hardly had any downsides: The microcontroller would command the projector via its remote control connector, making it an external, reversible and – most importantly – transferable solution. While there was still some legwork necessary to master basic programming and electronics, a large community and plenty of documentation were available online. Arduino is an open-source hardware and software project, aimed at making low-cost, easy-to-use microcontrollers for the creative community[11] (fig. 8).

With a range of functions, these microcontrollers are widely used by artists and allow for an effortless realisation of projects with interactive sensors or kinetic elements. With their programming script and units of microseconds, the use of an Arduino for *Slit-Scan* allowed for hyper-precision in the set-up of the advance commands. Thus, the microcontroller was programmed to display eighty-one slides in exactly eighty-one seconds.

Unfortunately, the artist didn't have a chance to see the final version to confirm that the result was satisfactory, that the approximate

9

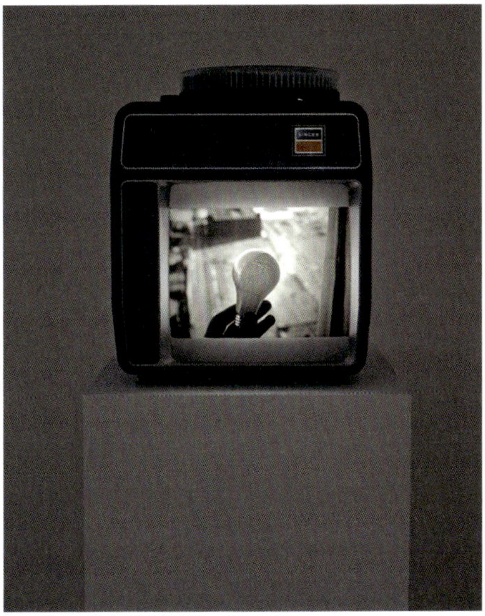

11 https://www.arduino.cc/en/Main/AboutUs (accessed: 30.1.2019).

Fig. 8 Arduino Uno microcontroller.
Fig. 9 Tris Vonna-Michell, GTO: *hahn / huhn, variation 1* (2010), detail view of the Caramate slide projector.

Als die Arbeit 2012 im SFMOMA gezeigt werden sollte, schien die erste und größte Hürde die Herstellung von Ausstellungskopien zu sein: Der Künstler bevorzugte eine analoge Reproduktion der Dias – in einem Land, das über keinerlei analoge Diareproduktionsstätten mehr verfügt. Nachdem er jedoch Beispiele digital reproduzierter Dias auf Planfilm gesehen hatte – wie er für die oben erwähnte Fallstudie Ant Farm zum Einsatz gekommen war –, stimmte er diesem Prozess zu.

Die Vorbereitungsarbeiten verlagerten sich sodann auf die Wiedergabegeräte und die Beschaffung von Backup-Diaprojektoren. Diese waren damals noch recht einfach über eBay erhältlich. Zu diesen speziellen Diaprojektoren finden sich nicht sehr viele Informationen. Diese Diaprojektoren, die von den 1960er-Jahren bis in die 1980er-Jahre vor allem im Schul- und Ausbildungsbereich zum Einsatz kamen,[13] können die Dias auf zwei verschiedene Arten wiedergeben: Sie können wie herkömmliche Diaprojektoren auf eine Wand oder Leinwand projizieren oder durch Schließen des Objektivfensters den Lichtstrahl über eine Reihe von Spiegeln auf eine eingebaute Projektionsoberfläche auf der Vorderseite des Projektors umleiten. Zusätzlich waren viele von ihnen mit einem Kassettendeck ausgestattet, das für musikalische Untermalung sorgte. Hierdurch ließen sich die Dias durch eine vorab aufgenommene Sequenz in einer programmierten Präsentation wiedergeben. Wie ein analoger Vorläufer zu dem oben erwähnten Arduino-Microcontroller konnten Töne, die auf eine Audiokassette aufgenommen wurden, dem Projektor den Einsatz geben, zum nächsten Dia zu springen. Die Sequenz für *GTO: hahn / huhn, variation 1* wurde speziell auf eine Endloskassette aufgenommen, also eine Audiokassette, die in Endlosschleife gewickelt ist und so fortlaufend abgespielt werden kann. In dieser Form bietet die Kassette lediglich einen „Rhythmus" zur Diawiedergabe, anstatt einer exakten Synchronisation derselben.

Teil der Ausstellungsvorbereitung war die Herstellung einer digitalen Aufnahme dieser Sequenz, zum einen um die Audioinformation auf dem Band zu archivieren und zum anderen um Ausstellungskopien herzustellen. Eine gewöhnliche Kassette hat zwei Seiten, eine A- und eine B-Seite. Für Stereo- und Dual-Mono-Aufnahmen sind beide Seiten mit je zwei Tonspuren ausgestattet, was insgesamt vier Tonspuren ergibt. Ein typischer Audiokopf, wie er für die Kassettenwiedergabe eingesetzt wird, „liest" die zwei Spuren der jeweiligen Seite. Dreht man die Kassette dann um, werden die beiden anderen Spuren gelesen. Eine Endloskassette hingegen kann aufgrund ihrer speziellen Bandwicklung nur auf einer Seite abgespielt werden. Um also die Töne auszulesen, die auf der B-Seite aufgenommen wurden, musste für die Digitalisierung ein sogenannter Vierspurrekorder eingesetzt werden. Ein solcher Rekorder verfügt über einen Audiokopf, der alle vier Spuren auf einer Kassette gleichzeitig lesen kann. Auch der Caramate-Diaprojektor muss über so einen

13 https://obsoletemedia.org/tape-slide-set/ (aufgerufen am 30.1.2019).

number of eighty-one was in line with the literal realisation, and that the artwork was indeed running at the desired speed. Despite the skilful intervention with an Arduino, the installation proved to be most arduous on the slide projectors, pushing each to its limit of operation. Both slide set and projectors had to be cleaned weekly, and a couple of the machines didn't survive the show.

GTO: hahn / huhn, variation 1 (2010), Tris Vonna-Michell[12]

As part of his series *hahn / huhn* (2003–2016) in which Tris Vonna-Michell (b. 1982) tries to reconcile historic coincidences and constructed narratives, *GTO: hahn / huhn, variation 1* recalls an archive of sorts, a collage of sound files, photographs, print-outs and texts. Various associative threads are scattered over pin boards illuminated by golden picture lights. A vintage Caramate slide projector, reminiscent of a bygone classroom era, calls up indistinct memories with every slide projected onto its internal display screen (fig. 9). Visitors can partake in this exploration by putting on the headphones or browsing through the Xerox copies.

When the work was about to go on view at SFMOMA in 2012, the first and biggest hurdle appeared to be the reproduction of slides and creation of exhibition copies in a country that no longer offered analogue slide reproduction, as requested by the artist. However, after seeing samples of digitally reproduced slides with transparency sheet film, as used for the above Ant Farm case study, the artist agreed to move forward using this process. Preparation efforts, then, shifted to the playback equipment and to sourcing backup slide projectors, then still relatively easily available on eBay.

There isn't much information out there on these specific slide projectors. Mainly used for educational and training purposes from the 1960s to the 1980s,[13] these carousel slide projectors are able to display the slides in two ways: They can project onto a wall or screen like conventional slide projectors, or, by closing the lens gate, can redirect the light beam over a series of mirrors onto a built-in projection surface on the face of the projector. Additionally, some of them incorporated an audiocassette tape deck, which provided a musical backdrop or a composed curation of the material through a pre-recorded sequence. With an analogue precursor to the above-mentioned Arduino microcontroller, tones recorded on a compact cassette cue the projector to advance to the next slide. The sequence for *GTO: hahn / huhn, variation 1*, specifically, is recorded on an endless cassette, a compact cassette wound in an endless loop.

12 Acquired 2011, 80 35 mm colour slides, slide projector, two-channel audio on headphones, inkjet prints, corkboard, granite, sign, table, SFMOMA, acc.-no. 2011.15.A-T.
13 https://obsoletemedia.org/tape-slide-set/ (accessed: 30.1.2019).

Audiokopf verfügen, welcher Musik oder Beschreibungen auf der „A-Seite“ wiedergibt, während Einsatzimpulse auf der „B-Seite“ das Voranschreiten der Diaprojektion lautlos dirigieren.

Dank des geringen Preises dieser Geräte konnte das Museum eine ganze Reihe von Reserveprojektoren erwerben, die sowohl diese Ausstellung unterstützen als auch eine Konservierungsstrategie darstellen, die darauf basiert, obsolete Apparate anzukaufen und auf Vorrat anzulegen.

Image of Absalon To Be Projected Until It Vanishes (2001), Matthew Buckingham[14]

Wie der Titel erkennen lässt, besteht diese Diainstallation von Matthew Buckingham (geb. 1963) aus einem einzelnen 35-mm-Farbdia, das kontinuierlich über eine gesamte Ausstellung projiziert wird, bis Farbe und Motiv sich langsam auflösen und zu Weiß verblassen (Abb. 10).

Die Aufnahme zeigt die Rückseite eines Reiterstandbilds, das durch den weiten Himmel darüber geradezu winzig wirkt. Bei dem Reiter handelt es sich um Absalon, einen dänischen Erzbischof, Staatsmann und Krieger. Er hatte das damals kleine Fischerdorf Havn als Geschenk von König Waldemar I. erhalten und nutzte seinen Reichtum, den er durch Plünderungen erworben hatte, um eine Burg an jenem Ort zu errichten, der später zu Kopenhagen werden sollte. Er gab auch die *Gesta Danorum* in Auftrag, die erste schriftliche Chronik der Dänen, die auch seine eigenen Errungenschaften prominent hervorhob. Anlässlich der Enthüllung seiner Skulptur an einem öffentlichen Platz polarisierte diese komplexe, kämpferische Persönlichkeit auch noch 700 Jahre nach seinem Tod. Seine eigene Geschichte und diese spätere Debatte werden in einem gerahmten Begleittext in der Installation thematisiert, welcher Analogien zwischen den beiden Themen zieht. Während das Bild langsam verschwindet, kehren sowohl Aufnahme als auch Held an einem Punkt verblasster Erinnerung zurück, und fordern uns so auf, unsere eigenen Darstellungen neu zu entdecken und auf ihre anhaltende Aktualität zu überprüfen.

Obwohl all den weiter oben erwähnten Diainstallationen eine unbestritten skulpturale Komponente zu eigen ist, bleibt diese Installation wie keine andere konzeptuell untrennbar mit dem fotografischen Material ihrer Farbdias verbunden. Glücklicherweise kommt die geringe Verbrauchsrate der Dias pro Ausstellung den Restaurator*innen zugute und erleichtert die Herstellung einer großzügigen Anzahl an Ausstellungskopien im Voraus (Abb. 11).

Fazit

Diabasierte Installationen weisen eine zweifache Abhängigkeit auf, und zwar sowohl vom fotografischen Material als auch

14 Erworben 2009, einzelnes 35-mm-Farbdia, permanent, Einkanalprojektion, gerahmter Text, SFMOMA, Inv.-Nr. 2009.139.A-B.

Abb. 10 Matthew Buckingham, *Image of Absalon To Be Projected Until It Vanishes* (2001). Installationsansicht 2010

10

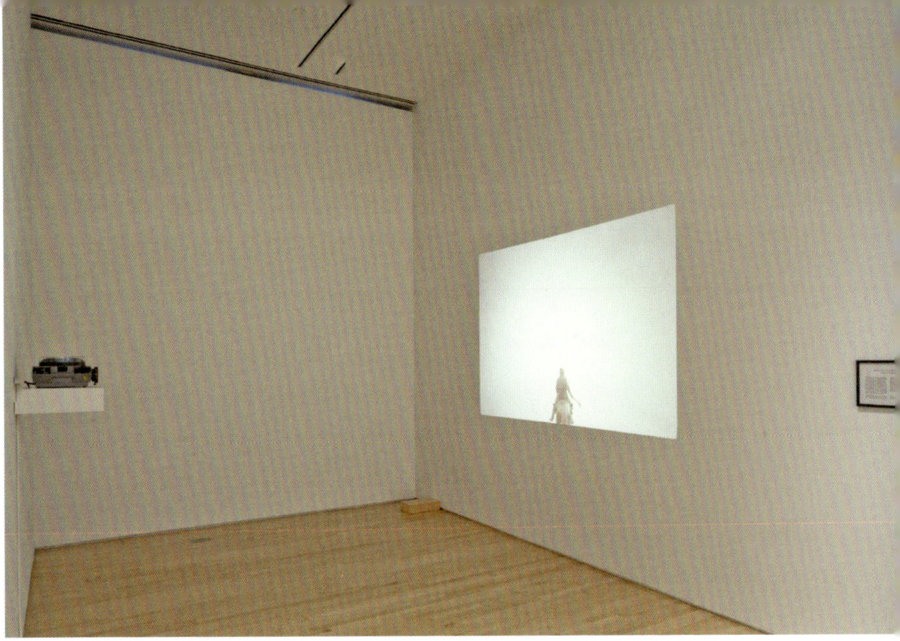

In this form, the cassette is merely providing a 'rhythm' to the slide playback rather than an exact synchronization thereof.

Part of the exhibition preparation was to produce a digital recording of this cue sequence, on the one hand, to archive the audio information on the tape, and on the other, to create exhibition copies. A regular cassette has two sides, an A- and a B-side. Both sides are provided with two audio tracks for stereo or dual-mono recordings, adding up to a total of four tracks. A typical audio head used for cassette playback will 'read' the two tracks assigned to the respective side; by switching sides, the head reads the other two. An endless cassette, however, due to its special tape wound, can only be played on one side. In order to 'reach' the tones recorded on the B-side, a so-called four-track tape recorder had to be used for digitisation. Such a recorder has an audio head that can read all four tracks on a cassette at the same time. The Caramate slide projector must have an audio head of this kind as well, allowing for spoken word or music on 'side-A', while cue impulses were silently conducting the slide advance performance from 'side-B'.

Thanks to the low price point of these units, the museum was able to acquire a good amount of back-up units, supporting both this exhibition as well as a preservation strategy that practises stockpiling of obsolete equipment.

Fig. 10 Matthew Buckingham, *Image of Absalon To Be Projected Until It Vanishes* (2001), installation view 2010.

11

von den Wiedergabegeräten. Ihre skulpturale Präsenz im Raum und ihre hohe Bildqualität verleihen diesem Medium ganz spezifische Eigenschaften. Der Einsatz von Planfilm in den USA und neue Entwicklungen bei Kodak[15] lassen auf das Überleben des Materials hoffen. Diaprojektoren, aber auch viele andere „periphere" Materialien wie Glasrahmen werden jedoch nicht so gut davonkommen. So wie Ersatzteile schwinden, so geht auch das Wissen zu Überholung, Erhaltung und Reparatur dieser Gerätschaften verloren. Mit dem Abhandenkommen dieser Technologien aus unserem alltäglichen Leben kommt uns auch der Anblick eines Diaprojektors altmodisch und seltsam vor. Das hat zur Folge, dass sich einige unserer Besucher*innen mehr für die Wiedergabegeräte als für das Kunstwerk selbst interessieren und häufig an den Einstellungen des Projektors herumspielen. Diese – im Gegensatz zu zeitgenössischen Arbeiten, die bewusst veraltete Geräte einsetzen – nicht immer beabsichtigte Verzerrung von Wahrnehmung und die damit verbundene Auswirkung auf die Erfahrung eines Kunstwerks sind es wert, genauer betrachtet zu werden.

Ant Farms *Beyond Things Past* (1971/72) kann den Künstlern zufolge als analoge wie auch als digitale Diaschau präsentiert werden. Die Digitalisierung der Dias, die im Zuge des Duplizierungsprozesses stattfand, dient in jedem Fall als Konservierungsmaßnahme für den fotografischen Bildinhalt. Im Fall dieses Kunstwerks ermöglicht sie außerdem die Option einer zukünftigen Migration der Arbeit, falls gewünscht oder durch technische Überalterung notwendig geworden. Obwohl unsere Kurator*innen 2016 eine in den 1970er-Jahren verwurzelte Präsentation vorzogen, ist es doch interessant, sich ins Gedächtnis zu rufen, wie die Arbeit ursprünglich vertrieben wurde – nämlich über einen Versandkatalog, mit dem Ziel, diese Bilder in der Öffentlichkeit zu verbreiten, wofür „Ant Farm die Bildtechnologie liefert und die Interpretation den Betrachter*innen überlässt".

15 https://www.kodak.com/us/en/corp/press_center/new_ektachrome_films_to_begin_shipping/default.htm (aufgerufen am 6.7.2019).

Abb. 11 Matthew Buckingham, *Image of Absalon To Be Projected Until It Vanishes* (2001). Detailansicht: Dia vor (links) und nach dem Verblassen (rechts)

Image of Absalon To Be Projected Until It Vanishes (2001), Matthew Buckingham[14]

As the title suggests, Matthew Buckingham (b. 1963) created this slide installation consisting of one single 35 mm colour slide, projected over the course of an entire exhibition, slowly dissolving the slide's colour and content to white (fig. 10).

It depicts the back of an equestrian monument, dwarfed by a massive, wide-open sky above. The horseman is Absalon, a Danish archbishop, statesman and warrior. Receiving the then small fishing village Havn as a gift from King Valdemar I, Absalon used the wealth he accumulated through plundering to build a castle in a place that would later become today's Copenhagen. He also commissioned *Gesta Danorum*, the first written chronicles of the Danes, which prominently features his own accomplishments. The polarisation regarding this complex, combative persona reemerged 700 years after his death around the unveiling of public sculptures of his. His own history and this later dispute are addressed in an accompanying framed text, drawing analogies between the two.

As the slide is disappearing, image and hero alike return to a point of faded memory, forcing us to rediscover our narratives and to consider their continuing timeliness.

While there is an indisputable sculptural component to all the above-mentioned slide installations, like no other case study this installation is conceptually indivisible from the photographic material of its slides, being analogue colour duplicates. Fortunately, the low consummation rate of slides per exhibition works in the conservator's favor, making it easy to create what's a generous number of exhibition copies in advance (fig. 11).

Conclusion

Slide-based installations are doubly dependent on both photographic material and playback equipment. Their sculptural presence in the room and their high image quality impart significant characteristics to this medium. The use of sheet film in the US and new developments at Kodak[15] give hope for the material's survival. Slide projectors as well as many other 'peripheral' materials such as glass mounts, however, are not likely to fare so well; and replacement parts result in the disappearance of the knowledge of how to refurbish, maintain and repair them. As these technologies vanish from

14 Acquired 2009, single 35 mm colour slide, permanent, single-channel projection, framed text, SFMOMA, acc.-no. 2009.139.A-B.
15 https://www.kodak.com/us/en/corp/press_center/new_ektachrome_films_to_begin_shipping/default.htm (accessed: 6.7.2019).

Fig. 11 Matthew Buckingham, *Image of Absalon To Be Projected Until It Vanishes* (2001), detail views: slide before (left) and after fading (right).

Durch die enge Zusammenarbeit mit Künstler*innen zu solchen Fragen und den Aufbau von vertrauensvollen Beziehungen können wir im Lauf der Zeit das herausfiltern, was Pip Laurenson als die „werkdefinierenden Eigenschaften“[16] eines Medienkunstwerks bezeichnet. Diese beeinflussen dann wiederum individuelle Herangehensweisen in der Erhaltung. Am SFMOMA werden diese Herangehensweisen gemeinsam von Kurator*innen, Restaurator*innen, Medientechniker*innen und Künstler*innen selbst diskutiert. Wenn neue Perspektiven zutage treten, kann sich auch die Realisierung des Werks selbst weiterentwickeln, was letztlich bestätigt, dass das Kunstwerk mehr ist als nur die Summe seiner Einzelteile.

16 Pip Laurenson, „Authenticity, Change and Loss in the Conservation of Time-Based Media Installations“, in: *Tate Papers*, 6, Herbst 2006.

our everyday life, the sight of a slide projector itself becomes dated and peculiar. This results in some of our visitors taking a keener interest in the playback machines than in the artwork as a whole, often messing with the projector's settings. This skew of perception and the effect it has on an artwork's experience is worth noticing and, as opposed to contemporary artists using obsolete equipment, may not always be intended.

Ant Farm's *Beyond Things Past* (1971/72) can be presented both as an analogue as well as a digital slideshow, according to the artists. The digitisation of the slides that happened as part of the duplication process serves, in any event, as a preservation measure of the photographic image contents. In the case of this artwork, additionally, it makes available the option of a future migration of the work, if ever so desired or when forced by technological obsolescence. While in 2016 our curators still preferred a presentation that rooted the work in the 1970s, it is interesting to recall how the work was originally distributed – a mail-order catalogue – with the intention to widely disperse these images among the public, for which 'Ant Farm provides the image technology and leaves interpretation up to the viewer'.

Working closely with artists over such questions and fostering trustful relationships allows us to, over time, distil what Pip Laurenson calls the 'work-defining properties'[16] of a media artwork, which then in turn inform individual conservation approaches. At SFMOMA, these approaches are discussed among curators, conservators, media technicians and the artists themselves. As new perspectives come to light, the work's realisation may evolve too, confirming, ultimately, that the artwork is more than the sum of its parts.

16 Pip Laurenson, 'Authenticity, Change and Loss in the Conservation of Time-Based Media Installations', *Tate Papers* 6 (Autumn 2006).

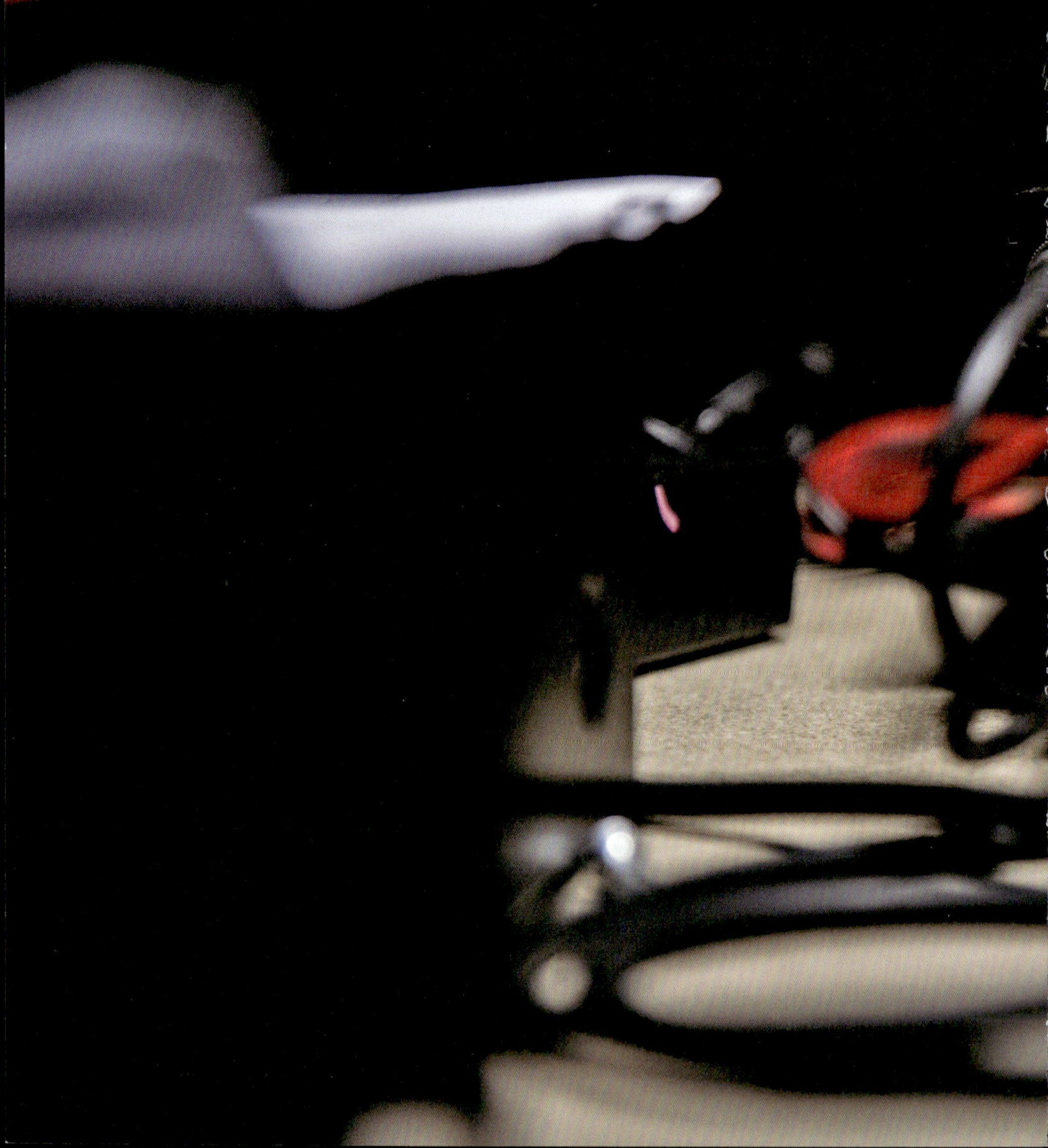

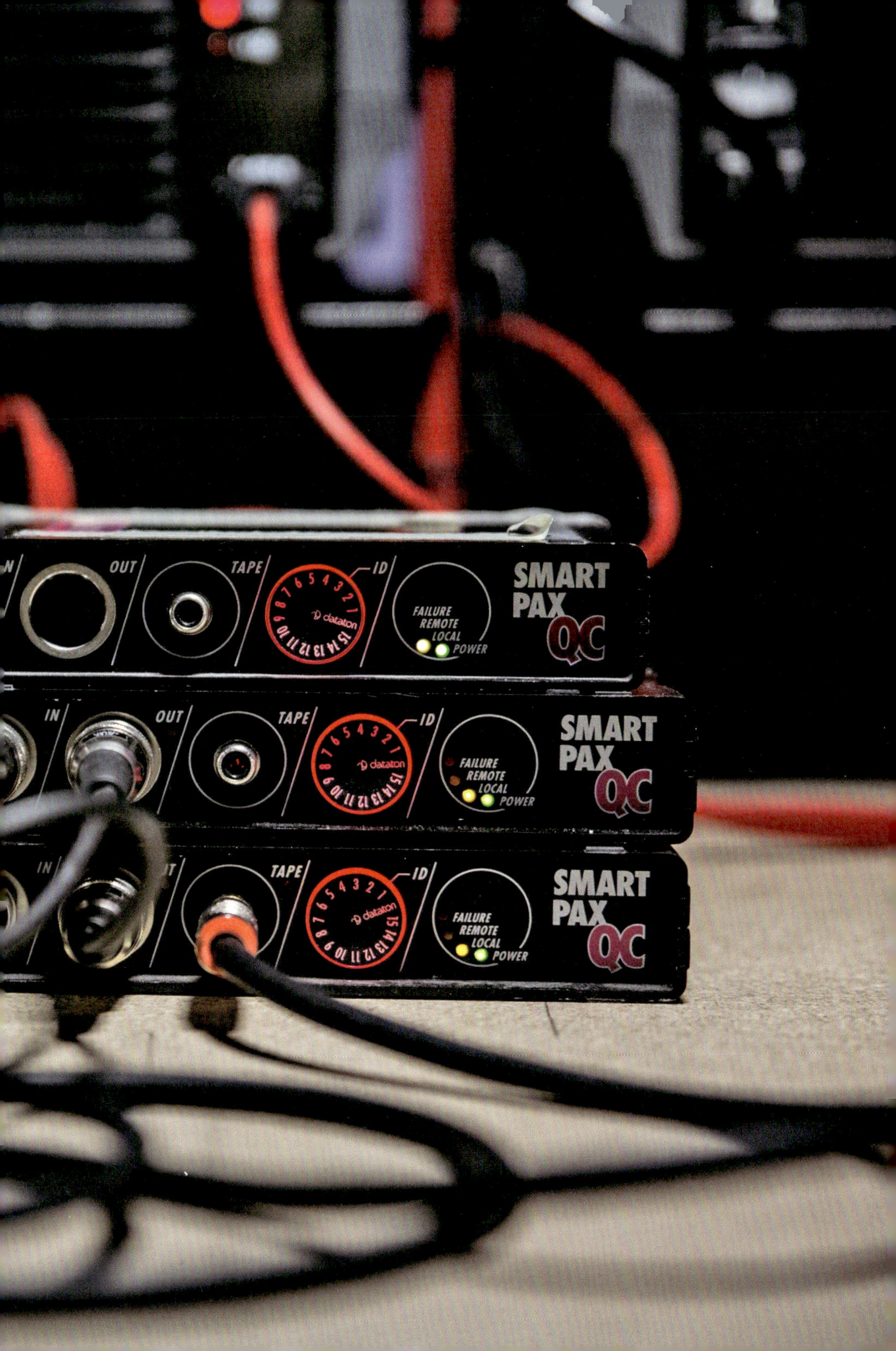
OUT
TAPE
ID
dataton
FAILURE
REMOTE
LOCAL
POWER
SMART
PAX
QC
IN
OUT
TAPE
ID
dataton
FAILURE
REMOTE
LOCAL
POWER
SMART
PAX
QC
IN
TAPE
ID
dataton
FAILURE
REMOTE
LOCAL
POWER
SMART
PAX
QC

Diainstallationen im Medienwandel. Digitale und analoge Inszenierungen von Werken des Künstlers Otto Piene

Babette Marie Werner und Tiziana Caianiello

„Transformation still has two meanings, one technical, one spiritual" (Transformation hat immer noch zwei Bedeutungen, eine technische und eine spirituelle), schrieb der Künstler Otto Piene (1928–2014) im Jahr 1965 zur Entwicklung seines Lichtballetts.[1] Piene begann 1959 mit Lichtprojektionen zu arbeiten, die er im Raum „tanzen" ließ. Dadurch entstand der Werktyp des Lichtballetts, den er bis zu seinem Tod stetig weiterentwickeln sollte: angefangen mit einer von Hand bewegten Taschenlampe bis zu komplexen Rauminstallationen mit verschiedenen Lichtmaschinen und Projektionsarten. Ab 1964 fing er an, in seinen Lichtinstallationen Dias einzusetzen. In seinen beiden Arbeiten *Lichtballett „Hommage à New York"* (1966) und *The Proliferation of the Sun* (1967) experimentierte er mit handbemalten Glasdias. Beide Werke wurden vor wenigen Jahren neu inszeniert:

Die Inszenierung von *The Proliferation of the Sun*, 1967/2014: ein digitaler Ansatz

Die Diaperformance *The Proliferation of the Sun* von Otto Piene entstand zwischen 1964 und 1967 im Rahmen des Werktyps Lichtballett und wurde seitdem stets weiterentwickelt. 2014 wurde das Werk anlässlich einer Einzelausstellung als Leihgabe in der Neuen Nationalgalerie in Berlin ein letztes Mal unter der Leitung des Künstlers neu inszeniert, da Piene kurz nach der Eröffnung der Ausstellung im Juni des Jahres verstarb. Die ursprünglich analoge Licht-Raum-Arbeit wurde in Berlin vollautomatisiert und zum ersten Mal digital gezeigt (Abb. 1).[2] Sieben hochauflösende Projektoren strahlten rund 1120 digitale Reproduktionen der handbemalten Glasdias (Abb. 10) in die

1 Otto Piene, „Light Ballet", in: *Piene: Light Ballet*, Ausst.-Kat. Howard Wise Gallery, New York 1965, o. S.

2 2003 wurde das Werk in der Ausstellung *Die Sonne kommt näher. Otto Piene. Frühwerk* im Museum für Gegenwartskunst in Siegen (Ausst.-Kat. hrsg. von Barbara Engelbach, Siegen 2003) zum ersten Mal als analoge Installation vollautomatisiert gezeigt.

Abb. 1 Otto Piene, *The Proliferation of the Sun*, 1967, Neue Nationalgalerie, Berlin, 2014

Changing Media in Slide Installations. Digital and Analogue Stagings of Works by Otto Piene

Babette Marie Werner and Tiziana Caianiello

'Transformation has two meanings, one technical, one spiritual', the artist Otto Piene wrote in 1965 about the development of his Light Ballet.[1] Piene (1928–2014) began working with light projections in 1959, making them 'dance' in the room. This resulted in the light ballet as a work typology, which he would develop further until his death: starting with a flashlight moved by hand to complex installations with various light machines and types of projections.

1 Otto Piene, 'Light Ballet', in: *Piene: Light Ballet*, exh. cat., Howard Wise Gallery, New York 1965.

Fig. 1 Otto Piene, *The Proliferation of the Sun*, 1967, at Neue Nationalgalerie, Berlin, 2014.

1

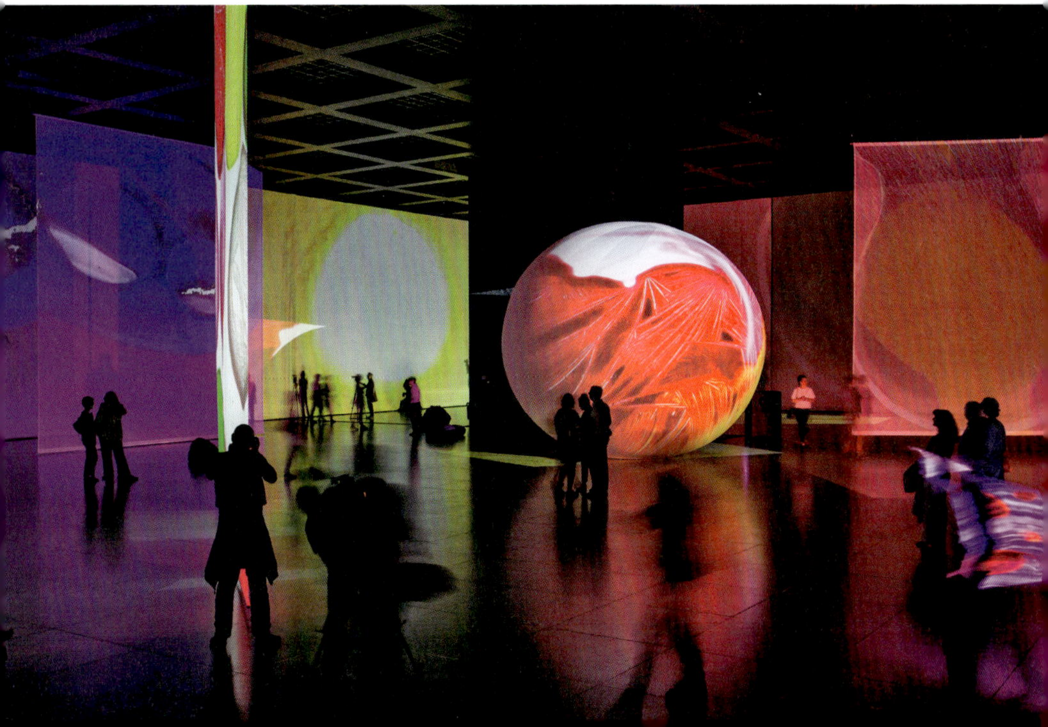

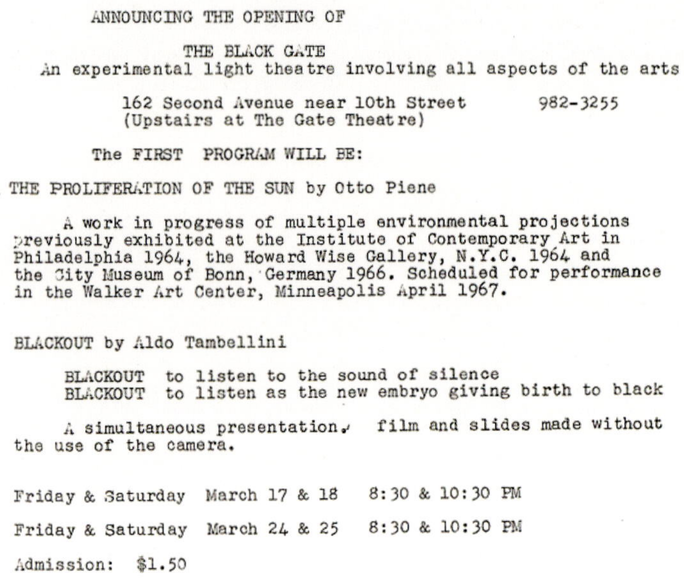

ANNOUNCING THE OPENING OF

THE BLACK GATE
An experimental light theatre involving all aspects of the arts

162 Second Avenue near 10th Street 982-3255
(Upstairs at The Gate Theatre)

The FIRST PROGRAM WILL BE:

THE PROLIFERATION OF THE SUN by Otto Piene

A work in progress of multiple environmental projections previously exhibited at the Institute of Contemporary Art in Philadelphia 1964, the Howard Wise Gallery, N.Y.C. 1964 and the City Museum of Bonn, Germany 1966. Scheduled for performance in the Walker Art Center, Minneapolis April 1967.

BLACKOUT by Aldo Tambellini

BLACKOUT to listen to the sound of silence
BLACKOUT to listen as the new embryo giving birth to black

A simultaneous presentation, film and slides made without the use of the camera.

Friday & Saturday March 17 & 18 8:30 & 10:30 PM

Friday & Saturday March 24 & 25 8:30 & 10:30 PM

Admission: $1.50

2

weitläufige verglaste Haupthalle der Neuen Nationalgalerie. Die Glasdias wurden ursprünglich direkt in die Diaprojektoren eingelegt und von Piene seit 1964 in seine Licht-Raum-Experimente, darunter das 1966 entstandene *Lichtballett „Hommage à New York"*, eingesetzt.

Zur Aufführungspraxis des Werks

The Proliferation of the Sun kann als prozessuales Werk angesehen werden, wie es aus der Einladung zur Eröffnung des New Yorker Black Gate Theater am 17. März 1967 hervorgeht: Die zu diesem Anlass präsentierte Diaperformance wird hier als „work in progress of multiple environmental projections" („prozessuales Werk mit mehreren Raumprojektionen") beschrieben (Abb. 2).[3] Im Juni 1967 hielt Piene fest, dass das Lichtballett nicht nur ständigen Veränderungen unterzogen werde, sondern einerseits als Performance und andererseits als programmierte Installation gezeigt werden könne.[4]

Um ein prozessuales Werk inszenieren zu können, wird – im besten Fall – eine

3 Otto Piene, „Announcing the Opening of The Black Gate", Typoskript, New York, 1967, Archiv Kunsthalle Bremen – Der Kunstverein in Bremen.
4 Otto Piene, „Light Ballet", Typoskript, Düsseldorf, 22.6.1967, Nachlass Otto Piene, 2.IV.83, ZERO foundation, Düsseldorf.

Abb. 2 Otto Piene, Aldo Tambellini, Einladung zur Eröffnung des Black Gate Theater, 1967

In 1964 he began using slides in his light installations. In his two works *Lichtballett 'Hommage à New York'* (1966) and *The Proliferation of the Sun* (1967) he experimented with hand-painted glass slides. Both works were restaged a few years ago.

The staging of *The Proliferation of the Sun*, 1967/2014: a digital approach

The slide performance *The Proliferation of the Sun* by Otto Piene was created between 1964 and 1967 within the typology of the light ballet and has been continually developed ever since. In 2014, on the occasion of a solo exhibition at Berlin's Neue Nationalgalerie, the loaned work was restaged for the last time under the direction of the artist, as Piene died shortly after the opening of the exhibition, in June of that year. In Berlin, the originally analogue light-environment-work was shown fully automated and, for the first time, digitally (fig. 1).[2] Seven high resolution projectors beamed approximately 1,120 digital reproductions of the hand-painted glass slides (fig. 10) into the spacious glass-encased main hall of the Neue Nationalgalerie. The glass slides were inserted directly into the slide projectors and used by Piene in his light-environment-experiments since 1964, among them the *Lichtballett 'Hommage à New York'* from 1966.

On the performance practice of the work

The Proliferation of the Sun can be seen as a work in progress, as is apparent from the invitation to the opening of the New York Black Gate Theater on 17 March 1967: the slide performance presented on this occasion was described here as a 'work in progress of multiple environmental projections'[3] (fig. 2). In June 1967 Piene noted that the light ballet was not only subject to continuous change, but could be shown either as a performance or as a programmed installation.[4]

In order to be able to stage a work in progress, a – in the best case – detailed documentation of the work as well as an active performance practice is needed. Piene, however, did not define a specific architectural context, scale or a fixed number of projectors. His cited notes read: 'Projections and other light phenomena appear on all confines of the given environment. The number of these light-giving

2 In 2003 for the first time the work was shown fully automated as an analogue installation in the exhibition *Die Sonne kommt näher. Otto Piene. Frühwerk* (Museum für Gegenwartskunst Siegen, 25.5.–7.9.2003).

3 Otto Piene, 'Announcing the Opening of The Black Gate', typescript, New York 1967, Archiv Kunsthalle Bremen – Der Kunstverein in Bremen.

4 Otto Piene, 'Light Ballet', typescript, Düsseldorf, 22.6.1967, Otto Piene Estate, 2.IV.83, ZERO foundation, Düsseldorf.

Fig. 2 Otto Piene, Aldo Tambellini, Invitation for the opening of the Black Gate Theater, 1967.

detaillierte Dokumentation der Arbeit sowie eine aktive Aufführungspraxis benötigt. Einen bestimmten architektonischen Kontext, Maßstab oder eine feste Anzahl von Projektoren legte Piene aber nicht fest. In seinen zitierten Aufzeichnungen heißt es hierzu: „Projektionen und andere Lichtphenomene erscheinen an allen Raumbegrenzungen. Die Anzahl dieser lichtgebenden Objekte wird festgelegt anhand der Größe der Räume, der Höhe der Decken und der Dichte der beabsichtigten Effekte."[5] Im Vergleich zum *Lichtballett „Hommage à New York"*, das zu Lebzeiten nur ein einziges Mal präsentiert wurde, ist die analoge Version von *The Proliferation of the Sun* verhältnismäßig oft gezeigt worden. Für die knapp 24 Minuten andauernde Licht-Raum-Arbeit wurden vier bis sieben Kodak Carousel-Projektoren eingesetzt. Für jeden Projektor waren zwei Karusselle mit rund 160 Glasdias im Einsatz. Performer, die sogenannten Projektionisten, bedienten die Projektoren nach Pienes Anweisungen, die vom Tonband abgespielt wurden.

Das kuratorische Konzept für die Inszenierung in Berlin 2014

Die von Piene als einer der Parameter für die Inszenierung des Lichtballetts angeführte „density of the effects intended" („Dichte der angestrebten Wirkung") stellte die Basis des kuratorischen Konzepts in Berlin dar. Ziel war es, den gesamten Raum der Ausstellungshalle mit den Projektionen zu durchfluten, um so die immersive Arbeit mit der weitläufigen Architektur Ludwig Mies van der Rohes in Einklang zu bringen. Die Verwendung von Kodak Carousel-Projektoren kam jedoch hierfür nicht infrage, da ihre Reichweite für dieses Vorhaben nicht genügt hätte. Die intensive Zeit, in der *The Proliferation of the Sun* entstand, bezeichnete der Künstler retrospektiv als eine „Zeit der Hoffnung auf eine Verbindung von großer Kunst und den neuen technologischen Möglichkeiten".[6] Auf der Grundlage dieser programmatischen Offenheit gegenüber technischen Neuerungen wurde schließlich zusammen mit Piene entschieden, die Arbeit als digitale Inszenierung neu zu denken, aber im Sinne ihrer frühen Aufführungen in der zweiten Hälfte der 1960er-Jahre zu zeigen. Neben den Vorgaben des Künstlers und den Erfahrungsberichten seines langjährigen Assistenten Günter Thorn dienten vor allem die Fotografien und Beschreibungen von zwei frühen Aufführungen im Jahr 1967 als formale Referenzpunkte: die Performance zur Eröffnung des von Aldo Tambellini und Otto Piene gegründeten Black Gate Theater in New York (Abb. 3) und die Performance, die unter dem deutschen Titel *Die Sonne kommt näher* in der Kölner Galerie art intermedia stattfand (Abb. 4). Die Ausstellungsräume in New York und Köln waren niedrig, fensterlos und umfassten nicht mehr als 60 Quadratmeter Fläche.

5 Piene 1967 (wie Anm. 4).
6 Otto Piene, zit. im Gespräch mit Hans Ulrich Obrist, in: Jürgen Wilhelm in Zusammenarbeit mit der ZERO foundation (Hrsg.), *Piene im Gespräch*, Altusried 2015, S. 134–157, hier S. 153.

objects is determined by the size of rooms, the height of ceilings and the density of the effects intended'.[5] In comparison to *Lichtballett 'Hommage à New York'*, which had been shown only once during his lifetime, the analogue version of *The Proliferation of the Sun* was exhibited relatively often. For the light-environment-work, which was twenty-four minutes long, four to seven Kodak Carousel projectors were employed. For each projector two carousels with approximately 160 glass slides were used. Performers, the so-called projectionists, operated the projectors according to Piene's instructions played from an audio tape.

The curatorial concept for the staging in Berlin, 2014

The 'density of the effects intended', as one of the parameters given by Piene for the staging of the light ballet, served as the basis of the curatorial concept in Berlin. The aim was to flood the entire space of the exhibition hall with projections in order to harmonise the immersive work with the extensive architecture of Ludwig Mies van der Rohe. The use of Kodak Carousel projectors was out of the question, though, as their range would not have been sufficient for this purpose. The artist retrospectively described the intense time during which *The Proliferation of the Sun* was created as a 'time of hope for a conjunction between great art and the new technological possibilities'.[6] And on the basis of this programmatic openness towards technical innovations it was eventually decided, together with Piene, to rethink the work as a digital performance but one in the spirit of its early stagings during the second half of the 1960s. In addition to the specifications by the artist and the experience of his long-time assistant Günter Thorn, photographs and descriptions of two early stagings in 1967 served as formal reference points: the performance for the opening of the Black Gate Theater in New York, founded by Aldo Tambellini and Otto Piene (fig. 3), and the performance that took place at the Cologne gallery art intermedia under the German title *Die Sonne kommt näher* (fig. 4). The exhibition spaces in New York and Cologne had been low, windowless and not bigger than sixty square metres. In Berlin, however, digital projection technology with the maximum number of seven projections was now to be used in order to show the work with great density in the spacious and light-filled main hall of the Neue Nationalgalerie. For seven projectors Piene used fourteen slide carousels with approximately 1,120 analogue glass slides. For the staging in Berlin, 500 digitised glass slides loaned from Kunsthalle Bremen and around 500 glass slides newly painted by

5 Piene 1967 (see note 4).
6 Otto Piene, cit. in conversation with Hans Ulrich Obrist, in: *Piene im Gespräch*, Jürgen Wilhelm in cooperation with ZERO foundation, Altusried 2015, pp. 134–157, here p. 153.

In Berlin sollte nun aber mittels digitaler Projektionstechnik mit der maximalen Anzahl von sieben Projektionen die Arbeit mit großer Dichte in der weiten und lichtdurchfluteten Haupthalle der Neuen Nationalgalerie gezeigt werden. Für sieben Projektoren verwendete Piene 14 Diakarusselle mit circa 1120 analogen Glasdias. Für die Inszenierung in Berlin kamen als Leihgabe der Kunsthalle Bremen rund 500 digitalsierte Glasdias und vom Künstler rund 500 neu bemalte Glasdias hinzu. Aufgabe des kuratorischen Teams, bestehend aus Joachim Jäger, Leiter der Neuen Nationalgalerie, und Babette Marie Werner, war es, Pienes neue analoge Glasdias mit den Glasdiadigitalisaten aus Bremen zu einer Einheit zusammenzuführen und erstmalig ein Konzept für eine digitale Aufführung von *The Proliferation of the Sun* zu entwickeln.

Herstellung und Zusammenstellung des digitalen Bildprogramms[7]

Das Motivschema innerhalb der Projektionen ist relativ variabel. Piene wies die Projektionisten an, die Diakarusselle während der Aufführung untereinander auszutauschen. Auch begann er schon früh damit, immer neue Glasdias zu bemalen und aussortierte durch neue zu ersetzen, da die verwendeten fluoreszierenden Leuchtfarben während der Projektion sich so erhitzten und abnutzten, dass einzelne Glasdias bald nicht mehr verwendet werden konnten.

1998 wurde die Performance anlässlich der Schenkung der Glasdias in der Kunsthalle Bremen mit sieben Projektoren und ein letztes Mal mit originalen Glasdias vom Künstler gezeigt. Um die Performance selbst ohne weitere Beschädigung aufführen und ausleihen zu können, wurden die Bremer Glasdias zwischen 2005 und 2008 im Auftrag des Museums sowohl als analoge Dias reproduziert als auch digitalisiert.[8] 2014 wurden davon 500 Digitalisate ausgewählt und als Leihgabe in die Berliner Inszenierung integriert.[9] Zusätzlich sollten die circa 500 neuen Glasdias digitalisiert werden, die der Künstler für diese Inszenierung mit alten wiederentdeckten Farben aus den 1960er-Jahren ganz im Sinne seines

7 Detaillierter Überblick der grundlegenden Fragestellungen und Erkenntnisse während des Inszenierungsprozesses von *The Proliferation of the Sun* in: Babette Werner, „Restaging The Proliferation of the Sun in 2014: The Digital Projections“, in: *Light On/Off. Restaging ZERO*, hrsg. von ZERO foundation, Düsseldorf 2018, S. 88–99.

8 Weitere Glasdias befinden sich in der Sammlung des Künstlers und in der Sammlung des Museum für Gegenwartskunst Siegen.

9 Diese Auswahl war vorher bei Performances zu folgenden Anlässen verwendet worden: Ausstellungsfinissage von *Otto Piene: Spectrum* im Museum am Ostwall, Dortmund (22.1.2009), Veranstaltung *Light in Darkness* von der ZERO foundation in Düsseldorf (18.9.2010) und *Conference: On Art and Science …*, Moderna Museet, Stockholm (18.6.2011).

Abb. 3 Otto Piene, *The Proliferation of the Sun*, 1967, im Black Gate Theater, New York, 1967

Abb. 4 Otto Piene, *The Proliferation of the Sun*, 1967, in der Galerie art intermedia, Köln, 1967

3

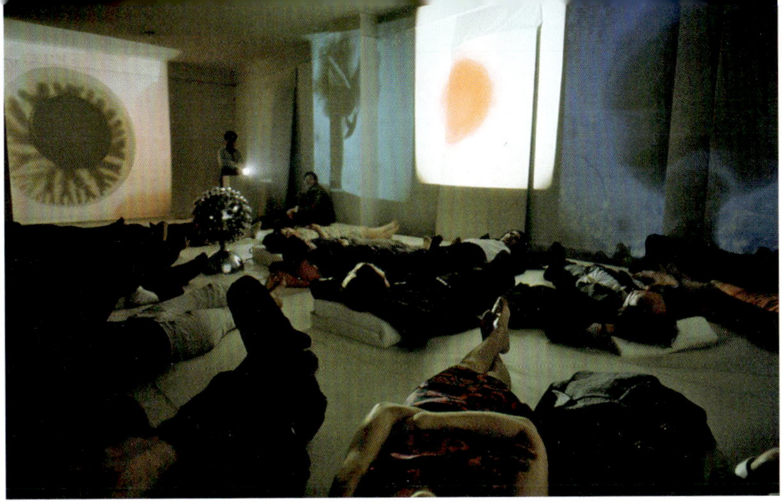

the artist were added. The task of the curatorial team, consisting of Joachim Jäger, the director of the Neue Nationalgalerie, and Babette Marie Werner, co-curator of the exhibition was to integrate Piene's new analogue glass slides with the digital glass slides from Bremen and to develop for the first time a concept for the digital staging of *The Proliferation of the Sun*.

Production and compilation of the digital image programme[7]

The pattern of motifs within the projections is quite variable. Piene instructed the projectionists to swap the slide

7 Detailed overview of fundamental questions and insights during the staging process of *The Proliferation of the Sun* in: Babette Werner, 'Restaging *The Proliferation of the Sun* in 2014: The Digital Projections', in: *Light On/Off. Restaging ZERO*, ZERO foundation, Düsseldorf 2018, pp. 88–99.

Fig. 3 Otto Piene, *The Proliferation of the Sun*, 1967. At the Black Gate Theater, New York, 1967.
Fig. 4 Otto Piene, *The Proliferation of the Sun*, 1967, at the Gallery art intermedia, Cologne, 1967.

4

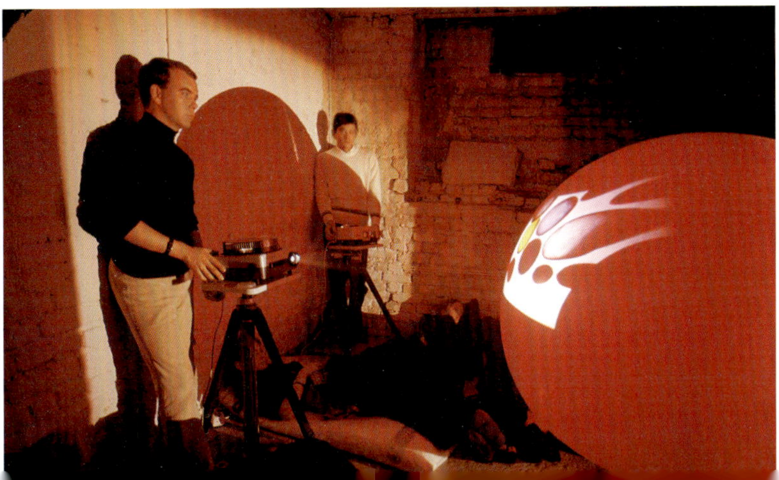

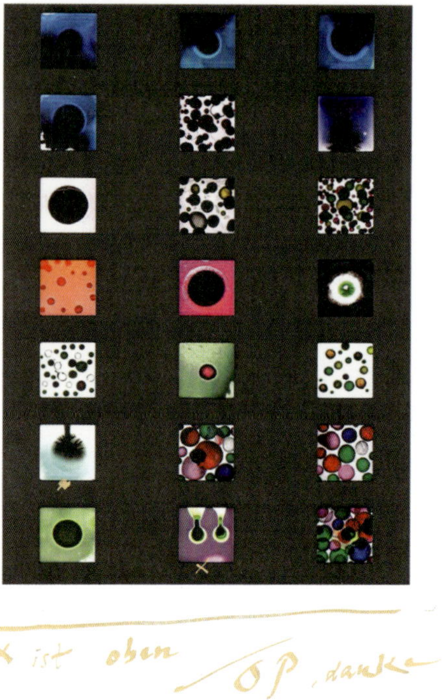

5

künstlerischen Selbstverständnisses des prozessualen Wandels der Lichtballette hergestellt hatte.

Die Digitalisierung der Bremer Sammlung erfolgte damals per Scanverfahren der Glasdias selbst. Die Kurator*innen beauftragten den Fotografen Michael Wesely, die einzelnen Glasdias direkt vom Leuchttisch abzufotografieren.[10] Anders als später die Kuratorinnen in Bonn, orientierte man sich sowohl in Bremen als auch in Berlin an den Glasdias selbst und nicht an ihren projizierten Bildern: Bei jeder Projektion können sich Verfälschungen durch das verwendete Projektionsobjektiv oder Unschärfen durch Verwacklungen ergeben; zudem überzeugte die präzisere und schnellere Handhabung der Leuchttischfotografie. Am Ende zeigte sich bei einer prüfenden Parallelprojektion (in Anwesenheit des Künstlers) ein zu erwartender Unterschied zwischen der Scandigitalisierung und der Leuchttischfotografie in der Tiefenschärfe und dem Farbkontrast. Dies konnte aber in Absprache mit Piene mit geringfügigen manuellen Farbkorrekturen digital angeglichen werden.

Auswahl und Anordnung der Glasdias

Piene hatte stets selbst die Auswahl und Anordnung der Glasdias in den Diakarussellen vorgenommen, doch hier überließ er dem kuratorischen Team die Entscheidungsfreiheit. Aus der Anordnung der Bremer Digitalisate konnte ein System für die Inszenierung in Berlin abgeleitet werden, welches dem Farbverlauf des Regenbogens folgt (Abb. 5).

Wie zu erwarten, zeigte sich ein deutlicher Unterschied zwischen den Glasdias der 1960er-Jahre und den neu gemalten von 2014: Die neuen Glasdias weisen einen größeren Anteil unbemalter Flächen auf

10 Er verwendete hierfür die Digitalkamera Canon EOS 5D Mark II.

Abb. 5 Abfolge einer Auswahl digitaler Glasdias mit Kommentaren von Otto Piene für die Filmproduktion der Inszenierung von *The Proliferation of the Sun*, 1967, Neue Nationalgalerie, Berlin, 2014

carousels with each other during the performance. He also began to paint new glass slides early on and to replace rejects with new ones, as the fluorescent colours became so hot and worn-out during the projection that individual glass slides could soon no longer be used.

In 1998, on the occasion of the donation of the glass slides, the performance was shown at Kunsthalle Bremen with seven projectors and, for the last time, with the artist's original glass slides. In order to be able to stage and lend out the performance without further damage, the glass slides were reproduced as analogue slides and digitised between 2005 and 2008 on behalf of the museum.[8] In 2014, 500 digitised copies were selected and integrated into the Berlin staging on loan.[9] Additionally, approximately 500 new glass slides were to be digitised which the artist had created especially for this staging with old rediscovered colours from the 1960s, in keeping with his artistic conception of the processual change of his light ballets.

The digitisation of the Bremen collection was carried out by scanning the glass slides. The curators commissioned the photographer Michael Wesely to photograph the individual glass slides directly on a light table.[10] Unlike the curators later in Bonn, both in Berlin and in Bremen one took orientation from the actual glass slides rather than from the projected images: with each projection there might be distortions caused by the projection lens, or blurriness resulting from camera shake; what also made light-table photography preferable was its more precise and faster handling. During a final side-by-side projection (in the presence of the artist), the expected difference between scanner digitisation and light-table photography became evident in the depth of field and colour contrast. However, this could be adjusted in consultation with Piene, by making minor manual colour corrections.

Selection and arrangement of the glass slides

Piene had always made the selection and arrangement of the glass slides in the slide carousels himself, but this time he gave the curatorial team freedom of choice. From the arrangement of the digital copies from Bremen a system could be derived for the staging in

8 Additional glass slides can be found in the collection of the artist and the collection of the Museum für Gegenwartskunst Siegen.

9 This selection had previously been used with the following performances: exhibition finissage of *Otto Piene: Spectrum* at Museum am Ostwall, Dortmund (22.1.2009), event *Light in Darkness* by ZERO foundation, Düsseldorf (18.9.2010); *Conference: On Art and Science...*, Moderna Museet, Stockholm (18.6.2011).

10 For this he used the digital camera Canon EOS 5D Mark II.

Fig. 5 Sequence of a selection of digital glass slides with notes by Otto Piene for the film production of the staging of *The Proliferation of the Sun*, 1967, at Neue Nationalgalerie, Berlin, 2014.

und haben damit einen höheren Weißanteil bei der Projektion. Zur besseren Nachvollziehbarkeit wurden deshalb die neuen Glasdias von 2014 konsequent in einer einzelnen Projektion auf den großen Ballon im Raum gebündelt (Abb. 1).

Die finale Auswahl und die Anordnung von Bildprogramm und Projektoren wurde von Piene schließlich gesichtet und freigegeben. Die Medientechniker erstellten daraus für jede Projektion einen digitalen Filmclip, der sich an Rhythmus und Timing der Tonspur orientierte.[11]

Der Interpretationsspielraum, der sich bei jeder neuen Inszenierung von Prozesskunst bietet, sollte für das Publikum und die nächste Generation stets nachvollziehbar sein. Daher wurden die ursprünglich verwendeten Medien sowie Hintergrundinformationen zur Entstehungsgeschichte und zur Aufführungshistorie in einer Ausstellungspublikation veröffentlicht.[12] Zugleich konnten sich die Besucher in Berlin aber auch ohne Vorwissen mit all ihren Sinnen auf den Farbenrausch der immersiven Arbeit einlassen.

Die Inszenierung von *Lichtballett „Hommage à New York"*, 1966/2016: ein historischer Ansatz

Das *Lichtballett „Hommage à New York"* ist ein immersives Environment, das aus tanzenden Lichtreflexionen, rhythmischen Diaprojektionen und Sound besteht. Licht und Dias werden mit drei Projektoren und vier Lichtmaschinen auf sieben Leinwände in den Regenbogenfarben sowie auf Wände und Decken projiziert. Einer der Projektoren wird mit 80 handbemalten Glasdias, ähnlich denen von *The Proliferation of the Sun*, bestückt, während zwei weitere Projektoren 160 New-York-Dias zeigen. Davor montierte motorgetriebene Apparate brechen die Projektionen mittels Prismen und Spiegeln in Spektralfarben und streuen sie weiter in den Raum.[13] Die Farbdias mit Passanten und Sehenswürdigkeiten von New York sowie die Geräusche, die der Künstler in den Straßen der Großstadt aufgenommen hatte und welche die visuellen Eindrücke begleiten, stellen auf unmittelbare und assoziative Weise Pienes Hommage an New York dar (Abb. 6, 7).

Das kuratorische Konzept für die Inszenierung in Bonn 2016

Piene präsentierte das *Lichtballett „Hommage à New York"* zum ersten und einzigen Mal 1966 bei der Ausstellung *Zero in Bonn* im Städtischen Kunstmuseum Bonn (Abb. 6). Später geriet die Installation in Vergessenheit und wurde erst 2013 bei Archivrecherchen von Thekla Zell,

11 Vgl. Werner 2018 (wie Anm. 7).

12 Vgl. Joachim Jäger und Babette Werner, „Die Sonne kommt näher", in: *Otto Piene. More Sky*, Ausst.-Kat. Neue Nationalgalerie, Berlin/Deutsche Bank KunstHalle, Berlin, Köln 2014.

13 Für eine Liste aller Bestandteile der Installation siehe *Light On/Off* 2018 (wie Anm. 7), S. 64–65.

Berlin that followed the colours of the rainbow (fig. 5). As expected, there was a clear difference between the glass slides of the 1960s and the newly painted ones from 2014: the new glass slides feature larger unpainted areas and thus exhibit a greater amount of white when projected. For better comprehensibility the new glass slides from 2014 were therefore consistently grouped in a single projection onto the large balloon in the room (fig. 1). Piene reviewed and approved the final selection as well as the arrangement of image programme and projectors. The media technicians then created a digital film clip for each projection guided by the rhythm and timing of the audio track.[11]

The scope for interpretation opening up with every new staging of process art should always be comprehensible for the public and later generations. That is why the media that were originally used as well as background information on the development process and performance history were compiled in an exhibition publication.[12] But visitors in Berlin without any prior knowledge were also able to experience, with all their senses, the immersive work's ecstatic colours.

The staging of *Lichtballett 'Hommage à New York'*, 1966/2016: a historical approach

Lichtballett 'Hommage à New York' is an immersive environment consisting of dancing light reflections, rhythmic slide projections and sound. Light and slides are projected with three projectors and four light machines onto seven screens in the colours of the rainbow as well as onto walls and ceilings. One of the projectors is loaded with eighty hand-painted glass slides similar to those from *The Proliferation of the Sun*, while two additional projectors show 160 New York slides. Motorised devices mounted in front of the projectors refract the projections with prisms and mirrors into spectral colours and disperse them further into the room.[13] The colour slides showing passers-by and and sights from New York, as well as the sounds which the artist recorded in the streets and which accompany the visual impressions, represent Piene's homage to New York in an immediate and associative way (figs. 6, 7).

The curatorial concept for the staging in Bonn, 2016

Piene presented *Lichtballett 'Hommage à New York'* for the first and only time in 1966 for the exhibition *Zero in Bonn* at

11 Cf. Werner 2018 (see note 7).

12 Cf. Joachim Jäger and Babette Werner, 'Die Sonne kommt näher', in: *Otto Piene. More Sky*, exh. cat., Neue Nationalgalerie, Berlin/Deutsche Bank KunstHalle, Berlin, Cologne 2014.

13 For a full list of all components of the installation, see *Light On/Off* 2018 (see note 7), pp. 64–65.

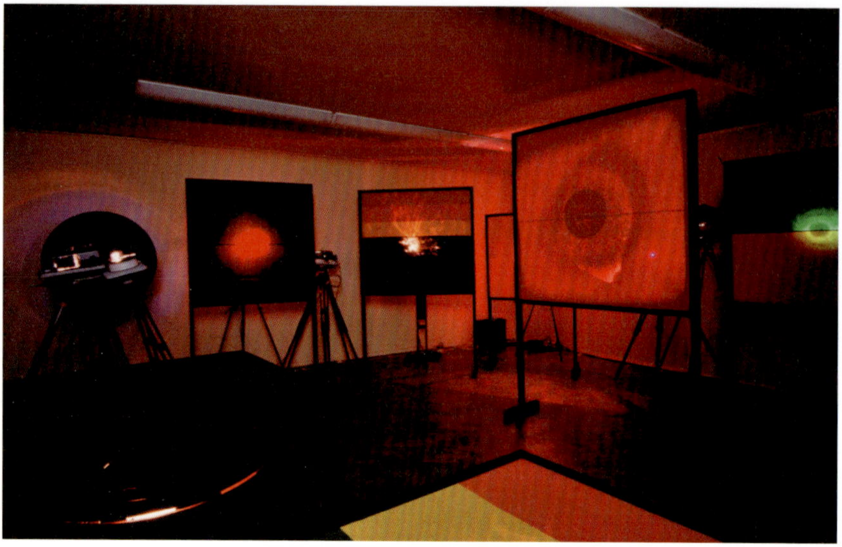

6

wissenschaftliche Mitarbeiterin der ZERO foundation, wiederentdeckt.[14]

2016, und damit 50 Jahre nach der Entstehung, inszenierte die ZERO foundation mit Unterstützung von Günter Thorn das *Lichtballett „Hommage à New York“* für die Ausstellung *Zero ist gut für Dich: Mack, Piene, Uecker in Bonn* im LandesMuseum Bonn (Abb. 7). Ziel dieser Schau war es, an die Ausstellung *Zero in Bonn* von 1966 zu erinnern,[15] weshalb es den Kuratorinnen Thekla Zell und Tiziana Caianiello wichtig war, eine möglichst nahe Anlehnung an die Erstpräsentation zu erreichen.[16]

Die Entscheidung zwischen analoger und digitaler Präsentation

Im Austausch mit den Berliner Kurator*innen und ihren Erfahrungen von 2014 entstanden Abwägungen bezüglich einer digitalen Präsentationsform. Das Erscheinungsbild einer digitalen Projektion bleibt während der gesamten Ausstellungsdauer stabil, während analog projizierte Dias schnell

14 Thekla Zell, „The Ship ZERO Is Casting Out Its Anchor, and the Voyage Is Over: ZERO in Bonn and a Final Midnight Ball“, in: *The Artist as Curator: Collaborative Initiatives in the International ZERO Movement, 1957–1967*, hrsg. von Tiziana Caianiello und Mattijs Visser, Gent 2015, S. 397–427.

15 Über das gesamte kuratorische Konzept siehe Thekla Zell, „From 1966 to 2016: Zero in Bonn“, in: *Light On/Off* 2018 (wie Anm. 7), S. 17–27.

16 Für eine Darstellung der gesamten Problematik der Inszenierung, die nicht nur die Dias betraf, siehe Tiziana Caianiello, „Otto Piene: *Lichtballett ‚Hommage à New York‘*“, in: *Light On/Off* 2018 (wie Anm. 7), S. 59–65.

Abb. 6 Otto Piene, *Lichtballett „Hommage à New York“*, 1966, Städtisches Kunstmuseum Bonn, 1966

Abb. 7 Otto Piene, *Lichtballett „Hommage à New York“*, 1966, LVR-LandesMuseum Bonn, 2016

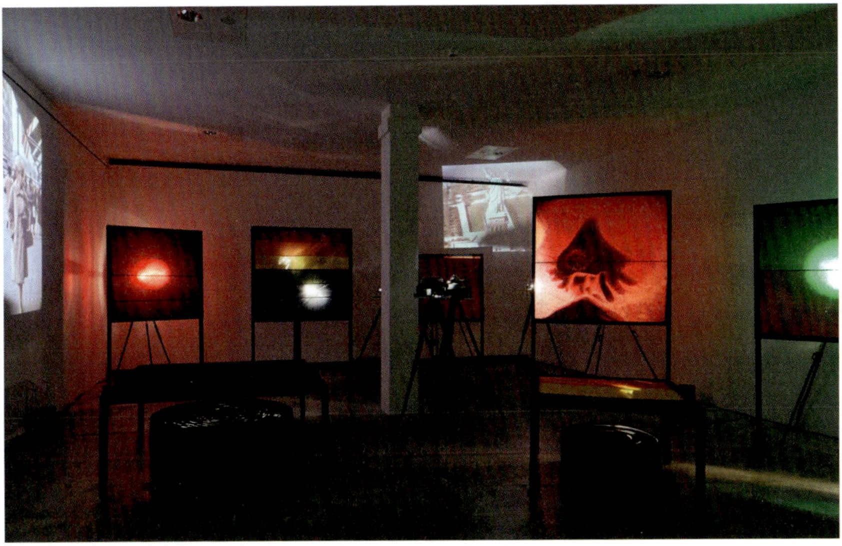

7

Städtisches Kunstmuseum Bonn (fig. 6). The installation was then forgotten and only rediscovered in 2013 during archival research by Thekla Zell, research assistant at the ZERO foundation.[14]

In 2016 – thus fifty years after its origin – the ZERO foundation staged *Lichtballett 'Hommage à New York'* with the help of Günter Thorn for the exhibition *Zero ist gut für Dich: Mack, Piene, Uecker in Bonn* in the LandesMuseum Bonn (fig. 7). The aim of this show was to commemorate the exhibition *Zero in Bonn* from 1966,[15] which is why it was important for the curators Thekla Zell and Tiziana Caianiello to achieve a resemblance that was as close as possible to the first presentation.[16]

Choosing between analogue and digital presentation

In dialogue with the Berlin curators, and based on their experiences from 2014, considerations were made regarding a

14 Thekla Zell, 'The Ship ZERO Is Casting Out Its Anchor, and the Voyage Is Over: ZERO in Bonn and a Final Midnight Ball', in: *The Artist as Curator: Collaborative Initiatives in the International ZERO Movement, 1957–1967*, Tiziana Caianiello and Mattijs Visser, Ghent 2015, pp. 397–427.

15 On the entire curatorial concept, see Thekla Zell, 'From 1966 to 2016: Zero in Bonn', in: *Light On/Off* 2018 (see note 7), pp. 17–27.

16 For an account of all the difficulties of the staging, not only regarding slides, see Tiziana Caianiello, 'Otto Piene: *Lichtballett "Hommage à New York"*', in: *Light On/Off* 2018 (see note 7), pp. 59–65.

Fig. 6 Otto Piene, *Lichtballet 'Hommage à New York'*, 1966, Städtisches Kunstmuseum Bonn, 1966.

Fig. 7 Otto Piene, *Lichtballet 'Hommage à New York'*, 1966, LVR-LandesMuseum Bonn, 2016.

verblassen. Zudem können digitale Projektoren neuerer Generation besser den Anforderungen des Raums entsprechen. Da die originalen bemalten Glasdias aus konservatorischen Gründen nicht mehr in einem Diaprojektor eingesetzt werden konnten, mussten sie in jedem Fall reproduziert und somit einem Medienwechsel unterzogen werden. Dass Piene für die Inszenierung von *The Proliferation of the Sun* in Berlin 2014 einer digitalen Präsentation zugestimmt hatte, eröffnete letztlich auch für das verwandte Werk *Lichtballett „Hommage à New York“* die Möglichkeit einer Migration zur digitalen Technik.

Für eine analoge Präsentation der Installation sprach der historische Wert der Diaprojektoren, die den Stand der Präsentationstechnik der 1960er-Jahre widerspiegeln, als Diapositive zunehmend Einsatz in der Kunst fanden. Piene kaufte im Jahr 1964 seinen ersten Diaprojektor der Modellreihe Kodak Carousel.[17] Dieser ermöglichte ihm, mehrere Dias in einer bestimmten Reihenfolge mit vorprogrammiertem Wechselrhythmus ohne Unterbrechung zu zeigen. Zudem sind die Diaprojektoren im *Lichtballett „Hommage à New York“* sichtbar und charakterisieren mit ihren Stativen das Erscheinungsbild der Installation, so wie das rhythmische Geräusch des Diawechsels ihre akustische Wirkung prägt.

Entsprechend des kuratorischen Konzepts galt die Priorität schließlich dem historischen Wert der Installation, sodass sich die Kuratorinnen für eine analoge Präsentation entschieden und die zeitgenössischen Projektoren vom Typ Kodak Carousel S-AV verwendeten. So lieferten die Geschwindigkeit des Diawechsels und ihr Abstand zu den Projektionsflächen hilfreiche Anhaltspunkte für die Inszenierung der Installation.

Entscheidungen zur Duplizierung und Reproduktion der Dias

Nach Pienes Tod wurden in seinem Atelier 514 Dias sowie 970 handbemalte Glasdias gefunden – die meisten in prekärem Zustand mit starken Craquelés und Farblockerungen.[18] Die Kuratorinnen wählten hiervon 160 New-York-Dias und 80 konservatorisch stabilere Glasdias als Leihgabe aus.[19]

Für die Herstellung der Diaduplikate war zunächst geplant, die 240 originalen Dias zu digitalisieren und die digitalen Dateien anschließend auf Diafilm auszubelichten. Die digitalen Dateien hätten in Zukunft für

17 Otto Piene, „Dokumentation: The Proliferation of the Sun“, in: Ausst.-Kat. Siegen 2003 (wie Anm. 2), S. 52–53, hier S. 52.

18 Lisa Schiller, Restauratorin am Museum Ostwall in Dortmund, beriet uns über die Möglichkeit, die Farbschicht auf Glas zu konsolidieren. Leider konnte die Konsolidierung aus finanziellen und zeitlichen Gründen nicht durchgeführt werden.

19 Über die Kriterien für die Auswahl der Dias siehe Tiziana Caianiello, „Lichtballett ‚Hommage à New York‘ in 2016: The Analoque Slides“, in: *Light On/Off* 2018 (wie Anm. 7), S. 77–82; Dies., „The Fluid Boundaries between Interpretation and Overinterpretation: Collecting, Conserving, and Staging Kinetic Art Installations“, in: *Keep It Moving? Conserving Kinetic Art*, hrsg. von Getty Conservation Institute, Los Angeles 2018, S. 16–24, hier S. 22.

digital form of presentation. While the image quality of a digital projection is consistent throughout the entire duration of the exhibition, projected analogue slides fade quickly. In addition, digital projectors of newer generations better match the requirements of the space. Since, due to conservation issues, the original painted glass slides could no longer be used in slide projectors, they had anyway to be reproduced and to undergo a change of medium. Because Piene had approved a digital presentation for the staging of *The Proliferation of the Sun* in Berlin in 2014, the possibility ultimately opened up of a migration to digital technology for the related work *Lichtballett 'Hommage à New York'*.

The historical value of the slide projectors, reflecting the state of presentation technology in the 1960s, when slides were increasingly used in art, supported an analogue presentation of the installation. Piene bought his first Kodak Carousel slide projector in 1964.[17] It allowed him to show multiple slides in a specific order with preprogrammed intervals without interruption. What's more, the slide projectors are visible in *Lichtballett 'Hommage à New York'* and with their tripods characterise the installation's appearance in the same way that the rhythmic sound of changing slides characterises its acoustic effect. In keeping with the curatorial concept, priority was finally given to the historical value of the installation, and so the curators decided on an analogue presentation and used Kodak Carousel S-AV projectors of that time. The pace of slide rotation and their distance to the projection surfaces provided helpful criteria for the staging of the installation.

Decisions on duplication and reproduction of the slides

After Piene's death, 514 slides and 970 hand-painted glass slides were found in his studio – most of them in a precarious state with heavy craquelure and loss of colour.[18] From these, the curators selected 160 New York slides and eighty of the better conserved glass slides as a loan.[19]

For the production of slide duplicates it was initially planned to digitise

17 Otto Piene, 'Dokumentation: The Proliferation of the Sun', in: *Die Sonne kommt näher. Otto Piene. Frühwerk*, exh. cat., Museum für Gegenwartskunst Siegen, Siegen 2003, pp. 52–53, here p. 52.

18 Lisa Schiller, conservator at Museum Ostwall in Dortmund, advised us on the possibility of consolidating the layer of paint on glass. Unfortunately the consolidation couldn't be realised due to a lack of financial resources and time.

19 On the criteria for the selection of slides, see Tiziana Caianiello, '*Lichtballett "Hommage à New York"* in 2016: The Analogue Slides', in: *Light On/Off* 2018 (see note 7), pp. 77–82; id., 'The Fluid Boundaries between Interpretation and Overinterpretation: Collecting, Conserving, and Staging Kinetic Art Installations', in: *Keep It Moving? Conserving Kinetic Art*, Getty Conservation Institute, Los Angeles 2018, pp. 16–24, here p. 22.

Ausbelichtungen auf Diafilm, für digitale Projektionen und für den Druck in Publikationen verwendet werden können und zudem eine digitale Bearbeitung ermöglicht. Nach verschiedenen fachlichen Beratungsgesprächen entschieden sich die Kuratorinnen jedoch für die medienimmanente analoge Duplizierung der Dias und eine zusätzliche Digitalisierung durch Elke Trabandt, Activity-Studios in Esslingen.[20] Von den 160 Dias und 80 handbemalten Glasdias wurde ein Duplikatsatz für die Ausstellung und ein Satz für die Langzeitarchivierung angefertigt. Ein Bewegungsmelder im Ausstellungsraum regulierte die Laufzeit der Geräte und reduzierte dadurch den Verbrauch der Dias, sodass sie viel langsamer verblassten und über die gesamte Dauer der Ausstellung (vom 25. November 2016 bis zum 26. März 2017) verwendet werden konnten. Zusätzlich wurden alle 514 Dias aus Pienes Atelier sowie die ausgewählten 80 handbemalten Glasdias digitalisiert und die unbearbeiteten Dateien archiviert.[21]

Die analoge Duplizierung der New-York-Dias

Die New-York-Dias bestehen einerseits aus selbst fotografierten Motiven und andererseits aus gekauften Souvenirdias von New Yorker Sehenswürdigkeiten. Der Erhaltungszustand der Dias ist daher unterschiedlich: Es gab neben gut erhaltenen Dias äußerst rotstichige Souvenirdias, gelbliche Dias etc. (Abb. 8). Jede Gruppe wurde schließlich mit einer dazu passenden Kombination von Farbfiltern (Cyan, Magenta und Yellow) analog dupliziert. Durch die Filter konnten der rote Farbstich und andere Verfärbungen des gesamten Bilds direkt während der Duplizierung reduziert werden. Im Ergebnis haben die Duplikate im Vergleich zu den Originaldias einen erheblich geringeren Farbstich und dadurch eine insgesamt natürlicher wirkende Farbigkeit, können aber ohne den direkten Vergleich immer noch als sehr farbstichig empfunden werden (Abb. 10).[22] In Ermangelung konkreter Anhaltspunkte zur originalen Farbigkeit sind die Kuratorinnen zwischen den Möglichkeiten, die Farbveränderung als Spur der Zeit zu akzeptieren oder mittels digitaler Bildbearbeitung weitestgehend individuell zu retuschieren, einen Kompromiss eingegangen: Farbstiche sind insgesamt noch zu erkennen, jedoch zugunsten eines besseren Gesamtbilds in ihrer Stärke zurückgenommen.

20 Die Enscheidungsfindung erfolgte mit der Unterstützung der Fotorestauratorin Heike Koenitz, die auch die Reinigung der Dias in den originalen Diarahmen durchführte.

21 Die Digitalisierung erfolgte in der Dunkelkammer mit einer hochauflösenden Digitalkamera Nikon 800e mit dem Objektiv AF-S Micro Nikkor 105m an einem großen Stativ mit Farbmischkopf von unten. Die erzeugten TIFF-Dateien der 35-mm-Dias haben ca. 7300 × 4900 Pixel, 16 bit, RGB und 5200 ppi. Die TIFF-Dateien der 6-x-6-cm-Dias haben ca. 5000 × 5000 Pixel, 16 bit, RGB und 2100 ppi. Alle Dias wurden im Diarahmen gescannt, ihre Digitalisate sind unkomprimiert, unbearbeitet und unbeschnitten.

22 Siehe Kommentar von Brian Castriota, in: *Light On/Off* 2018 (wie Anm. 7), S. 85.

the 240 original slides and to subsequently transfer the digital files to slide film. The digital files could have been used in the future for transfer onto slide film, for digital projections and for print and publications, and would have allowed digital editing. But after several technical consultations, the curators decided for the media immanent analogue duplication of the slides and an additional digitisation by Elke Trabandt of Activity-Studios in Esslingen.[20] Of the 160 slides and eighty hand-painted glass slides, one set of duplicates was produced for the exhibition and one set for long-term archiving. A motion sensor in the exhibition space regulated the operating time of the devices and thus reduced the usage of the slides, so that they faded much more slowly and could be used for the entire four-month duration of the exhibition, from late November 2016 onwards. In addition all 514 slides from Piene's studio as well as the selected eighty hand-painted glass slides were digitised and the raw data was archived.[21]

The analogue duplication of the New York slides

The New York slides consist of motifs photographed by the artist himself as well as of purchased souvenir slides of New York sights. Hence, their state of preservation varies: besides slides in good condition there were extremely red-tinged souvenir slides, yellowed slides and so on (fig. 8). In the end each group was duplicated with analogue technology using an appropriate combination of colour filters (cyan, magenta and yellow). Thanks to the filters the red tinge and other discolourations of the whole image could be reduced directly during duplication. As a result, the duplicates have a considerably weaker colour cast than the original slides and therefore more natural-looking colours overall; they could, however, without a direct comparison still be perceived as very tinged[22] (fig. 10). In the absence of concrete indications on original colour, the curators compromised between the possibilities of either accepting the colour change as a sign of passing time or of individually retouching by means of digital image processing: all in all the colour cast can still be seen, yet reduced in intensity in favour of a better overall image.

20 The decision-making was supported by photo conservator Heike Koenitz, who also carried out the cleaning of the slides in their original mounts.

21 The digitisation took place in the dark room with a high resolution digital camera Nikon 800e with the lens AF-S Micro Nikkor 105m on a large tripod with colour mixing head below. The TIFF files of the 35 mm slides have approx. 7.300 × 4.900 pixels, 16 bit, RGB and 5200 ppi. The TIFF files of the 6 × 6 cm slides have approx. 5.000 × 5.000 pixels, 16 bit, RGB and 2100 ppi. All slides were scanned in mounts; the digitised copies are uncompressed, unprocessed and uncropped.

22 See comment by Brian Castriota, in: *Light On/Off* 2018 (see note 7), p. 85.

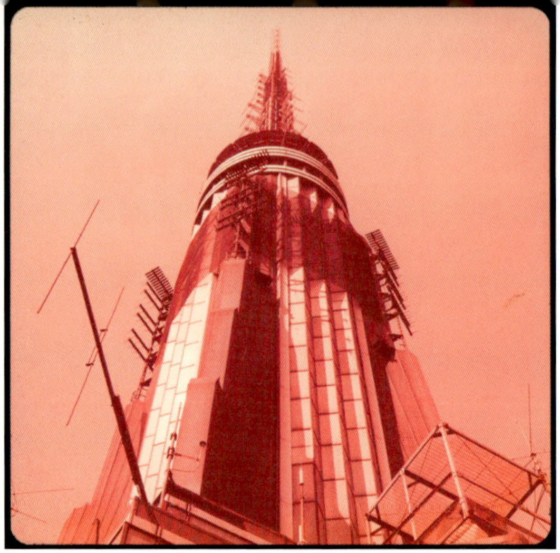

8

Die Reproduktion der handbemalten Glasdias

Bei der Reproduktion von bemalten Glasdias auf Diafilm begab sich Elke Trabandt auf Neuland. Die Glasdias (Abb. 9) wurden zuerst mit einer Trickanimationskamera mit Licht von unten auf 70-mm-Duplizierfilm abfotografiert. Das Ergebnis schien bei einem ersten Vergleich der Duplikate mit den Originalen auf dem Leuchttisch zufriedenstellend. In der Projektion wichen die Duplikate in der Farbigkeit aber stark von den Originalen ab. Schließlich wurden die Projektionen der Originale mit einer analogen Mittelformatkamera abfotografiert. Dies brachte in der Farbigkeit sehr gute und in der Schärfe bessere Ergebnisse als die zuerst getestete Digitalkamera, sodass auch hier letzlich die analoge Technik verwendet wurde.[23]

In einer Zeit, in welcher der Übergang von der analogen zur digitalen Technik unaufhaltbar erscheint, war es den Projektbeteiligten wichtig, den Weg für beide Präsentationsmöglichkeiten für die Zukunft offenzulassen.

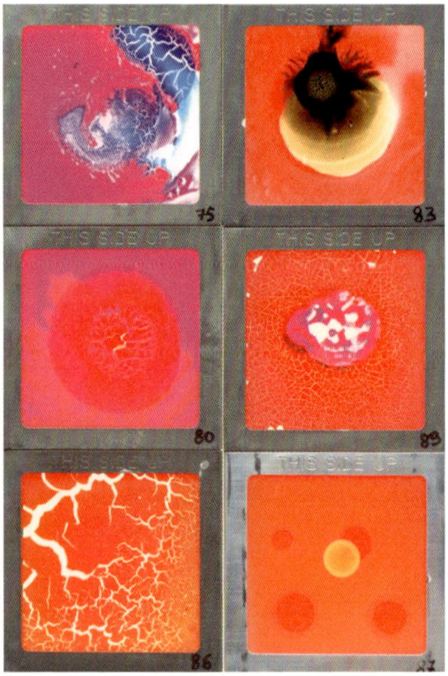

9

23 Die Glasdias wurden mit einem Projektor Kodak 2050 auf eine Spezialleinwand von Da-Lite projiziert. Projektorenobjektiv: Retina SAV 2000 93 mm PC. Das projizierte Dia wurde mit Mamiya RZ 37, Objektiv Secor 110 mm auf Fuji Velvia 6 × 6 120er-Rollfilm fotografiert.

Abb. 8 Souvenirdia von New York mit rotstichiger Verfärbung. Digitalfotografie eines nicht ausgerahmten Dias aus: Otto Piene, *Lichtballett „Hommage à New York“*, 1966

Abb. 9 Otto Piene, handbemalte Glasdias, 1960er-Jahre

Abb. 10 Otto Piene, Lichtballett „Hommage à New York“, 1966, LVR-LandesMuseum Bonn, 2016, Projektion eines Diaduplikats

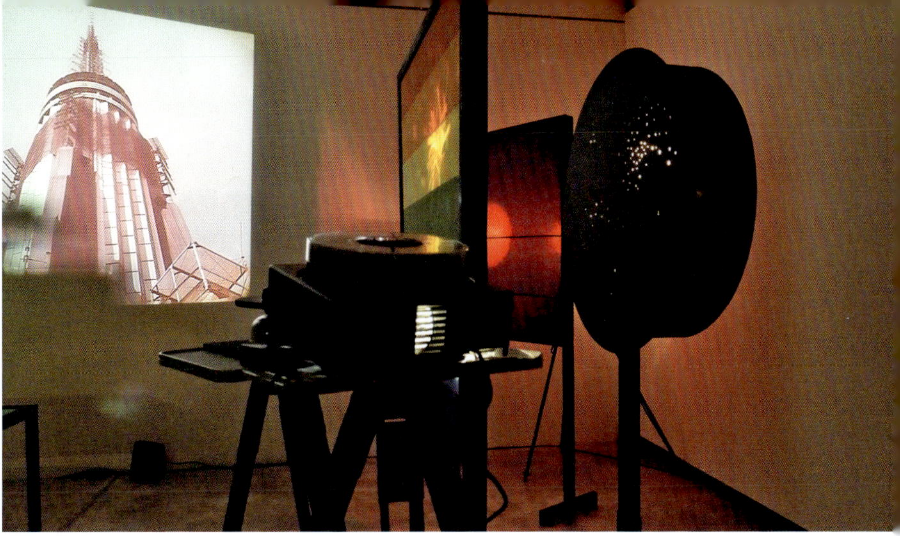
10

The reproduction of the hand-painted glass slides

With the reproduction of hand-painted glass slides onto film, Elke Trabandt entered unknown territory. The glass slides (fig. 9) were first of all photographed with an animation camera lit from below on to 70 mm duplicating film. During the first comparison between duplicates and originals on the light table, the result was satisfactory. During projection, however, the duplicates differed greatly from the originals in terms of colour. Eventually the projections of the originals were photographed with an analogue medium-format camera. This led to excellent results in terms of colour and better results in terms of sharpness than the previously tested digital camera, meaning that here, too, analogue technology was used after all.[23]

In times in which the transition from analogue to digital technology seems unstoppable, it was important for everyone involved in the project to keep both presentation possibilities open for the future. Despite opting for an analogue presentation, prerequisites for a digital presentation of the installation were created by the production of uncompressed digital copies.

23 The glass slides were projected onto a special Da-Lite screen with a Kodak 2050 projector. Projector lens: Retina SAV 2000 93 mm PC. The projected slide was photographed with a Mamiya RZ 37, lens Secor 110 mm on Fuji Velvia 6 × 6 120 film.

Fig. 8 Red-tinged souvenir slide of New York. Digital photography of an unmounted slide from: Otto Piene, *Lichtballett 'Hommage à New York'*, 1966.
Fig. 9 Otto Piene, hand-painted glass slides, 1960s.
Fig. 10 Otto Piene, *Lichtballett 'Hommage à New York'*, 1966, LVR-LandesMuseum Bonn, 2016, projection of a slide duplicate.

Trotz analoger Präsentation wurde mit der Herstellung digitaler unkomprimierter Vorlagen die Voraussetzung für eine digitale Präsentation der Installation geschaffen.

Fazit

Beide Projekte stellten die Kurator*innen vor komplexe Gegebenheiten, für die sie Entscheidungen nur mit der Unterstützung von Fachpersonen aus unterschiedlichen Bereichen und dem Künstler treffen konnten. Bei der Entscheidungsfindung spielte das jeweilige Ziel der Ausstellung eine zentrale Rolle. Im Bewusstsein, dass jede technische Veränderung auch eine Veränderung der Wirkung der Arbeit mit sich bringt, waren schließlich beide Inszenierungen – die digitale wie die analoge – das Ergebnis einer Reihe von Kompromissen. Allerdings haben sie dazu beigetragen, das *Lichtballett „Hommage à New York"*, das komplett in Vergessenheit geraten war, und *The Proliferation of the Sun* einem neuen Publikum zugänglich zu machen.

Conclusion

Both projects posed complex choices for the curators that they could only make with the support of the artist and of experts from various fields. Each exhibition's respective aim played a central role in the decision-making process. In the knowledge that every technical change also entails a change in the effect of a work, both stagings were ultimately the result of a series of compromises. However, they contributed to making *Lichtballett 'Hommage à New York'* – which had been completely forgotten – and *The Proliferation of the Sun* available to a new audience.

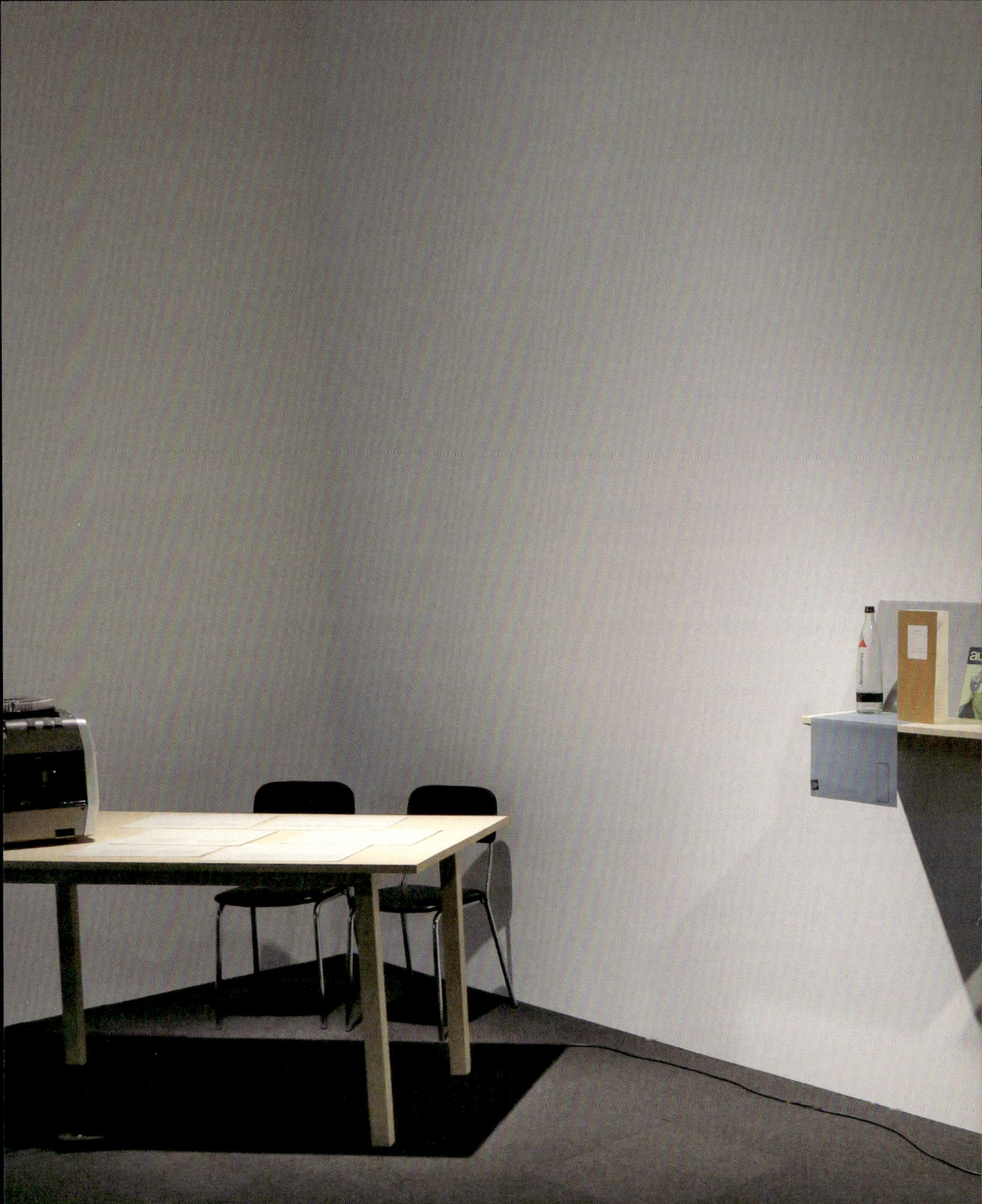

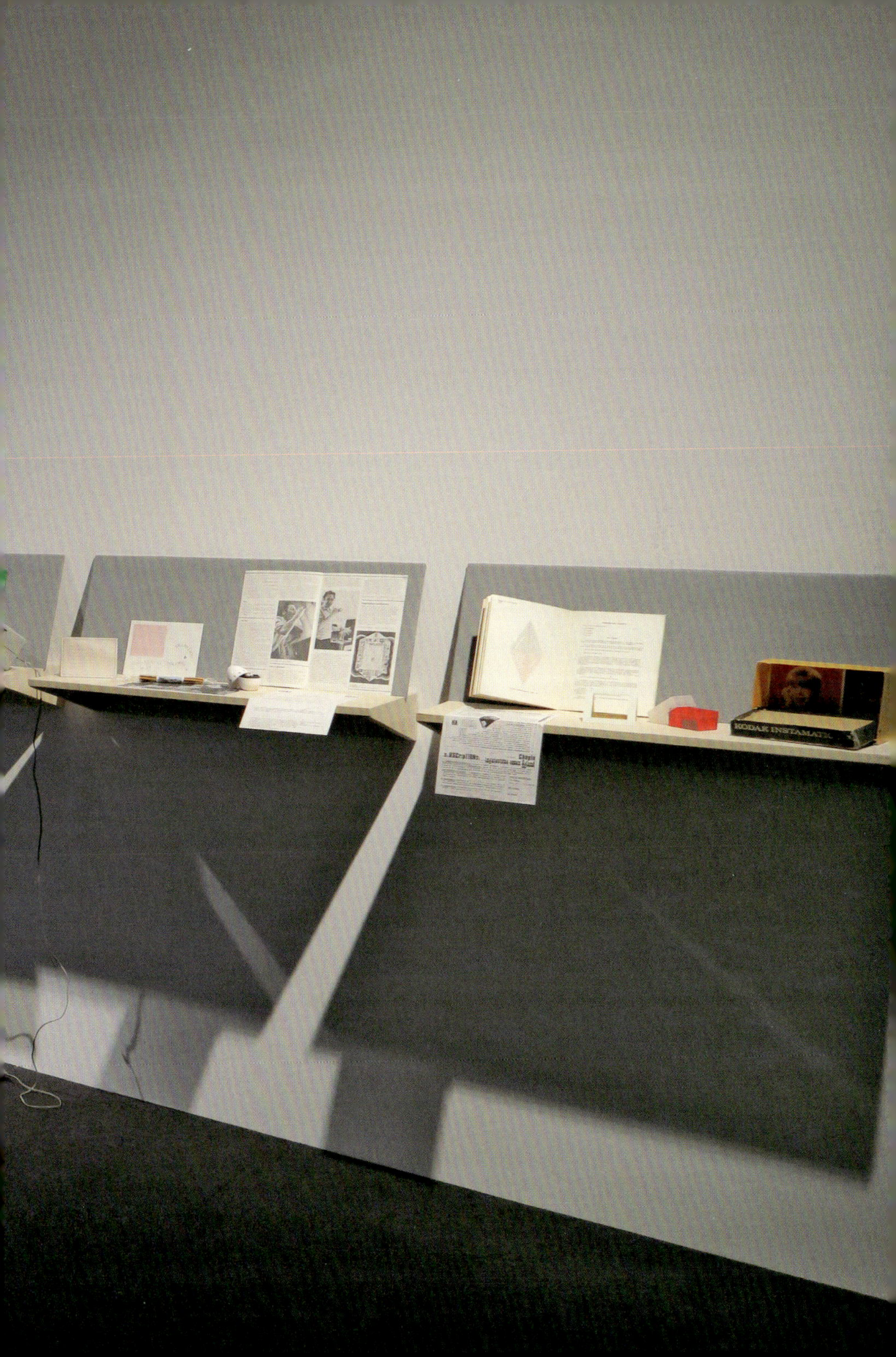
KODAK INSTAMATIC

Diaduplikate und die „Kritik der Varianten". Berührungspunkte zwischen Medienkonservierung, Philologie und Kunsttheorie

Francesco Leonelli

Von 2015 bis 2018 führte die Hamburger Kunsthalle ein Projekt zur Konservierung von Diakunstwerken durch, in dem die Themen Duplizierung, Digitalisierung, Diaprojektionstechnik, Dokumentation und Archivierung der Werke der Sammlung behandelt wurden. Als kunstwissenschaftlicher Volontär der Hamburger Kunsthalle unterstützte ich das Restaurierungsteam bei der Dokumentation der Dias. Mithilfe des Programms Mind Genius sollte eine Übersicht über die „Geschichte" der verschiedenen Dias und Diaduplikate erstellt werden. Vor dem Hintergrund, dass von einer originalen Vorlage mehrere Generationen von neuen Ausstellungskopien dupliziert werden, bietet das Produktionsdiagramm als Visualisierung in Form eines „Stammbaums" (Abb. 3) eine hilfreiche Übersicht über die teilweise extreme Komplexität der verschiedenen Diasets. Dies lenkte meine Aufmerksamkeit auf den geisteswissenschaftlichen Aspekt und ließ Schnittpunkte zwischen Philologie und dem Auflistungsvorgang der Dias erkennen.

Die Philologie sieht in Varianten eine Zeugenschaft

Auch wenn die Philologie ganz selten im Rahmen der kunstwissenschaftlichen Studien erwähnt wird, sind im Fall der Duplizierung von Dias überraschende Ähnlichkeiten auffällig. So befasst sich die Philologie damit, die Überlieferungsgeschichte eines ursprünglichen Texts in unterschiedlichen Varianten zu rekonstruieren. Die verschiedenen Handschriften, die leicht oder schwer abweichende Fassungen des Texts eines Originals enthalten, sind oftmals als Zeuge genannt, wenn der ursprüngliche Text verloren gegangen ist. Wie der Philologe Gerhard Jäger bemerkt: „Träger der Überlieferung kann ein einziger Zeuge (Codex Unicus) sein [...], dessen Wortlaut dann mit dem Überlieferten identisch ist. Liegen aber mehrere Zeugen vor, so lassen sich Beziehungen zwischen ihnen vor allem aufgrund der Tatsache ermitteln, dass beim Abschreiben Veränderungen entstehen (‚readings of second origin'), etwa Auslassungen von Wörtern."[1]

1 Gerhard Jäger, *Einführung in die Klassische Philologie*, München 1975, S. 43.

Slide Duplicates and the 'Critique of Variants'. Points of Contact Between Media Conservation, Philology and Art Theory

Francesco Leonelli

From 2015 to 2018, the Hamburger Kunsthalle conducted a project on the conservation of slide-based artworks, during which themes of duplication, digitisation, slide-projection technology, documentation and archiving of the works in the collection were addressed. As a curatorial assistant at the Hamburger Kunsthalle I assisted the team of conservators in documenting the slides. With the help of the program Mind Genius an overview of the 'history' of the various slides and slide duplicates was to be compiled. Given the fact that several generations of new exhibition copies are duplicated from each original, a production diagram, which is a visualisation in the form of a 'genealogy tree' (fig. 3) offers a helpful overview of the sometimes extreme complexity of the various sets of slides. This drew my attention to a humanistic perspective, indicating intersections between philology and the process of listing the slides.

Philology regards variants as testimony

Even though philology is rarely mentioned in the context of art theoretical studies, in the case of slide duplication there are striking resemblances. Philology deals with reconstructing the historical tradition of an original text in different variants. In cases where the original text has been lost, the various manuscripts – the slightly or significantly different versions of the original text – are often cited as testimony. As the philologist Gerhard Jäger notes: 'The bearer of tradition can be a single witness (Codex Unicus) [...], the wording of which is then identical to the tradition. But if there are several witnesses, relations between them can be established mainly due to the fact that variances occur during transcription ("readings of second origin"), through omission of words for example'.[1]

In philology, the changes in the variants of an original version resulting from their transcription are commonly

1 Gerhard Jäger, *Einführung in die Klassische Philologie*, Munich 1975, p. 43.

Die Änderungen in den Varianten einer ursprünglichen Vorlage, die infolge deren Abschreibens entstehen, werden in der Philologie gemeinhin als „Fehler“ benannt. Solche Fehler haben die ausgesprochen wichtige Funktion, die Abhängigkeitsverhältnisse zwischen der Vorlage und den Zeugen – sowie zwischen den verschiedenen Zeugen untereinander – zu enthüllen. Ein pyramidaler Stammbaum erlaubt in diesem Fall, die Überlieferungsgeschichte einer Vorlage anhand der Zeugen graphisch darzustellen, was in der Philologie als „Stemma Codicum“ (Abb. 1) benannt wird. Mit den griechischen Buchstaben β und γ werden die verschiedenen rekonstruierten Vorlagen (die *Hyparchetypi*) bezeichnet,[2] die auf den ältesten rekonstruierbaren Text α (den *Archetypus*) zurückgeführt werden können. Man kann dank dieser schematischen Darstellung sofort erkennen, wie die Überlieferungstradition eines Texts eine ganze Reihe von Fragen bezüglich der originalen Versionen und der Kopien aufwirft. So wird die Klassifikation solcher Texte beispielsweise durch die Verbreitung der Zeugen einer Originalausgabe ermöglicht, gleichzeitig aber durch die Tatsache erschwert, dass jeder Zeuge eine andere Fassung des Texts erstellt.

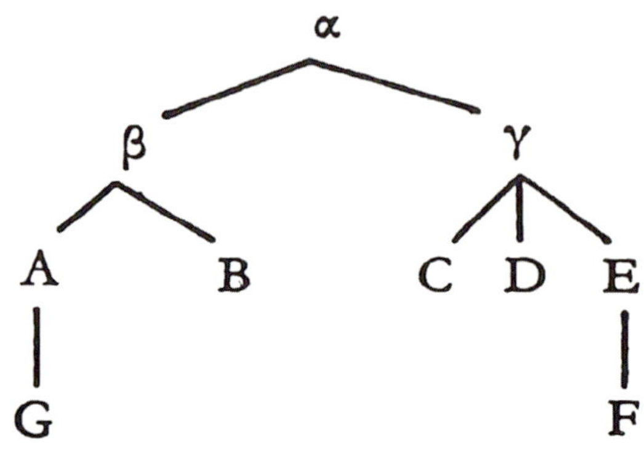

1

Die Mannigfaltigkeit der „offiziellen Texte“, die aus einem Urtext mit seinen voneinander abweichenden Fassungen überliefert wird, wirft einige Fragen auf: Welches sind belastbare Merkmale zur Unterscheidung einer Einheit in verschiedenen Duplikaten? Welche Funktion hat in diesem Fall die Klassifikation der verschiedenen Auflagen? Was ist letztendlich eine „Verwandtschaft“ zwischen den verschiedenen Fassungen einer Vorlage? Derlei Fragen betreffen letztlich auch die Dias und ihre Klassifikation.

In der Medienkonservierung werden Diaduplikate zum eigenständigen Kunstwerk

Während der Dokumentation in der Hamburger Kunsthalle ergab sich mehrmals die Frage, wie man die verschiedenen Auflagen der Dias mit dem „doppelten Status“ von Original und Kopie kennzeichnen könnte. Die Komplexität der Problematik sowie Einschränkungen durch aktuell gültige Inventarisierungsstandards des Museums ermöglichten keine endgültige Lösung für diese Frage. Jedoch ist eine solche Fragestellung tatsächlich nicht definitiv lösbar

2 Ebd., S. 45.

Abb. 1 Typisches „Stemma Codicum“ in der Philologie

referred to as 'errors'. Such errors have the crucial function of revealing the interdependencies between original and witnesses – as well as among the various witnesses themselves. In this case, a genealogical tree in the form of a pyramid allows for the graphical depiction of the original's transmission history via the witnesses, known in philology as 'Stemma Codicum' (fig. 1). The Greek letters β and γ denote the various reconstructed copies (the hyparchetypes),[2] which can be traced back to the oldest reconstructable text α (the archetype). Thanks to this schematic representation, one can instantly recognise how the tradition of a text causes a whole spectrum of problems for the original versions and their copies. So is the classification of such texts, for example, facilitated by the distribution of witnesses from one original edition, at the same time complicated by the fact that every witness creates a different version of the text.

The diversity of the 'original texts', transmitted from an urtext with its differing versions, raises several questions: what are reliable criteria for the distinction of an entity in different duplicates? What, in this case, is the function of classifying different editions? What after all is the 'relation' between various versions of one source? Such questions surely also concern slides and their classification.

In media conservation duplicates become autonomous artworks

During documentation at the Hamburger Kunsthalle the question arose repeatedly of how one could label the different versions of slides with the 'dual status' of original and copy. The diversity of the problem, as well as restrictions due to the museum's currently applicable standards of inventory, made any definitive answer impossible. And such a question is indeed unresolvable without a paradigmatic shift in the consideration of slides as artworks sui generis. The fact that the sets of slides result from continuous duplication from an original, the copies and duplicates of which, however, rise to the status of an autonomous artwork when used in an exhibition and descend again into unusability after their fading through use, shows that the reproduction of a slide-based artwork is a significant part of the creative process. The importance of duplication, which proves to be not only a simple replication procedure of an archetype but also a creative and precise production process of further authentic artworks, is apparent in at least two examples. The first example is from the work *Car Wash* (2005) by Hilary Lloyd (b. 1964). As Tate conservator Tina Weidner notes in the work's record: 'Lloyd felt strongly that she would need to oversee the duplication process as her previous experience was in part troublesome because of her request to slightly enlarge the image so that the lighter exposed strip at the

2 Ibid., p. 45.

Fig. 1 Typical 'Stemma Codicum' in philology.

ohne einen Paradigmenwechsel in der Betrachtung der Dias als Kunstwerk sui generis. Die Tatsache, dass die Diasätze aus einem ständigen Duplizieren einer Vorlage entstehen, die Kopien und Duplikate aber im Moment ihres Gebrauchs im Rahmen einer Ausstellung zum Status eines selbstständigen Kunstwerks emporsteigen und nach ihrem Verblassen durch Verbrauch auch wieder zur Unbrauchbarkeit herabsteigen, zeigt, wie die Reproduktion eines Diakunstwerks ein erheblicher Teil des kreativen Prozesses ist. Die Wichtigkeit des Duplizierens, das sich nicht als einfacher Nachbildungsvorgang eines Urtypus, sondern als kreatives und präzises Herstellungsverfahren weiterer authentischer Kunstwerke erweist, ist zumindest in zwei Beispielen sichtbar. Das erste Beispiel stammt aus dem Werk *Car Wash* (2005) von Hilary Lloyd (geb. 1964). Wie die Restauratorin der Tate, Tina Weidner, im Protokoll des Werks anmerkt: „Lloyd war entschieden der Ansicht, dass sie den Duplizierungsprozess beaufsichtigen müsse, aufgrund ihrer früheren, zum Teil problematischen Erfahrungen. Diese waren darauf zurückzuführen, dass sie erbeten hatte, leicht in den Bildbereich hineinzuzoomen, damit der heller belichtete Streifen am unteren Rand im Duplikat nicht erkennbar wäre. Oftmals führte dies dazu, dass ein zu großer Teil des Bildbereichs abgeschnitten wurde, da der Zoomfaktor zu hoch eingestellt war, weil man sich nicht die Zeit genommen hatte, jeden Schnitt individuell anzupassen."[3]

Die Künstlerin, die nicht mit der vorherigen Duplizierung zufrieden war, wollte das Herstellungsverfahren der Duplikate persönlich verfolgen, um einige Fehler der vorherigen Duplikate korrigieren zu können. Man kann hier deutlich sehen, wie die Korrekturen „im Werden" durchgeführt wurden, genauso wie eine Handschrift in den weiteren Auflagen modifiziert sein kann, ohne dass das ursprüngliche Kunstwerk somit beeinträchtigt wäre.

Noch aussagekräftiger ist das Beispiel des Werks *Finding Chopin* (2008/2018) des britischen Künstlers Tris Vonna-Michell (geb. 1982) (Abb. 2). Wie im schwarzen Sechseck in der Mitte des Produktionsdiagramms zu sehen ist (Abb. 4), hat der Künstler zehn Jahre nach der Entstehung und dem Ankauf der Arbeit im Zuge einer Reinstallation während des Diakonservierungsprojekts sieben Dias ersetzt,[4] die aber das Werk modifiziert haben[5]. Tatsächlich ist durch die ersetzten Dias, die veränderte Inhalte einbringen, eine neue Fassung des Kunstwerks entstanden (Abb. 5 a, b). In diesem Fall wurde nicht durch Duplizierung, sondern durch die Veränderung des Künstlers ein neues

3 Download eines Fallbeispiels des Erwerbs und der Konservierung von Hilary Lloyd, *Car Wash* (pdf), https://www.tate.org.uk/about-us/projects/dying-technologies-end-35-mm-slide-transparencies/analogue-slide-duplication (aufgerufen am 26.2.2019).
4 Siehe Diaausrahmprotokoll vom 21.11.2017, Restaurierungsakte der Hamburger Kunsthalle.
5 Siehe Beitrag Sommermeyer und Van Haaften in dieser Publikation.

Abb. 2 Tris Vonna-Michell, *Finding Chopin*, 2008/2018, Detail der Ausstellungsansicht von 2009 mit Mittelformat-Diabetrachter (ganz rechts)

2

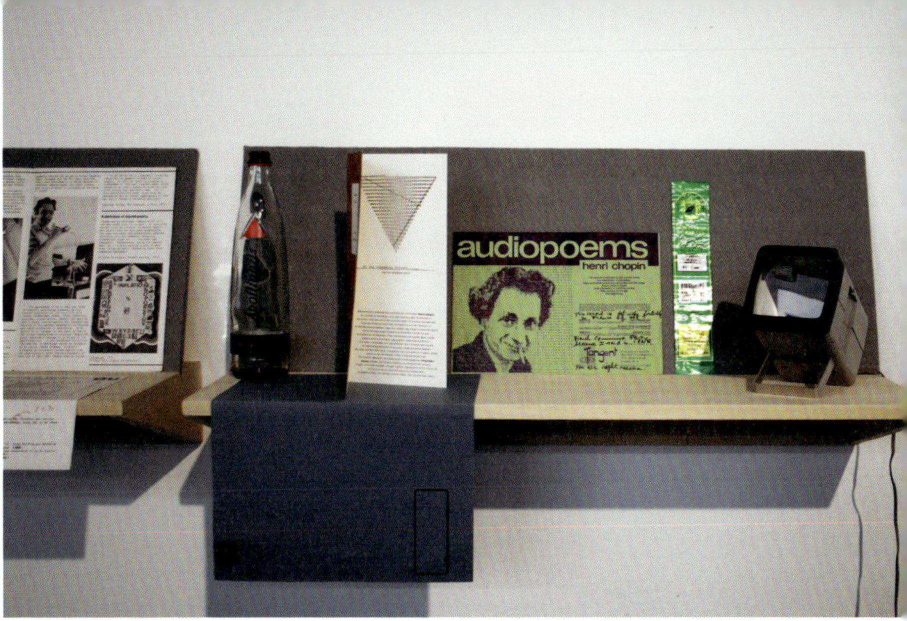

bottom edge would not be visible in the duplicate. This often resulted in a too large proportion of the image area being cropped as the zoom in factor was set too high, rather than taking the time to adjust each crop individually.'[3]

The artist, who hadn't been satisfied with the previous duplication, wanted to personally attend the production process of the duplicates, so that some of the errors of previous duplicates could be corrected. Here one can clearly see how the corrections are implemented 'in becoming', as with a manuscript that might be modified in additional versions without diminishing the original artwork.

Even more indicative is the example of the work *Finding Chopin* (2008/2018) by British artist Tris Vonna-Michell (b. 1982) (fig. 2). As can be seen in the black hexagon in the centre of the production diagram (fig. 4), the artist replaced seven slides in the course of reinstallation during the slide conservation project,[4] ten years after the creation and sale of the work, which however modified the work.[5] Due to the replaced slides, which contain modified visual content, a new

3 Download of a case study of acquiring and conserving Hilary Lloyd, *Car Wash* (PDF), https://www.tate.org.uk/about-us/projects/dying-technologies-end-35-mm-slide-transparencies/analogue-slide-duplication (accessed: 26.2.2019).
4 See slide condition report from 21.11.2017, conservation file of the Hamburger Kunsthalle.
5 See essay Sommermeyer and Van Haaften in this publication.

Fig. 2 Tris Vonna-Michell, *Finding Chopin*, 2008/2018, detail, installation view 2009 with medium-format slide viewer (at far right).

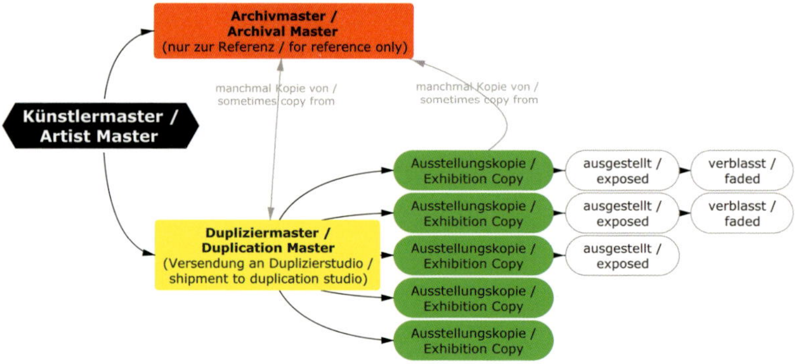

3

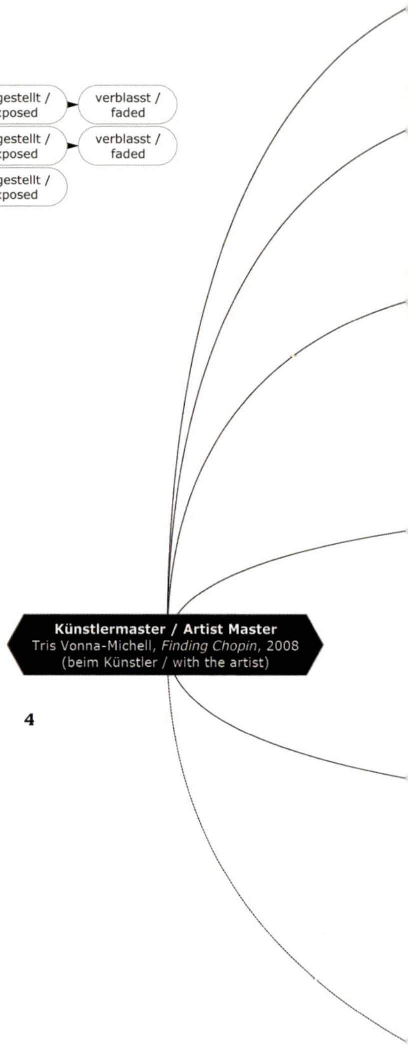

4

Abb. 3 Dokumentationsweise in der Medienkonservierung in Form eines Stammbaums: schematisches Produktionsdiagramm für ein diabasiertes Kunstwerk. (Erläuterungen hierzu siehe Beitrag Sommermeyer und Van Haaften in dieser Publikation)
Abb. 4 Tris Vonna-Michell, *Finding Chopin*, 2008/2018, Produktionsdiagramm. Die verschiedenen Projektionskanäle werden separat aufgeführt.

Fig. 3 Documentation used in media conservation in form of a genealogy tree: schematic production diagram of a slide-based artwork. (For further details see essay Sommermeyer and Van Haaften in this publication).
Fig. 4 Tris Vonna-Michell, *Finding Chopin*, 2008/2018, production diagram. The multiple channels are listed separately.

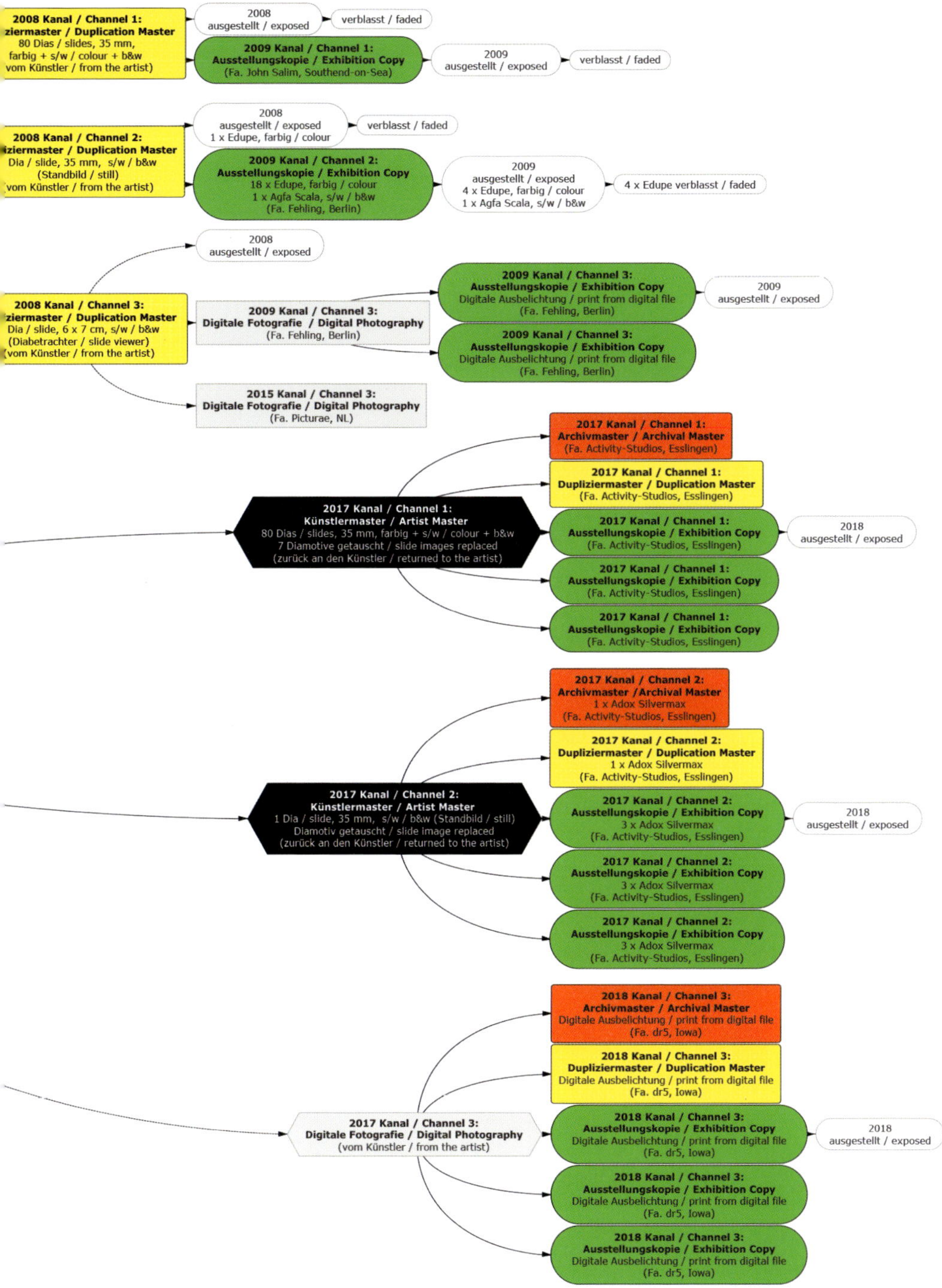
2008 Kanal / Channel 1:
ziermaster / Duplication Master
80 Dias / slides, 35 mm, farbig + s/w / colour + b&w
vom Künstler / from the artist)
2008 ausgestellt / exposed
verblasst / faded
2009 Kanal / Channel 1:
Ausstellungskopie / Exhibition Copy
(Fa. John Salim, Southend-on-Sea)
2009 ausgestellt / exposed
verblasst / faded
2008 Kanal / Channel 2:
iziermaster / Duplication Master
Dia / slide, 35 mm, s/w / b&w
(Standbild / still)
vom Künstler / from the artist)
2008 ausgestellt / exposed
1 x Edupe, farbig / colour
verblasst / faded
2009 Kanal / Channel 2:
Ausstellungskopie / Exhibition Copy
18 x Edupe, farbig / colour
1 x Agfa Scala, s/w / b&w
(Fa. Fehling, Berlin)
2009 ausgestellt / exposed
4 x Edupe, farbig / colour
1 x Agfa Scala, s/w / b&w
4 x Edupe verblasst / faded
2008 ausgestellt / exposed
2008 Kanal / Channel 3:
ziermaster / Duplication Master
Dia / slide, 6 x 7 cm, s/w / b&w
(Diabetrachter / slide viewer)
(vom Künstler / from the artist)
2009 Kanal / Channel 3:
Digitale Fotografie / Digital Photography
(Fa. Fehling, Berlin)
2009 Kanal / Channel 3:
Ausstellungskopie / Exhibition Copy
Digitale Ausbelichtung / print from digital file
(Fa. Fehling, Berlin)
2009 ausgestellt / exposed
2009 Kanal / Channel 3:
Ausstellungskopie / Exhibition Copy
Digitale Ausbelichtung / print from digital file
(Fa. Fehling, Berlin)
2015 Kanal / Channel 3:
Digitale Fotografie / Digital Photography
(Fa. Picturae, NL)
2017 Kanal / Channel 1:
Künstlermaster / Artist Master
80 Dias / slides, 35 mm, farbig + s/w / colour + b&w
7 Diamotive getauscht / slide images replaced
(zurück an den Künstler / returned to the artist)
2017 Kanal / Channel 1:
Archivmaster / Archival Master
(Fa. Activity-Studios, Esslingen)
2017 Kanal / Channel 1:
Dupliziermaster / Duplication Master
(Fa. Activity-Studios, Esslingen)
2017 Kanal / Channel 1:
Ausstellungskopie / Exhibition Copy
(Fa. Activity-Studios, Esslingen)
2018 ausgestellt / exposed
2017 Kanal / Channel 1:
Ausstellungskopie / Exhibition Copy
(Fa. Activity-Studios, Esslingen)
2017 Kanal / Channel 1:
Ausstellungskopie / Exhibition Copy
(Fa. Activity-Studios, Esslingen)
2017 Kanal / Channel 2:
Künstlermaster / Artist Master
1 Dia / slide, 35 mm, s/w / b&w (Standbild / still)
Diamotiv getauscht / slide image replaced
(zurück an den Künstler / returned to the artist)
2017 Kanal / Channel 2:
Archivmaster /Archival Master
1 x Adox Silvermax
(Fa. Activity-Studios, Esslingen)
2017 Kanal / Channel 2:
Dupliziermaster / Duplication Master
1 x Adox Silvermax
(Fa. Activity-Studios, Esslingen)
2017 Kanal / Channel 2:
Ausstellungskopie / Exhibition Copy
3 x Adox Silvermax
(Fa. Activity-Studios, Esslingen)
2018 ausgestellt / exposed
2017 Kanal / Channel 2:
Ausstellungskopie / Exhibition Copy
3 x Adox Silvermax
(Fa. Activity-Studios, Esslingen)
2017 Kanal / Channel 2:
Ausstellungskopie / Exhibition Copy
3 x Adox Silvermax
(Fa. Activity-Studios, Esslingen)
2017 Kanal / Channel 3:
Digitale Fotografie / Digital Photography
(vom Künstler / from the artist)
2018 Kanal / Channel 3:
Archivmaster / Archival Master
Digitale Ausbelichtung / print from digital file
(Fa. dr5, Iowa)
2018 Kanal / Channel 3:
Dupliziermaster / Duplication Master
Digitale Ausbelichtung / print from digital file
(Fa. dr5, Iowa)
2018 Kanal / Channel 3:
Ausstellungskopie / Exhibition Copy
Digitale Ausbelichtung / print from digital file
(Fa. dr5, Iowa)
2018 ausgestellt / exposed
2018 Kanal / Channel 3:
Ausstellungskopie / Exhibition Copy
Digitale Ausbelichtung / print from digital file
(Fa. dr5, Iowa)
2018 Kanal / Channel 3:
Ausstellungskopie / Exhibition Copy
Digitale Ausbelichtung / print from digital file
(Fa. dr5, Iowa)

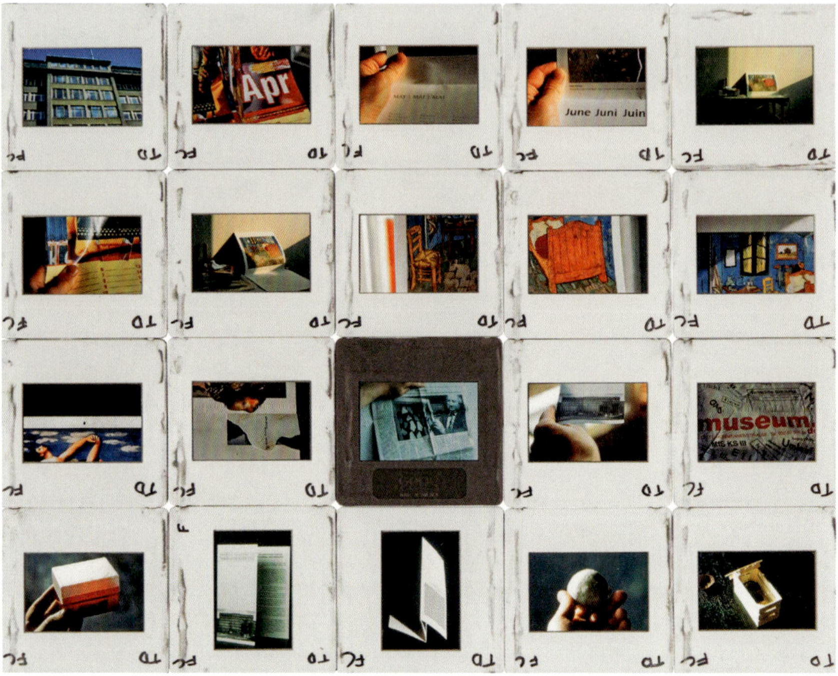

5 a

originales Kunstwerk erschaffen, das eine enge Verwandtschaft mit der ursprünglichen Vorlage von 2008 aufweist. Diese Tatsache hat auch die Klassifikation der Dias von Vonna-Michell derart erschwert, dass eine neue komplizierte Frage daraus folgte: Soll die neue Fassung als neues Künstleroriginal oder als Variante der schon vor zehn Jahren erhaltenen Dias betrachtet und dadurch inventarisiert werden? Eine solche Ambivalenz wohnt letztlich jedem System inne, das sich infolge des komplexen Klassifizierungsvorgangs bildet.

Verwandtschaftssysteme und Stammbäume in Naturwissenschaft und Kunsttheorie

Die Frage der Verwandtschaft spielt in den Naturwissenschaften schon lange eine Rolle. Bis zum 20. Jahrhundert (mit einem Höhepunkt im 18. Jahrhundert) versuchten die Wissenschaftler*innen, eine strukturierte Systematik der Natur zu etablieren, die unter dem Namen „Scala Naturae“ (Stufenleiter der Natur)[6] (Abb. 6) bekannt war.

6 Arthur O. Lovejoy, *The Great Chain of Being. A Study of the History of an Idea*, 22. Aufl., Cambridge (MA) 2001 (zuerst 1964).

Abb. 5 a, b Tris Vonna-Michell, *Finding Chopin*, 2008/2018, Dias 21–40 des Museummasters und des Künstlermasters. Die zwei ungerahmten Dias wurden vom Künstler ausgetauscht und zeigen neue Motive.

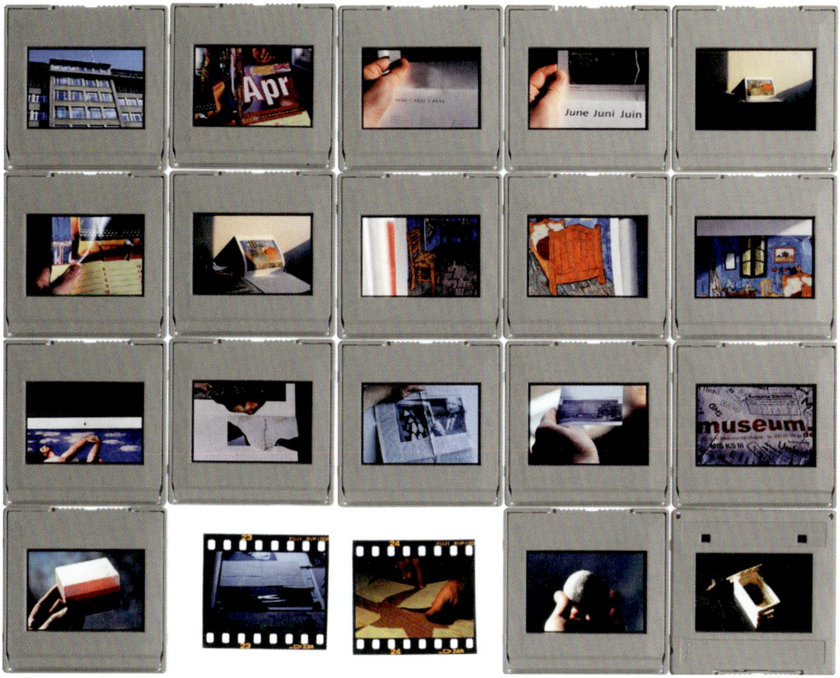

5 b

version of the artwork indeed evolved (figs. 5 a, b). In this case a new original artwork was created, not by duplication but through alteration by the artist, which exhibits close resemblance to the original artwork from 2008. This circumstance also made the classification of the Vonna-Michell slides difficult to such an extent that a new complicated question arose: should the new version be understood as a new artist's original or as a variant of the slides already obtained ten years ago, and consequently be inventoried? Such ambivalence is indeed inherent in every system that forms as a result of a complex classification process.

Kinship systems and genealogical trees in natural science and art theory

The question of kinship has long been known in natural science. Until the twentieth century (hitting a peak in the eighteenth century), scientists have tried to develop a structured view of nature, known as the 'Scala Naturae' (ladder of being)[6] (fig. 6). The aim was to create an order

6 Arthur O. Lovejoy, *The Great Chain of Being. A Study of the History of an Idea*, 22nd ed., Cambridge (MA) 2001 (1st ed. 1964).

Figs. 5 a, b Tris Vonna-Michell, *Finding Chopin*, 2008/2018, slides 21–40 of the museum master and artist master. The two unmounted slides were replaced by the artist and show new motifs.

Man versuchte, eine Abstufung des Kosmos in einer Hierarchie von Gruppen, Klassen, Stämmen und Untergattungen zu erstellen,[7] deren Verwandtschaften vollständig umrissen und geklärt sein sollten. Dieses System, das schon im 19. Jahrhundert durch die graduelle Anerkennung der darwinistischen Evolutionstheorie stark kritisiert und sogar parodiert wurde – man denke nur an die Figur des Dieners Conseil in Jules Vernes Roman *20.000 Meilen unter dem Meer*, der sein ganzes Wissen in einem fantasielosen Kontinuitätssystem von Verwandtschaften zwischen Tieren, Pflanzen und Mineralien gegliedert hatte –, war für viele Jahrhunderte Mittelpunkt der wissenschaftlichen Recherchen gewesen: Die schwierige Frage, an welcher Stelle in dem grenzenlosen kosmischen System eine Tier- oder Pflanzenart sowie eine Vielfalt an Mineralien und Steinen oder einfache Gegenstände anzuordnen sind, interessierte oftmals nicht nur die Natur-, sondern auch die Geisteswissenschaftler*innen.

Ein Beispiel, welches dieses Interesse auch in der Kunsttheorie belegt, könnte das Werk *Les Beaux Arts réduits à un même principe* (1747) von Charles Batteux sein. Der Essay ist hervorzuheben als einer der ersten organischen Versuche, ein System der Künste zu finden, in dem Verwandtschaften aus einem Urprinzip abzuleiten sind: die Mimesis der Wirklichkeit. Diese Theorie, von der man jahrhundertelang fest überzeugt war, wird heute in der westlichen Kultur meistens abgelehnt, da das Kunstwerk insgesamt als „offener Organismus" betrachtet wird, der, um, das mit Umberto Eco zu sagen, „auf tausend verschiedene Arten interpretiert werden [kann], ohne dass seine nicht nachvollziehbare Einmaligkeit davon angetastet würde".[8] Jedoch ist noch heute die Duplizierung und Reproduktion eines Kunstwerks aus einem Original ein weit diskutiertes Thema in der Kunsttheorie und Ästhetik.[9]

Sind Diakunstwerke gleichzeitig allographische wie auch autographische Kunstformen?

In der Restaurierungsethik wiesen bereits 2003 Bertrand Lavédrine und 2009 Pip

7 Annette Diekmann, *Klassifikations – System – „Scala Naturae". Das Ordnen der Objekte in Naturwissenschaft und Pharmazie zwischen 1700 und 1850*, Stuttgart 1992 (zugl. Diss. Uni Marburg).

8 Umberto Eco, *Das offene Kunstwerk*, übers. von Günter Memmert, 12. Aufl., Frankfurt am Main 2012 (ital. zuerst 1962), S. 30.

9 Siehe Michele Di Monte, „Fake", in: *International Lexicon of Aesthetics*, Frühjahr 2018; https://lexicon.mimesis-journals.com/archive/2018/spring/Fake.pdf, DOI:10.7413/18258630013 (aufgerufen am 26.2.2019).

10 Bertrand Lavédrine, *A Guide to the Preventive Conservation of Photograph Collections*, Getty Conservation Institute, Los Angeles 2003, und Pip Laurenson, „Authenticity, Change and Loss in the Conservation of Time-Based Media Installations, in: *Tate Papers*, Nr. 6, Herbst 2006, https://www.tate.org.uk/research/publications/tate-papers/06/authenticity-change-and-loss-conservation-of-time-based-media-installations (aufgerufen am 3.4.2019). Weitere Erwähnungen in diesem Bereich folgten.

Abb. 6 Diego de Valades, *Rhetorica Christiana*, Kupferstich, London, British Library

6 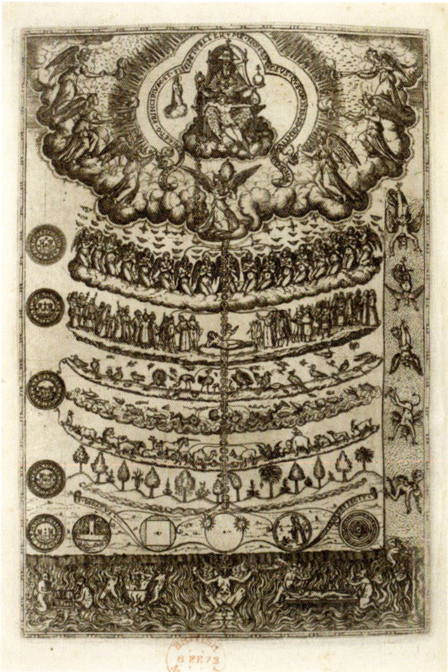

of the cosmos in a hierarchy of groups, classes, phyla and subgenera,[7] the kinship of which was to be completely outlined and clarified. This system, strongly criticised and even parodied as a result of the gradual recognition of Darwin's theory of evolution – one is reminded of the servant Conseil in Jules Verne's *20,000 Leagues Under the Sea*, who structured his entire knowledge in a prosaic system of continuity of relations between animals, plants and minerals – had been at the centre of scientific research for many centuries: the difficult question of where within the infinite cosmic system an animal or plant species ought be positioned, along with the plethora of minerals and rocks or simple objects, interested not only natural scientists but also scholars of the humanities.

One example that proves such interest also in art theory may be the work *Les Beaux Arts réduits à un même principe* (1747) by Charles Batteux. The essay is noteworthy as one of the first organic attempts to find a system of the arts, the kinship of which can be derived from one archetypal principal: the mimesis of reality. In Western culture today this centuries-long firm theoretical conviction is mostly dismissed, in that the artwork as a whole is considered an 'open product on account of its susceptibility to countless different interpretations which do not impinge on its unadulterable specificity', to use the words of Umberto Eco.[8] However, even today the duplication and reproduction of an artwork from an original is still a widely discussed issue in art theory and aesthetics.[9]

7 Annette Diekmann, *Klassifikations – System – 'Scala Naturae'. Das Ordnen der Objekte in Naturwissenschaft und Pharmazie zwischen 1700 und 1850*, Stuttgart 1992 (also PhD diss., Marburg University).

8 Umberto Eco, *The Open Work*, trans. Anna Cancogni, Cambridge (1st Italian ed. 1962), p. 4.

9 See Michele Di Monte, 'Fake', in: *International Lexicon of Aesthetics*, Spring 2018; https://lexicon.mimesisjournals.com/archive/2018/spring/Fake.pdf, DOI:10.7413/18258630013 (accessed: 26.2.2019).

Fig. 6 Diego de Valades, *Rhetorica Christiana*, copperplate print, British Library.

Laurenson auf Nelson Goodman hin.[10] Goodman (1906–1998) bemerkte in seinem Werk *Languages of Art* (1968), wie man auf große Schwierigkeiten stößt, wenn man versucht, eine klare Unterscheidung zwischen einer Vorlage und ihrer Wiedergabe oder ihrem Duplikat sowie zwischen den verschiedenen Arten von Reproduktionen zu finden. Hervorzuheben ist, dass Goodman eine klare Unterscheidung zwischen Kunst als „autographic" und als „allographic" vornimmt.[11] Die erste Form (autographisch) liegt vor, wenn es einen großen und bedeutenden Unterschied zwischen der Vorlage und ihrer Nachahmung gibt[12] – genauso wie der Unterschied, den es zwischen einem Gemälde und seiner Fälschung geben kann. Die zweite Form (allographisch) betrifft hauptsächlich Kunstformen wie die Musik, die wieder und wieder interpretiert werden können, wie in dem Fall einer Sonate, die sich im Lauf von verschiedenen Aufführungen und je nach durchführenden Musikern ändert, auch wenn das Ausgangsstück strukturell immer gleich bleibt. Um wieder an die Diakunstwerke anzuknüpfen, erweist sich die Frage als deutlich nuancierter als das, was mit der Terminologie Goodmans umfasst werden kann: Wie sollte man sich nämlich der Problematik annähern, dass Diapositive gleichzeitig sowohl vollendete Kunstwerke als auch modifizierbare Formen sind, wenn sie reproduziert werden? Tatsächlich verschwindet eine während des kreativen Prozesses erfolgte Korrektur in einem Gemälde oder einer Skulptur normalerweise mit der endgültigen Fassung des Werks, welche letztendlich verkauft oder ausgestellt wird. Insofern erweisen sich Diakustwerke als noch mobiler als Malerei oder Skulpturen, da sie ständig in Bewegung und reproduzierbar sind beziehungsweise dupliziert werden müssen, um immer wieder projiziert und als Kunstwerk betrachtet werden zu können. Verbesserungen, Korrekturen oder Veränderungen können dabei während der Duplizierung durch die Künstler*innen entstehen, die im besten Fall auch später noch Zugang zum Duplizierungsvorgang haben können (wie die oben erwähnten Beispiele von Lloyd und Vonna-Michell zeigen), oder durch Restaurator*innen respektive andere Beteiligte. Das aber ändert keineswegs den Wert des Diakunstwerks, sowohl in seinen ersten ursprünglichen Phasen (die Vorlage und die ersten Reproduktionen, die in der Regel von Künstler*innen durchgeführt oder autorisiert werden) als auch in den späteren Phasen (je nach Kontext und Kunstwerk können Korrekturen durch Künstler*innen in allen Phasen stattfinden). Diese doppelte Natur des Kunstwerks erinnert an Fragen, die auch in der Philologie bereits lange diskutiert werden.

Die „Kritik der Varianten" des Philologen Gianfranco Contini

In seinem Essay *Come lavorava l'Ariosto* (Wie Ariost arbeitete, 1939)[13] griff der

11 Nelson Goodman, *Languages of Art. An Approach to a Theory of Symbols*, 2. Aufl., London 1969, S. 99–123.
12 Ebd., S. 113. Im Original: „[...] if and only if the distinction between original and forgery of it is significant".
13 Gianfranco Contini, „Come lavorava l'Ariosto", in: Ders., *Esercizi di lettura*, Turin 1974, S. 232–241.

Are slide-based artworks simultaneously allographic as well as autographic art forms?

In conservation ethics, Bertrand Lavédrine and Pip Laurenson already referred to Nelson Goodman in 2003 and in 2009 respectively.[10] Goodman (1906–1998) noted in his work *Languages of Art* (1968) how one encounters great difficulties when trying to make a precise distinction between an original and its reproduction or its duplicate as well as between the different types of reproductions. It is remarkable that Goodman speaks of a significant difference between art as 'autographic' and 'allographic'.[11] The first form (autographic) exists only when there is a major and meaningful difference between original and copy[12] – just like the difference that might exist between a painting and its forgery. The second form (allographic) mostly concerns art forms such as music, that can be interpreted again and again, like a sonata that changes in the course of various recitals and depending on the respective performing musicians, even though structurally the original piece remains the same. To come back to slide-based artworks, the question proves to be considerably more nuanced than can be comprehended using Goodman's terminology: how, actually, should one approach the problem that slides are simultaneously finished artworks as well as modifiable forms when being reproduced? Even if a correction is made in a painting or sculpture during the creative process, it usually disappears with the final version of the work that eventually is sold and exhibited. Thereby slide-based artworks prove to be even more mobile than painting or sculpture because they are continuously in motion and reproducible, or rather have to be duplicated in order to ensure that they can be repeatedly projected and experienced as an artwork. Improvements, corrections or changes can be made during the duplication process either by the artist, who at best can have access to the process later on (as with the above-mentioned examples of Lloyd and Vonna-Michell), or by conservators or others involved. This by no means changes the value of the slide-based artwork, neither in its initial stages (the original and the first reproductions, which generally are executed or authorised by the artist) nor in its later stages (depending on context

10 Bertrand Lavédrine, *A Guide to the Preventive Conservation of Photograph Collections*, Getty Conservation Institute, Los Angeles 2003 and Pip Laurenson, 'Authenticity, Change and Loss in the Conservation of Time-Based Media Installations', in *Tate Papers* 6 (Autumn 2006); https://www.tate.org.uk/research/publications/tate-papers/06/authenticity-change-and-loss-conservation-of-time-based-media-installations (accessed: 3.04.2019). Further mentions of this matter followed.

11 Nelson Goodman, *Languages of Art. An Approach to a Theory of Symbols*, 2nd ed., London 1969, pp. 99–123.

12 Ibid., p. 113: 'if and only if the distinction between original and forgery of it is significant'.

italienische Philologe Gianfranco Contini (1912–1990) als Erster die sogenannte Kritik der Varianten („Critica delle Varianti") auf. Dieser Zweig der Philologie befasst sich mit den verschiedenen aus einem Original entstandenen Varianten, die sich durch unterschiedliche Bearbeitungen und Veränderungen einer ersten Fassung erschließen, doch gleichzeitig modifiziert werden. In seinem Beitrag wirft Contini die Frage auf, was für eine Bedeutung die korrigierten Handschriften für die Rezeption eines Werks haben können und wie man mit den verschiedenen Varianten eines Texts umgehen sollte, die ganz unterschiedliche und oftmals widersprüchliche Interpretationen des Werks eines Autors erlauben. Contini nimmt als Beispiel einige Stanzen aus verschiedenen Auflagen und Handschriften des Gedichts *Orlando Furioso* (*Der Rasende Roland*, 1516) von Ludovico Ariosto (1474–1533) und fokussiert vornehmlich ein Detail: die Darstellung der Arkebuse im Gedicht. Ariost hatte Sorge, diese Waffe, die ihre Existenz der Einführung des Schießpulvers im Kampf verdankt, könnte zum Niedergang der gesamten höfischen Kultur führen (was sich tatsächlich bewahrheitete). Die Beschreibung der Arkebuse, die in den ursprünglichen Versionen des Texts mit angespannter Genauigkeit erfolgte, wird in den folgenden Handschriften und Versionen gedämpft und etwas mysteriös ausgestaltet, um die Atmosphäre der Stanze mit dunklen Vorzeichen aufzuladen:[14] Das lässt letztlich zwei ganz verschiedene Versionen von Ariosts Gedicht in Betracht ziehen. Laut Contini ermöglicht diese dynamische Betrachtung eines Kunstwerks („modo dinamico"), dieses nicht als statischen Organismus, sondern als ein ständiges Werden („in fieri") zu fassen: Das Kunstwerk zeigt seinen inneren Entwicklungsprozess, der in einem flexiblen Rüstzeug aus Abänderungen besteht. Interessant ist, dass Contini solche Korrekturen mit den Überarbeitungen eines Malers vergleicht („come dei pentimenti e dei rifacimenti d'un pittore"), was auf eine pädagogische Betrachtung der Kunst („considerazione pedagogica dell'arte") verweist.[15] Eine solche neue Auffassung des Kunstwerks zeigt den Entwicklungsprozess von Korrekturen, Abweichungen und Unsicherheiten, deren Wichtigkeit in der Kunstgeschichte mit der Zeit immer stärker akzentuiert wurde. Im Vergleich zu den Diakunstwerken bleiben diese Korrekturen aber am Ende nicht als eigene Versionen des Werks bestehen. Der Kunstpsychologe Rudolf Arnheim merkt in seinem Essay *The Genesis of a Painting: Picasso's Guernica* (1962) hierzu an: „Die Verbindung von Wachstum und Ausführung im kreativen Prozess führt dann zu einer Prozedur, die sich nicht als die fortlaufende Ausarbeitung von Fragmenten oder Abschnitten beschreiben lässt, sondern in der Teilgrößen ausgearbeitet werden, die dialektisch aufeinander wirken. Ein Zusammenspiel von Interferenzen, Modifikationen, Restriktionen und Kompensationen führt allmählich zur Einheit und Komplexität der Gesamtkomposition. Aus diesem Grund kann sich das Kunstwerk nicht direkt, gleichsam wie ein

14 Ebd., S. 236.
15 Ebd., S. 233–234.

and artwork, corrections can be made by the artist during all stages). This dual nature of the artwork evokes questions that have long been discussed in philology.

The 'critique of variants' of philologist Gianfranco Contini

In his 1939 essay 'Come lavorava l'Ariosto' (How Ariosto Worked),[13] the Italian philologist Gianfranco Contini (1912–1990) was the first to address the so-called critique of variants ('Critica delle Varianti'). This branch of philology deals with the different variants stemming from one original, which can be extrapolated through various adaptations and changes from the first version, but which are modified at the same time. In his contribution Contini raises the question of what meaning the corrected manuscripts could have for the reception of a work and how one should treat the different variants of a text which allow very different and often contradictory interpretations of an author's work. Contini takes as an example several octaves from different editions and manuscripts of the poem 'Orlando Furioso' (The Frenzy of Orlando, 1516) by Ludovico Ariosto (1474–1533) and focuses mainly on one detail: the portrayal of the arquebus in the poem. The weapon alarmed Ariosto as the whole courtly culture was at risk of falling apart as a result of the introduction of gunpowder into battle (as it actually happened). The description of the arquebus, made with intent accuracy in the initial versions of the text, is in later manuscripts and versions attenuated and kept somewhat mysterious in order to charge the atmosphere of the octave with dark omens:[14] this in the end allows for two completely different versions of Ariosto's poem. According to Contini this dynamic approach of an artwork ('modo dinamico') makes it possible to conceive it not as a static organism but rather as a continual becoming ('in fieri'): the artwork reveals its inner development consisting of a flexible armour of modifications.

It is interesting that Contini compares such corrections to the revisions of a painter ('come dei pentimenti e dei rifacimenti d'un pittore') alluding to a pedagogical view of art ('considerazione pedagogica dell'arte').[15] Such a new understanding of artworks reveals the development process of corrections, variances and uncertainties, the importance of which in art history has become more and more accentuated over time. Compared to slide-based artworks, though, these corrections do not persist as autonomous versions of the work. Hereto the art psychologist Rudolf Arnheim notes in his 1962 publication *The Genesis of a Painting: Picasso's Guernica*: 'The combination of growth and execution in the creative process leads, then, to a procedure which cannot be

13 Gianfranco Contini, 'Come lavorava l'Ariosto', in: *Esercizi di lettura*, Turin 1974, pp. 232–241.
14 Ibid., p. 236.
15 Ibid., pp. 233–234.

Organismus aus seinem Samen, entfalten, sondern muss aus etwas erwachsen, das wie unberechenbare Sprünge wirkt, vor und zurück, vom Ganzen ins Teilstück und umgekehrt."[16]

So wird man eher der „In-Bewegung-Kritik" („Critica dinamica") von Contini folgen, wenn es darum geht, in Zukunft Diakunstwerke und deren Duplikate mit all ihren Facetten der Korrekturen und Überarbeitungen zu untersuchen. Wie Contini 1947 in einem Brief an den Schriftsteller Giuseppe de Robertis über die Änderungen in den Handschriften des Dichters Giacomo Leopardi (1798–1837) bemerkte,[17] wird eine solche experimentelle Forschungsmethode in sich immer etwas Unvollendetes behalten, kann aber infolgedessen positive Ergebnisse hervorbringen. Mit starker Vorstellungskraft vergleicht Contini diese scheinbare Unvollkommenheit der Variantenkritik mit „hervorstehenden Verzahnungssteinen einer nackten Wand" („pietra d'addentellato sporgente [...] [di] quei muri nudi"), die oftmals in der Tektonik von alten italienischen Gebäuden zu sehen sind und deren Verzahnung mit einem angrenzenden Gebäude wie ein tragendes Gerüst („che dalle nuove costruzioni postula già il proseguimento") zu verstehen ist.[18] Ein solch interessanter Vergleich könnte auch für die Diakunstwerke sehr geeignet sein: Die künstlerische Technik erfordert Vervielfältigung, und dies impliziert unausweichlich Veränderungen, sei es durch Künstler*innen, die Korrekturen am Werk vornehmen, oder durch Restaurator*innen, die nach Alternativen für obsolete Materialtechnik suchen. Diese Vielfalt an Ergebnissen erzeugt dabei hoffentlich ein stabilisierendes Gerüst aus einer engen Zusammenarbeit zwischen Kunst, Technik und Konservierung. Die Dokumentationsform des Stammbaums wird hier, wie auch bereits in den anderen Wissenschaften, eine wesentliche und Übersicht verschaffende Hilfe bieten.

Hiermit soll dieser kurze Exkurs aus der Medienkonservierung in die Philologie und Kunsttheorie enden. Die Dias befinden sich an einer Schnittstelle zwischen Fotografie und Film, Standbild und Bewegung, und sie stellen dadurch eine Herausforderung nicht nur für Restaurator*innen, sondern auch für Kunstwissenschaftler*innen dar. Das ist sicher noch ein weiterer Grund, um der analogen Diatechnik und ihrer künstlerischen Produkte ein langes Leben vorauszusagen.

16 Rudolf Arnheim, *The Genesis of a Painting. Picasso's Guernica*, Berkeley/Los Angeles 1973, S. 131–132.
17 Gianfranco Contini, „Implicazioni leopardiane", in: Ders., *Varianti e altra linguistica. Una raccolta di saggi (1938–1968)*, Turin 1970, S. 41–52.
18 Ebd., S. 52.

described as the successive elaboration of fragments or sections but which works out partial entities, acting upon each other dialectically. An interplay of interferences, modifications, restrictions, and compensations leads gradually to the unity and complexity of the total composition. Therefore, the work of art cannot unfold straightforwardly from its seed, like an organism, but must grow in what looks like erratic leaps, forward and backward, from the whole to the part and vice versa'.[16]

Thus in the future one would rather follow Contini's 'in-motion-critique' (*Critica dinamica*) when examining slide-based artworks and their duplicates with all the facets of their corrections and revisions. As Contini wrote in a letter in 1947 to the writer Giuseppe de Robertis, describing changes in the manuscripts of the poet Giacomo Leopardi (1798–1837),[17] such an experimental research method will always remain incomplete but can consequently produce positive results. With great imagination Contini compares this apparent incompleteness of the critique of variants to 'protruding interlocking stones on a naked wall' ('pietra d'addentellato sporgente [...] [di] quei muri nudi'), often seen in the tectonics of old Italian buildings; their interlocking with an adjacent building can be understood as a support structure.[18] Such an interesting comparison could also be very suitable for slide-based artworks: the artistic technique requires reproduction and this inevitably implies changes, be it by the artists who make changes in the work, or by conservators who look for compromises for obsolete material technology. Hopefully this variety of results generates a stabilising framework of close cooperations between art, technology and conservation. In this, the genealogy tree as a form of documentation can offer essential help in providing an overview, as it already does in other sciences.

Herewith ends this short excursion into media conservation, philology and art theory. Slides are situated at an intersection between photography and film, still image and motion, and hence pose a challenge not only for conservators but also for art historians. This is certainly another reason to anticipate a long life for analogue slide technology and its artistic products.

16 Rudolf Arnheim, *The Genesis of a Painting. Picasso's Guernica*, Berkeley/Los Angeles 1973, pp. 131–132.
17 Gianfranco Contini, 'Implicazioni leopardiane', in: *Varianti e altra linguistica. Una raccolta di saggi (1938–1968)*, Turin 1970, pp. 41–52.
18 Ibid., p. 52.

Technischer Anhang

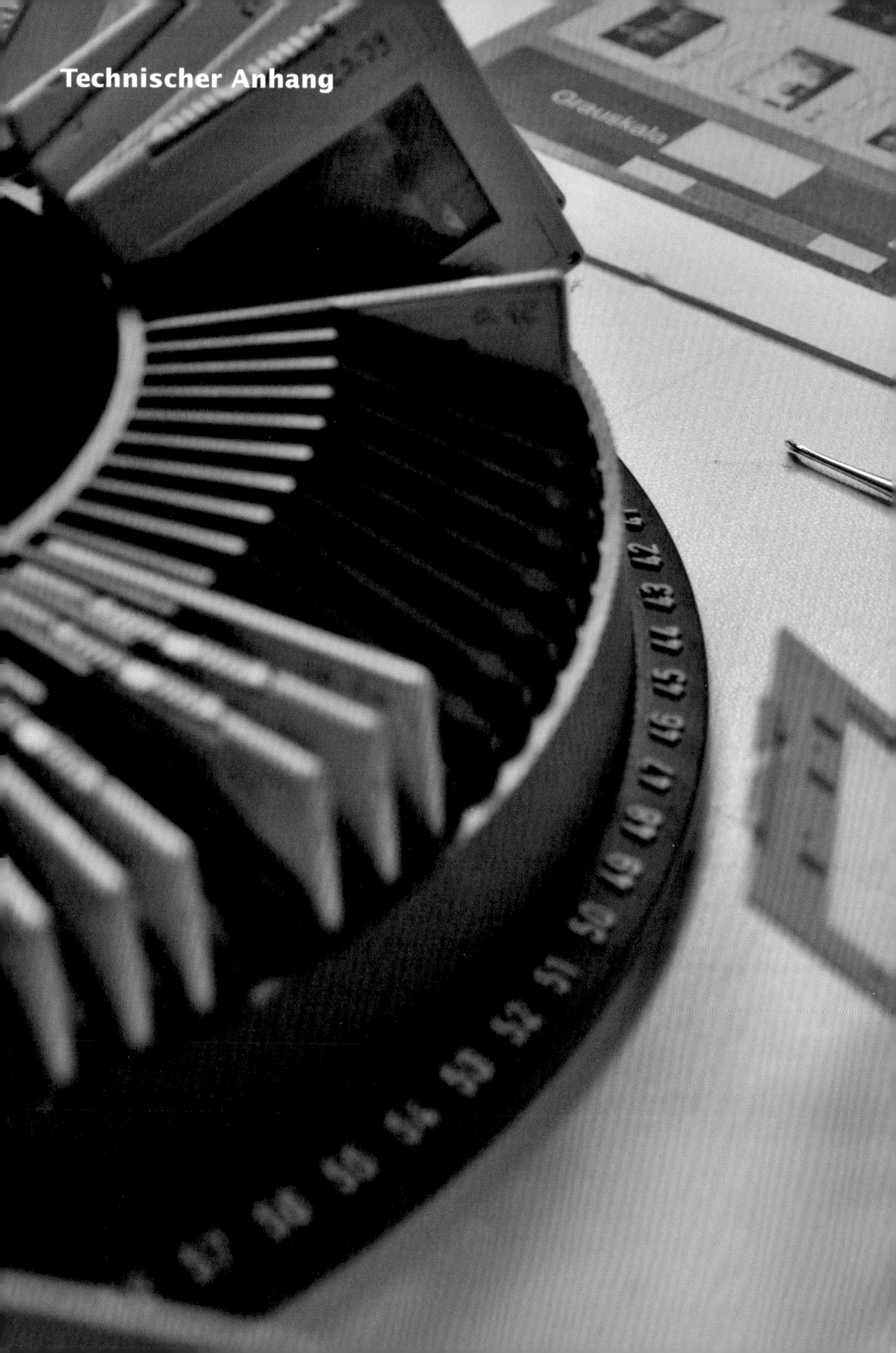

Technical Appendix

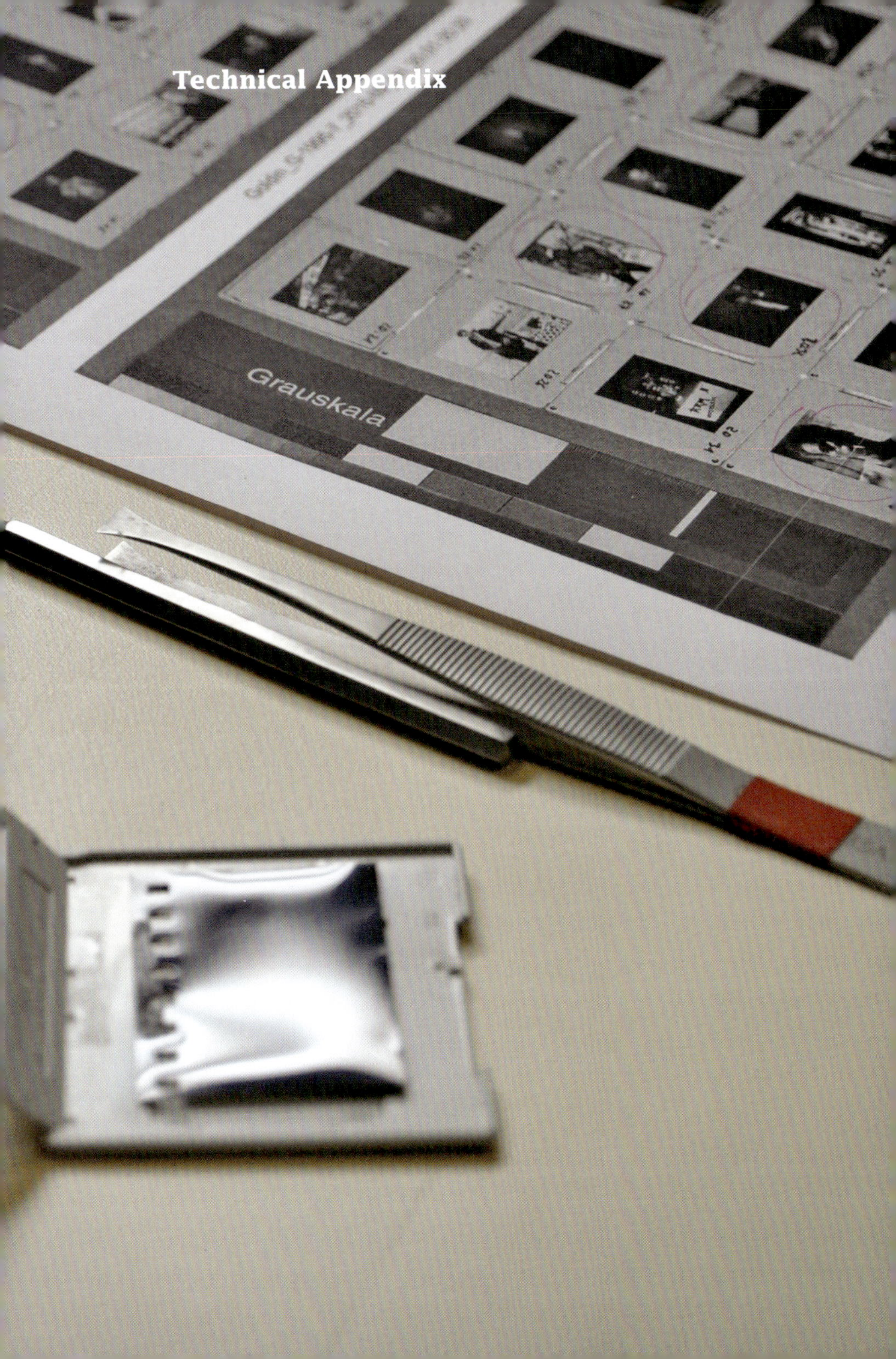

Workflows in der Diakonservierung

Diakonservierung an der Hamburger Kunsthalle

1 – Dokumentation

Prüfen der Diaqualität

Dokumentieren des Materials, der Herstellung, des Zustands

Recherchieren anderer verfügbarer Editionen für mögliche Kooperationen

Fotografieren der gerahmten Dias

Kontaktaufnahme mit Galerie oder Künstler*innen für offene Fragen

2 – Digitalisierung

Ausrahmen der Dias, Eintüten in Polyesterhüllen

Transport der Dias zur Digitalisierungsfirma

1. Scan: Dia ohne Perforation (für Projektionszwecke, sollte staubfrei sein, randlos beschnitten, als TIFF und JPG)

2. Scan: das vollformatige Dia inkl. der Perforation (zwangsläufig etwas staubig, für Dokumentationszwecke, als TIFF und JPG)

Erstellung einer Liste aller individueller Dateinamen

Qualitätskontrolle aller Dateien während der Nachbearbeitung vor Ort

Rücktransport ins Museum oder direkt zum Duplizierstudio

Senden der Dateien an das Museum (z. B. auf Festplatte) und speichern entsprechend der Sicherheitsstandards

Vergleich der digitalen Dateien am Bildschirm mit analogen Vorlagedias am Leuchttisch

Strenge Begleitung durch Restaurator*in erforderlich!

3 – Duplizierung

Tests erstellen und Ergebnisse und Möglichkeiten mit Künstler*innen austauschen

Bestellen so vieler Duplikatsätze wie möglich (kostengünstiger, weniger Bewegung des Originals, weniger Beschädigungsrisiko)

Entscheiden für Duplizierfilm, Diarahmen, Dianummerierung, Verpackung

Rücktransport ins Museum

Vergleich von Duplikaten mit Vorlagedias auf dem Leuchttisch und in der Projektion

Archivierung von Vorlage und Duplikat in Gefrierlagerung oder Kaltlagerung

Begleitung und Qualitätskontrolle in Zusammenarbeit mit Restaurator*in

Workflows in Slide Conservation

Slide conservation at the Hamburger Kunsthalle

1 – Documentation

Check quality of slides

Document material, production and condition details

Check availability of other editions for possible cooperation

Photograph mounted slides

Contact gallery or artist for remaining questions

2 – Digitisation

Unmount slides into polyester pockets

Transport slides to digitisation company

Scan 1: slide without sprockets (for projection purposes, must be dust-free, clean-cropped and saved as TIFF and JPG)

Scan 2: full slide including sprockets (unavoidably dusty, for documentation purposes, saved as TIFF and JPG)

Make a list of all individual file names

Check all files during post-production onsite

Transport back to museum or directly to duplication lab

Send files to museum (e.g. hard drive) and save according to security standards

Compare digital files on monitor with analogue master slides on lightbox

Close supervision by conservator is essential!

3 – Duplication

Make tests and share options and results with artist

Order as many duplication sets as possible (cheaper, less movement of original, less risk of damage)

Decide on duplicating film, mounts, slide numbering, packaging

Transport back to museum

Compare duplicates with master slides on lightbox and in projection

Archive master and duplicates in sub-zero or cold storage

In collaboration with conservator

Nützliche Informationen zur Auslagerung von Digitalisierung und Duplizierung von Dias

Alle Dias, die zur Digitalisierung oder Duplizierung versendet werden, müssen zunächst fotografisch und schriftlich dokumentiert werden. Dies sollte auch unbedingt eine Untersuchung zur richtigen Ausrichtung des Films im Diarahmen und zur eventuell seitenverkehrten Darstellung beinhalten. Um die richtige Ausrichtung oder Spiegelung zu identifizieren, kann ein Vergleich der Darstellung mit anderen Editionen, Publikationen oder gedruckten Fotografien stattfinden. Zudem finden sich oft Buchstaben oder Textteile auf Gegenständen im Bild, oder aber die festgehaltene Person ist beim Trinken oder Rauchen als Rechts- beziehungsweise Links-händer*in bekannt oder trägt zum Beispiel einen Ehering. Beim Ausrahmen lassen sich weitere Beobachtungen am Perforationsrand ablesen, wie seitenverkehrter Film oder Informationen zu verschiedenen Filmarten (siehe Beitrag Pietsch und Fernandes: Abb. 6, S. 78).

Bisweilen ist eine Reinigung der Dias nötig, wenn zum Beispiel Rückstände von Tesafilm oder Diarahmenklebstoff vorhanden sind, wie er beispielsweise bei der Rahmung mit Quickpoint zum Einsatz kommt. Die Reinigung kann an der Perforation des Diafilms erfolgen, ohne Kontakt zur Emulsionsschicht, unter Einsatz eines schnell verdunstenden, aromatenfreien Benzins. Jedes einzelne Dia wird dann in die Tasche einer Polyesterhülle gesteckt und in einen säurefreien Ringmappenkarton untergebracht. Jedes einzelne Dia kann dabei zusätzlich in PAT-zertifiziertes Papier gewickelt werden, um das mögliche Kondensationsrisiko zu minimieren und die Dias vor Kratzern und schädlichen Abbauprodukten zu schützen (siehe Beitrag Pietsch und Fernandes: S. 84). Die originale Reihenfolge und Nummerierung der Dias sollte auf dem Taschenetikett vermerkt werden. Das Hantieren mit den Dias sollte auf das Nötigste beschränkt werden, um Kratzer oder irrtümliches Spiegeln des Diafilms zu verhindern. Die nun leeren Diarahmen werden ebenfalls in Polyesterhüllen archiviert und gleichermaßen beschriftet. Beim Transport zur Duplizierungs- oder Digitalisierungsfirma werden die Dias entsprechend den fotografischen Standards verpackt, während die leeren Rahmen die Dias zu Referenzzwecken begleiten. Es ist hilfreich, bereits leere Kartonboxen mit beschrifteten Polyesterhüllen für die Duplikate vorzubereiten und mitzuschicken, da diese dann entsprechend der Museumsstandards verpackt zurückgeschickt werden können. Dies spart eine zweite Umlagerung eines jeden Dias nach der Ankunft.

Allen Werken sollte bei der Reise eine Kopie der Dokumentationsfotografien der Dias in ihren Originalrahmen beigelegt werden. Es hat sich als nützlich erwiesen, die fotografische Dokumentation auf einem Leuchttisch durchzuführen, und dabei die Dias gleichermaßen so zu gruppieren, wie sie in den Polyesterhüllen reisen oder archiviert werden (siehe Beitrag Pietsch und Fernandes: Abb. 10, S. 84, und Beitrag Haidvogl: Abb. 2 b, S. 95)

Die Systeme der Eingangsinventarisierung variieren je nach Museumsbestimmungen. Institutionen müssen deshalb ihre eigene Inventarisierungsmethode für Dias finden, ähnlich wie (beispielsweise) für zeitbasierte Medienkunstwerke. Für einen guten Workflowüberblick empfiehlt es sich, nicht nur jedem diabasierten Kunstwerk eine Inventarnummer zuzuweisen, sondern auch eine zusätzliche Erweiterungsnummer für jeden Satz von Duplikaten, jedes Karussell und jedes Dia. Bei der Digitalisierung wird von jedem Dia eine hochauflösende und eine niedrigauflösende digitale Kopie angefertigt. Auch jede digitale Datei benötigt eine identifizierende Bezeichnung, inklusive der spezifischen Inventarnummer, die dem Originaldia entspricht. Aus diesem Grund muss ein System individueller Namen für alle digitalen Dateien entwickelt werden. Eine Liste aller Dateinamen sollte sorgfältig vorbereitet und zu Beginn des Projekts mit der Digitalisierungsfirma besprochen werden.

Je nach Projektkontext kann die Lagerung der Dias entweder bei Gefriertemperatur erfolgen, wie in Hamburg oder der Tate, oder in Kaltlagerung, wie in Rotterdam.

Useful information for outsourcing of digitisation and duplication of slides

All slides sent out for digitisation or duplication will need photographic and written documentation first. This should include research regarding the correct orientation of the film in the mount and a possible mirroring of images explicitly. To identify the correct orientation or mirroring, a comparison of the images with those in other editions, publications or photographs can be made. One may also find characters or text written on objects within the picture, or the photographed person may be known to be right- or left-handed when drinking or holding a cigarette, or may be wearing a wedding ring, for example. Upon unmounting, further observations can be made at the perforation edge, such as mirrored film, or information about various film types (see essay Pietsch and Fernandes, fig. 6, p. 78).

Sometimes, cleaning of the slides is necessary, when residues from Sellotape or slide mount adhesive are present, as used, for example, in the Quickpoint mounting system. Cleaning may be carried out at the perforation of the slide film, without contacting the emulsion layer, using a fast evaporating mineral spirit with no aromatic compounds. Each single slide is then fitted into a pocket of a polyester binder page and stored in an acid-free ring binder box. Each slide may additionally be wrapped in PAT certified paper beforehand to avoid any possible risk of condensation, and to protect the slides from scratches and harmful degradation products (see essay Pietsch and Fernandes in this publication, p. 85). The original sequence and number of the slides should be transferred onto the pocket label. Handling should be reduced to the mandatory to prevent scratches and mistaken mirroring of the slide film. The now empty mounts are also stored in polyester binder pockets and similarly labelled. When shipped to the duplication or digitisation company, the slides are packed according to photographic standards, while the empty mounts accompany the slides for reference. Preparing and additionally sending empty cardboard boxes with labelled polyester binder pockets for the duplicates is helpful, as they can be returned already packed according to the museum's standard. This saves a second transfer of each slide after arrival.

All works should travel with a copy of the documentation photographs of the slides in their original mounts. It has proven useful to carry out the photographic documentation of the slides on a lightbox, grouped in the same way as they are in the binder pockets they travel in or may be stored in (see essay Pietsch and Fernandes in this publication, fig. 10, p. 84 and essay Haidvogl, fig. 2 b, p. 95).

According to the regulations of each institution, systems for accession numbering varies. Therefore, institutions must find their own numbering methods for slides, similar to (for example) time-based media artworks. For a good workflow overview, it is recommended to not only provide an individual accession number for each slide-based artwork but also an additional extension number for each set of duplicates, each carousel and each slide. Upon digitisation each slide obtains its high- and low-resolution digital copy. Likewise, each digital file needs an identifying name, including the specific accession number corresponding with the original slide. Therefore, a system of individual names for all the digital files has to be developed. Lists of file names should be thoroughly prepared and discussed with the digitisation company at the outset of the project.

Depending on the project context the storage facilities for slides can be contained either at sub-zero temperatures, as in Hamburg or at Tate, or in cold storage, as in Rotterdam.

Ed van der Elskens Farbdias. Massenbehandlungsworkflow des Restaurierungsprojekts am Nederlands Fotomuseum

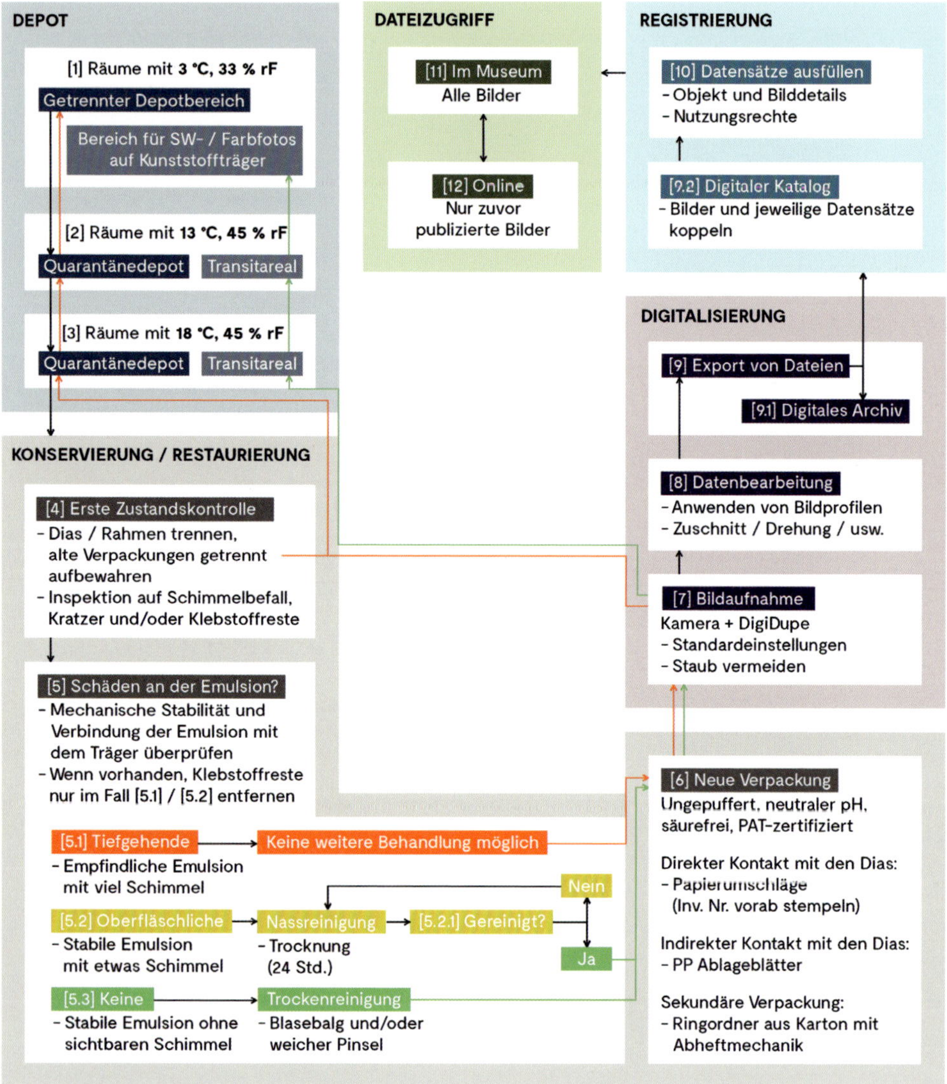

[2] - Akklimatisierung für 24 Std. auf 13 °C, [3] - Akklimatisierung für 24 Std. auf 18 °C

Ed van der Elsken's Colour Slides. Mass Treatment Restoration Project Workflow of the Nederlands Fotomuseum

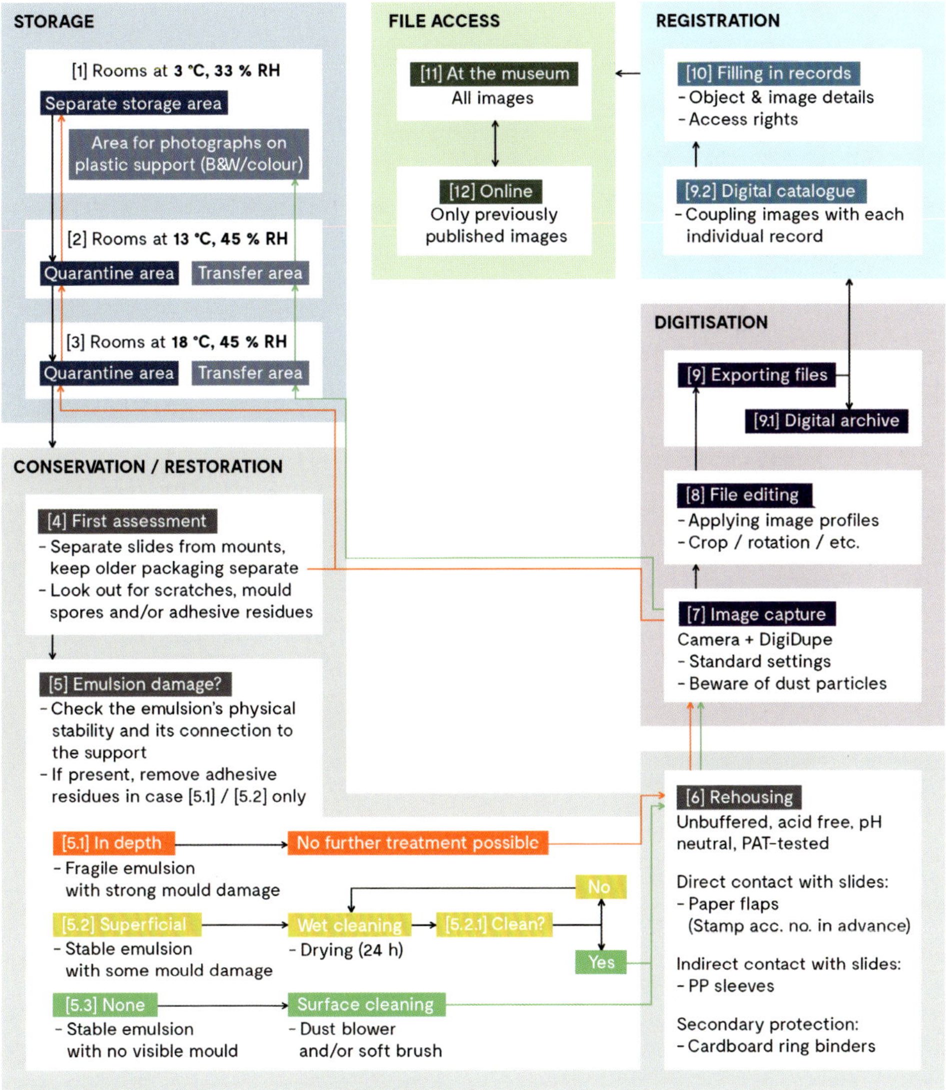

[2] - Acclimatisation for 24 h at 13 °C, [3] - Acclimatisation for 24 h at 18 °C

Material- und Schadensbefund für Dias

Relevante Aspekte zum Protokollieren einer oder mehrerer Projektionskanäle

KOPFZEILE

- **Künstler*in / Titel / Datierung / Inv.-Nr. / Techn. Beschreibung / Maße / Bemerkung / Restaurator*in / Untersuchungsdatum**

SATZ / SÄTZE

- **Bezeichnung:** Kameraoriginal / Archivmaster / Dupliziermaster / Ausstellungskopie / gemischt / andere:
- **Anzahl Projektionskanäle** (separate Projektionen o. Ä.)
- **Art der Projektionskanäle** (z. B. Nr. 1 Karussell, Nr. 2 Diabetrachter, Nr. 3 Karussell ...)
- **Dias pro Kanal** (z. B. Nr. 1, von – bis ...; Nr. 2, von – bis; ...)
- **Anzahl Dias insgesamt**
- **Anzahl Dias Programm**
- **Anzahl Dias Vorspann/Anfang**
- **Anzahl Dias Abspann/Ende**
- **Anzahl Schwarzdias**
- **Art der Schwarzdias** (z. B. Kunststoff, andere ...)
- **Positionen der Schwarzdias**

FILM (sowie alles innerhalb der Rahmung)

- **Filmmaterial** (z. B. Acetat, Nitrat, Polyester)
- **Filmhersteller / Filmtyp** (z. B. Kodak, Fuji, Tageslicht- oder Kunstlichtfilm, ISO, Lithfilm ...)
- **Farbe, s/w oder anderes**
- **Filminformationen** (z. B. Kennzeichnung, Symbol, Linien, Kerbung ...)
- **Art der Filmperforation** (z. B. BH / KS / DH / CS)
- **Format / Größe** (z. B. 110 [13 × 17 mm]; 126 [28 × 28 mm]; 35 mm Halbbild; 35 mm; SuperSlide [46 × 46 mm]; 6 × 6 cm; 6 × 9 cm oder andere ...)
- **Pinregistert:** ja / nein
- **Zusätzliches Material** (z. B. Farbe, Überzüge, Folie ...)

HERSTELLUNG (des Satzes)

- **Bereitgestellt durch** (z. B. Künstler*in, Nachlass, Kunsthändler*in, Fotolabor ...)
- **Herstellungsvorlage:** Kameraoriginal / Archivmaster / Dupliziermaster
- **Art der Herstellungsvorlage:** analog / digital
- **Hergestellt wo / durch / wann**

RAHMEN / RAHMUNG (original)

- **Gerahmt:** ja / nein
- **Durch wen**
- **Gerahmt wann**
- **Art der Rahmung / Herstellungsfirma**
- **Verglast:** ja / nein / einseitig
- **Rahmengröße**
- **Rahmenstärke**
- **Rahmenausschnitt**
- **Material:** Kunststoff / mit Aluminium / andere:

Technical Condition Report for Slides

Significant aspects for condition checking of single- or multiple-channel projections

HEADER

- **Artist / Title / Date / Acc.-No. / Tech. description / Display dimensions / Comment / Conservator / Assessment date**

SET / SETS

- **Identification:** camera original / archival master / duplication master exhibition copy / mix / other:
- **Number of channels** (e.g. separate projections)
- **Type of channels** (e.g. no. 1 carousel, no. 2 slide viewer, no. 3 carousel...)
- **Slides per channel** (e.g. no. 1, from–to; no. 2, from–to; ...)
- **Total number of slides**
- **Number of programme slides**
- **Number of credit slides (beginning credits)**
- **Number of credit slides (end credits)**
- **Number of black slides / blank slides**
- **Type of black slides / blank slides** (e.g. plastic, other...)
- **Positions of black slides / blank slides**

FILM (and everything inside the mounts)

- **Film material** (e.g. acetate, nitrate, polyester...)
- **Film producer / film type** (e.g. Kodak, Fuji, daylight or tungsten film, ISO, Lithfilm...)
- **Colour, b/w or other**
- **Film information** (e.g. code number, symbol, lines, notch code...)
- **Film perforation type** (e.g. BH / KS / DH / CS)
- **Format / dimensions** (e.g. 110 [13 × 17 mm]; 126 [28 × 28 mm]; 35 mm half frame; 35 mm; SuperSlide [46 × 46 mm]; 6 × 6 cm; 6 × 9 cm or other)
- **Pin registered:** yes / no
- **Additional material** (e.g. paint, coating, foil...)

PRODUCTION (of set)

- **Provided by** (e.g. artist, estate, art dealer, photo lab...)
- **From which source:** camera original / archival master / duplication master
- **Source type:** analogue / digital
- **Produced where / by / when**

MOUNTS / MOUNTING (original)

- **Mounted:** yes / no
- **Mounted by**
- **Mounted when**
- **Type of mounting / Company**
- **With glass:** yes / no / one side only
- **Mount dimensions**
- **Mount thickness**
- **Recess dimensions**
- **Material:** plastic / with aluminium / other:

- **Filmbefestigung mit Pins im Rahmen:** ja / nein / 3 Pins / 16 Pins
- **Befestigung mit / wo:** Schlitz / Klebeband / andere:
- **Emulsionsschicht** (im Diarahmen)**:** nach oben/recto / nach unten/verso
- **Nummerierung der Rahmung:** ja / nein
- **Art der Nummerierung / womit** (z. B. 1 2 3, 1 1A 2 2A, handschriftlich, normal oder auf dem Kopf, Filzschreiber, Bleistift, geritzt, farbig ...) **/ wo**
- **Beschriftung der Rahmung:** ja / nein
- **Art der Beschriftung / womit / wo**

ZUSTAND (zusätzlich können separate Listen oder Diagramme erstellt werden.)

- **Schadensphänomene, allgemeine Beobachtungen** (z. B. Verfärbung [in Richtung ____; überall oder lokal; durch Projektion, Dunkellagerung oder anderes]; Staub oder Wasserschaden; Kratzer auf Emulsion und/oder Träger; Oberflächenabrieb; Schichtentrennung der Emulsion; Deformation; Falten; Risse; Schimmel auf Emulsion und/oder Träger; auswandernde Weichmacher; Klebereste; Einrahmungsfehler; Beschriftungsfehler; beschnittene Ränder [oben, unten oder beides; anderes ...])
- **Noch geeignet als/zur:** Referenz / Duplizierung / Ausstellung / Forschung

LAGERUNGS-/ARCHIVIERUNGSGESCHICHTE

- **ANALOGES Lagerungsformat** (z. B. einzeln, gerahmt, in Filmstreifen, in Rollen ...)
- **Lagerungsmaterial:** Polyesterdiahülle / Papiertasche / Karton / andere:
- **Kaltlagerung:** ja / nein
- **Klimatische Spezifikation von – bis / seit / wie** __ °C __ % rF
- **DIGITALES Lagerungsformat:** Festplatte / Server / Cloud / andere:
- **Anzahl digitaler oder analoger Kopien oder Ausbelichtungen insgesamt** (siehe auch Mind-Genius-Dateien)

VERWENDUNGSGESCHICHTE

- **Duplizierung:** ja / nein
- **Duplizierung wie:** analog / digital **/ wann / wo**
- **Digitalisierung:** ja / nein **/ wie / wann / wo**
- **Ausgestellt:** ja / nein
- **Ausgestellt von – bis** (siehe auch Mind-Genius-Dateien)

PRÄVENTIVE KONSERVIERUNG / MASSNAHMEN

- **Verwendet für Digitalisierung:** ja / nein **/ wo**
- **Bildgröße** (MB)
- **Auflösung** (dpi)
- **Farbprofil**
- **Format** (TIFF, JPG)
- **Datum / Restaurator*in**

- **Umgerahmt für:** Lagerung/Archivierung / Duplizierung / Ausstellung / Digitalisierung
- **Umgerahmt in:** Primäre Verpackung / Sekundäre Verpackung / Karton / andere:
- **Umgerahmt von**
- **Umgerahmt nach**
- **Umgerahmt durch** (Person)
- **Datum / Restaurator*in**

- **Entstaubt mit**
- **Oberflächen- / Trockenreinigung mit**
- **Nassreinigung mit**
- **Sonstiges**
- **Datum / Restaurator*in**

- **Film fixed with pins in mount:** yes / no / 3 pins / 16 pins
- **Fixed with / where:** slit / tape / other:
- **Emulsion layer** (when mounted)**:** facing up/recto / facing down/verso
- **Numbering on mount:** yes / no
- **Type of numbering / how** (e.g. 1 2 3, 1 1A 2 2A, handwritten, normal or inverted orientation, pen, marker, scratched, colour...) **/ where**
- **Inscription on mount:** yes / no
- **Type of inscription / by what means / where**

CONDITION (Additionally you might want to create separate lists or diagrams.)

- **Damages, overall observations:** (e.g. discolouration [towards ____; overall or localised; due to projection, dark storage or other]; dust or water damage; scratches on emulsion and / or support; surface abrasion; delamination of emulsion; deformation; creases; tears; mould on emulsion and / or support; exuding plasticisers; adhesive residues; mistakes during mounting; mistakes regarding inscription; trimmed edge [top, bottom or both; other...])
- **Can be used for:** reference / duplication / exhibition / research

STORAGE / ARCHIVING HISTORY

- **ANALOGUE storage format** (e.g. single, in mounts, as film strips, in rolls...)
- **Storage material:** polyester sleeve pockets / wrapped in paper / boxed / other:
- **Cold storage:** yes / no
- **Climate specifications from–to / since / how** __ °C __ % RH
- **DIGITAL storage format:** hard drive / server / cloud service / other:
- **Total number of digital and analogue copies and digital prints** (see also Mind Genius files)

HISTORY OF APPROPRIATION

- **Duplication:** yes / no
- **How:** analogue / digital **/ when / where**
- **Digitisation:** yes / no **/ how / when / where**
- **Exhibited:** yes / no
- **Exhibited from–to** (see also Mind Genius files)

PREVENTIVE CONSERVATION / TREATMENTS

- **Used for digitisation:** yes / no **/ where**
- **Size of image** (MB)
- **Resolution** (dpi)
- **Colour management**
- **Format** (TIFF, JPG)
- **Date / conservator**

- **Remounted for:** storage/archiving / duplication / exhibition / digitisation
- **Remounted in:** primary packaging / secondary packaging / box / other:
- **Remounted from**
- **Remounted to**
- **Remounted by** (person)
- **Date / conservator**

- **Dusted with**
- **Surface cleaning / dry cleaning with**
- **Wet cleaning with**
- **Other**
- **Date / conservator**

Kunstwerke des Diakonservierungsprojekts der Hamburger Kunsthalle

Identifikation, Technik, Digitalisierung, Duplizierung (in Reihenfolge der Bearbeitung)

Barry, Robert:	*Asked ...,* 1974
Material / Technik:	35-mm-Diaprojektion: 1 Diaprojektor
Anzahl Dias:	78 Dias: 20 × schwarz-weißer Text; 19 × schwarz-weiße Kreise mit Farbfolie; 39 × schwarzer Karton
Laufzeit:	Zyklisch, ca. 12 min
Filmmaterial (Original bzw. Museummaster):	Schwarz-Weiß-Umkehrfilm: Lithfilm (plan), doppelte Filterfolien in orange
Digitalisierung:	Werk basiert auf digitalem Künstlermaster, nicht mehr erhältlich, Digitalisierung durch Fa. Activity-Studios, Esslingen
Duplizierung:	Schwarz–weiße Dias ohne Graustufen; LEE-Filterfolien; mit digitaler Vorlage vom Museummaster auf Schwarz-Weiß-Lithfilm ausbelichtet durch Fa. Activity-Studios, Esslingen

Sinclair, Ross:	*Journey to the Edge of the World – the New Republic of St. Kilda,* 1999–2002
Material / Technik:	35-mm-Diaprojektion mit Ton und multimediale Rauminstallation: Raum aus Kartons, Farbe, 2 Videoprojektoren, 1 Monitor, 2 Diaprojektoren mit Zweikanalprojektion; CD-Player, Lautsprecher
Anzahl Dias:	160
Laufzeit:	Diaprojektion zyklisch, ca. 15 min
Filmmaterial (Original bzw. Museummaster):	Farbumkehrfilm: Fujichrome Duplicating Film CDU II
Digitalisierung:	Werk basiert auf digitalem Künstlermaster, nicht mehr erhältlich; Digitalisierung durch Fa. Activity-Studios
Duplizierung:	Schwarz-weiße Textdias ohne Graustufen; mit digitaler Vorlage vom Museummaster auf Schwarz-Weiß-Lithfilm ausbelichtet durch Fa. Activity-Studios

Works of Art in the Slide Conservation Project at the Hamburger Kunsthalle

Identification, technique, digitisation, duplication (in order of processing)

Barry, Robert:	*Asked …*, 1974
Tech. Description:	35 mm slide projection: 1 slide projector
Number of Slides:	78 slides: 20 × b&w text, 19 × b&w circles with filter sheet, 39 × black cardboard
Duration:	Loop, ca. 12 min.
Film Material (Original or Museum Master):	B&w reversal film: b&w Lithfilm (sheet), double filter (sheet) in orange
Digitisation:	Work is based on digital artist master which is no longer available; digitisation by Activity-Studios, Esslingen
Duplication:	B&w slides without grey scale; LEE filter (sheet); digital template from museum master printed on b&w Lithfilm; produced by Activity-Studios, Esslingen

Sinclair, Ross:	*Journey to the Edge of the World – the New Republic of St. Kilda*, 1999–2002
Tech. Description:	35 mm slide projection and multi–media installation: space constructed with cardboard boxes, paint, 2 video projectors, 1 monitor, 2 slide projectors with two-channel projection, CD-player, speaker
Number of Slides:	160
Duration:	Slide projection in loop, ca. 15 min.
Film Material (Original or Museum Master):	Colour reversal film: Fujichrome Duplicating Film CDU II
Digitisation:	Work is based on digital artist master which is no longer available; digitisation by Activity-Studios, Esslingen
Duplication:	B&w slides without greyscale; digital template from museum master printed on b&w Lithfilm; produced by Activity-Studios, Esslingen

Goldin, Nan:	*The Ballad of Sexual Dependency*, 1992
Material / Technik:	35-mm-Diarauminstallation mit Musik: 9 Diaprojektoren, Einkanalprojektion, 1 Programm/Tonband mit programmiertem Soundtrack, 1 Steuergerät, 3 Programmlautsprecher
Anzahl Dias:	694 (inkl. 2 Creditdias)
Laufzeit:	Ca. 45 min
Filmmaterial (Original bzw. Museummaster):	Farbumkehrfilme: Kodak Professional Duplicating Film Edupe 5071; Kodak Ektachrome 100x Professional 5024; Kodak Ektachrome 200 Professional 5036; Fujichrome Provia 100F RDP III; Fujichrome Velvia 100 Professional RVP
Digitalisierung:	Digitalisierung des Museummasters durch Fa. Picturae
Duplizierung:	Duplizierung vom Museummaster auf Kodak Edupe Farbumkehrfilm durch Fa. Activity-Studios, Esslingen

Goldin, Nan:	*All By Myself*, 1993–1997
Material / Technik:	35-mm-Diarauminstallation mit Musik: 2 Diaprojektoren, Einkanalprojektion, 1 Audiokassette mit programmiertem Soundtrack, 1 Steuergerät, 3 Programmlautsprecher
Anzahl Dias:	97 (inkl. 4 Creditdias)
Laufzeit:	5 min 33 s
Filmmaterial (Original bzw. Museummaster):	Farbumkehrfilme: Kodak Professional Duplicating Film Edupe 5071; Fuji; Fujichrome Duplicating Film CDU II Creditdias: Schwarz-Weiß-Lithfilm
Digitalisierung:	Digitalisierung des Museummasters durch Fa. Picturae
Duplizierung:	Duplizierung vom Museummaster auf Kodak Edupe Farbumkehrfilm durch Fa. Activity-Studios, Esslingen

Baumgarten, Lothar:	*Unsettled Objects*, 1968–1969
Material / Technik:	35-mm-Diaprojektion, 1 Diaprojektor
Anzahl Dias:	81 (inkl. 1 Schwarzdia und 3 Creditdias)
Laufzeit:	Zyklisch, ca. 13 min
Filmmaterial (Original bzw. Museummaster):	Farbumkehrfilm: Kodak Professional Duplicating Film Edupe 5071
Digitalisierung:	Digitalisierung des Museummasters durch Fa. Picturae
Duplizierung:	Duplizierung vom Museummaster auf Kodak Edupe Farbumkehrfilm durch Fa. Activity-Studios, Esslingen

Goldin, Nan:	*The Ballad of Sexual Dependency,* 1992
Tech. Description:	35 mm slide installation with music: 9 slide projectors, single-channel projection, 1 programme/magnetic tape with a programmed soundtrack, 1 controller, 3 speakers
Number of Slides:	694 (incl. 2 credit slides)
Duration:	Ca. 45 min.
Film Material (Original or Museum Master):	Colour reversal films: Kodak Professional Duplicating Film Edupe 5071; Kodak Ektachrome 100x Professional 5024; Kodak Ektachrome 200 Professional 5036; Fujichrome Provia 100F RDP III; Fujichrome Velvia 100 Professional RVP
Digitisation:	Digitisation of museum master by Picturae
Duplication:	Duplication of museum master on Kodak Edupe colour reversal film by Activity-Studios, Esslingen

Goldin, Nan:	*All By Myself,* 1993–1997
Tech. Description:	35 mm slide installation with music: 2 slide projectors, single-channel projection, 1 audio tape with programmed soundtrack, 1 controller, 3 speakers
Number of Slides:	97 (incl. 4 credit slides)
Duration:	5 min. 33 sec.
Film Material (Original or Museum Master):	Colour reversal films: Kodak Professional Duplicating Film Edupe 5071; Fuji; Fujichrome Duplicating Film CDU II Credit slides: b&w Lithfilm
Digitisation:	Digitisation of museum master by Picturae
Duplication:	Duplication of museum master on Kodak Edupe colour reversal film by Activity-Studios, Esslingen

Baumgarten, Lothar:	*Unsettled Objects,* 1968–1969
Tech. Description:	35 mm slide projection: 1 slide projector
Number of Slides:	81 (incl. 1 black slide and 3 credit slides)
Duration:	Loop, ca. 13 min.
Film Material (Original or Museum Master):	Colour reversal film: Kodak Professional Duplicating Film Edupe 5071
Digitisation:	Digitisation of museum master by Picturae
Duplication:	Duplication of museum master on Kodak Edupe colour reversal film by Activity-Studios, Esslingen

Rühm, Gerhard:	*Bleistiftmusik,* 1980
Material / Technik:	35-mm-Diaprojektion mit Ton: 1 Diaprojektor, 1 Audiokassette, Lautsprecher
Anzahl Dias:	20
Laufzeit:	Unbekannt
Filmmaterial (Original bzw. Museummaster):	Schwarz-Weiß-Film: Afga Dia-Direct DD 12
Digitalisierung:	Digitalisierung des Museummasters durch Fa. Picturae
Duplizierung:	Duplizierung vom Museummaster auf Adox Silvermax Schwarz-Weiß-Umkehrfilm durch Fa. Activity-Studios, Esslingen

Melián, Michaela:	*Reeducation,* 2014
Material / Technik:	35-mm-Diarauminstallation mit Musik: 2 Diaprojektoren (rotierend), Einkanalprojektion, Motor, Textilgewebe an Metallgerüst montiert, Lautsprecher
Anzahl Dias:	162
Laufzeit:	7 min 50 s
Filmmaterial (Original bzw. Museummaster):	(Produktion gemeinsam mit Museum) Schwarz-Weiß-Umkehrfilm: Adox Silvermax
Digitalisierung:	Digitales Künstlermaster beim Ankauf erhalten
Duplizierung:	Ausbelichtung vom digitalen Künstlermaster auf Adox Silvermax Schwarz-Weiß-Umkehrfilm durch Fa. Activity-Studios, Esslingen

Nordhausen, Hilka:	*Fragmente aus Melonen für Bagdad,* 1990
Material / Technik:	35-mm-Diaprojektion mit Ton: 3 Projektoren, Einkanalprojektion, CD mit Tonaufnahme und Steuerung, Lautsprecher
Anzahl Dias:	240 (inkl. 1 Schwarzdia)
Laufzeit:	Ca. 30 min
Filmmaterial (Original bzw. Museummaster):	Farbumkehrfilm: Kodak Professional Duplicating Film Edupe 5071
Digitalisierung:	Digitalisierung des Museummasters durch Fa. Picturae
Duplizierung:	Duplizierung vom Museummaster auf Kodak Edupe Farbumkehrfilm durch Fa. Activity-Studios, Esslingen

Vonna-Michell, Tris:	*Finding Chopin,* 2008/2018
Material / Technik:	Rauminstallation mit 35-mm-Diaprojektionen und Ton: 1 Diaprojektor für einzelnes 35-mm-Dia, 1 Diaprojektor (Telex Caramate) mit Monitor für 80 Dias, Möbel, Regale, verschiedene Objekte (Pappe, Papier, Kunststoff, Siebdruck), Plattenspieler, Lautsprecher

Rühm, Gerhard:	*Pencil Music,* 1980
Tech. Description:	35 mm slide projection with sound: 1 slide projector, 1 audio tape, speaker
Number of Slides:	20
Duration:	Unknown
Film Material (Original or Museum Master):	B&w reversal film: Afga Dia–Direct DD 12
Digitisation:	Digitisation of museum master by Picturae
Duplication:	Duplication of museum master on Adox Silvermax b&w reversal film by Activity-Studios, Esslingen

Melián, Michaela:	*Reeducation,* 2014
Tech. Description:	35 mm rotating slide installation with music: 2 slide projectors (rotating), single-channel projection, motor, fabric on metal structure, speakers
Number of Slides:	162
Duration:	7 min. 50 sec.
Film Material (Original or Museum Master):	(Joint production with museum) b&w reversal film: Adox Silvermax
Digitisation:	Digital artist master obtained at acquisition
Duplication:	Digital prints from digital artist master on Adox Silvermax b&w reversal film by Activity-Studios, Esslingen

Nordhausen, Hilka:	*Fragments from Melons for Bagdad,* 1990
Tech. Description:	35 mm slide projection with sound: 3 slide projectors, single-channel projection, CD with audio file and programme, speaker
Number of Slides:	240 (incl. 1 black slide)
Duration:	Ca. 30 min.
Film Material (Original or Museum Master):	Colour reversal film: Kodak Professional Duplicating Film Edupe 5071
Digitisation:	Digitisation of museum master by Picturae
Duplication:	Duplication of museum master on Kodak Edupe colour reversal film by Activity-Studios, Esslingen

Vonna–Michell, Tris:	*Finding Chopin,* 2008/2018
Tech. Description:	Multimedia installation with slide projections and sound: 1 slide projector for a single 35 mm slide, 1 slide projector (Telex Caramate) with monitor for 80 slides, furniture, shelves, various objects (cardboard, paper, plastic, silkscreen print), record player, speakers

Anzahl Dias:	80 + 1
Laufzeit:	Zyklisch, ca. 12 min + 1 separates Standbild
Filmmaterial (Original bzw. Museummaster):	80 35-mm-Dias Farbumkehrfilm: Fujichrome Duplicating Film CDU II + 35-mm-Einzeldia Farbumkehrfilm: Kodak Professional Duplicating Film Edupe 5071
Digitalisierung:	Digitalisierung des Museummasters durch Fa. Picturae
Duplizierung:	Duplizierung vom Künstlermaster auf Kodak Edupe Farbumkehrfilm (35-mm-Karusselldias) und Adox Silvermax Schwarz-Weiß-Umkehrfilm (35-mm-Standbilddia) durch Fa. Activity-Studios, Esslingen

Vonna-Michell, Tris:	*Finding Chopin*, 2008/2018
Material / Technik:	6-×-7-cm-Mittelformat-Diabetrachter, aus der gleichen Rauminstallation
Anzahl Dias:	1
Laufzeit:	Standbild
Filmmaterial (Original bzw. Museummaster):	Schwarz-Weiß-Umkehrfilm: Agfa Scala 200×
Digitalisierung:	Digitales Künstlermaster beim Ankauf erhalten
Duplizierung:	Ausbelichtung des digitalen Künstlermasters auf Rollei Superpan 200 Schwarz-Weiß-Umkehrfilm durch Fa. dr5, Stuart, Iowa

Goiris, Geert:	*Whiteout*, 2008–2011
Material / Technik:	6-×-7-cm-Mittelformat-Diaprojektion: 1 Diaprojektor (Götschmann 8585AV)
Anzahl Dias:	49
Laufzeit:	Ca. 8 min
Filmmaterial (Original bzw. Museummaster):	Farbumkehrfilm: Kodak Ektachrome Professional E100VS; Schwarz-Weiß-Umkehrfilm: Rollei Superpan 200
Digitalisierung:	Digitales Künstlermaster beim Ankauf erhalten
Duplizierung:	Ausbelichtung der digitalen Künstlermaster auf Kodak Ektachrome Professional E100VS Farbumkehrfilm und Rollei Superpan 200 Schwarz-Weiß-Umkehrfilm durch Fa. dr5, Stuart, Iowa

Number of Slides:	80 + 1
Duration:	Loop, ca. 12 min., + 1 separate still frame
Film Material (Original or Museum Master):	80 35 mm slides colour reversal film: Fujichrome Duplicating Film CDU II + 35 mm single slide colour reversal film: Kodak Professional Duplicating Film Edupe 5071
Digitisation:	Digitisation of museum master by Picturae
Duplication:	Duplication of artist master on Kodak Edupe colour reversal film (35 mm slides from carousel) and AdoxSilvermax b&w reversal film (35 mm still frame slide) by Activity-Studios, Esslingen

Vonna-Michell, Tris:	*Finding Chopin,* 2008/2018
Tech. Description:	6 × 7 cm medium-format slide viewer, in the same installation
Number of Slides:	1
Duration:	Still frame
Film Material (Original or Museum Master):	B&w reversal film: Agfa Scala 200×
Digitisation:	Digital artist master obtained at acquisition
Duplication:	Digital print from digital artist master on Rollei Superpan 200 b&w reversal film by dr5, Stuart, Iowa

Goiris, Geert:	*Whiteout,* 2008–2011
Tech. Description:	6 × 7 cm medium-format slide projection: 1 slide projector (Götschmann 8585AV)
Number of Slides:	49
Duration:	Ca. 8 min.
Film Material (Original or Museum Master):	Colour reversal film: Kodak Ektachrome Professional E100VS; b&w film: Rollei Superpan 200
Digitisation:	Digital artist master obtained at acquisition
Duplication:	Digital print from digital artist master on Kodak Ektachrome Professional E100 VS colour reversal film and on Rollei Superpan 200 b&w reversal film by dr5, Stuart, Iowa

Biographien

Tiziana Caianiello
ist seit 2009 als wissenschaftliche Mitarbeiterin bei der ZERO foundation in Düsseldorf für Forschung und Archiv verantwortlich. Sie studierte Kunstgeschichte in Neapel und promovierte an der Universität zu Köln mit einer Dissertation über die Musealisierung der Düsseldorfer Kunstszene der 1960er-Jahre. 2007–2009 leitete sie das Forschungsprojekt *Konkretionen des Flüchtigen: Zur Erhaltung und Re-Inszenierung von Medienkunstinstallationen* beim Inter Media Art Institute in Düsseldorf. Die Projektergebnisse wurden 2013 in einem Buch veröffentlicht.

Lénia Oliveira Fernandes
ist seit Oktober 2016 assistierende Fotorestauratorin beim Nederlands Fotomuseum in Rotterdam, wo sie an der Restaurierung der Farbdias des Fotografen Ed van der Elsken arbeitete. Sie hat einen Master in Konservierung und Restaurierung der Universidade Nova de Lisboa. Zuvor war sie als Fotorestauratorin beim Rijksmuseum Amsterdam, dem Historischen Archiv der Stadt Köln, dem Arquivo Regional e Biblioteca Pública da Madeira und dem Image Permanence Institute, Rochester, NY tätig.

Geert Goiris
lebt und arbeitet in Antwerpen, Belgien. Er studierte am Sint-Lukas Brussels University College of Art and Design, der FAMU Film and Television Academy in Prag und dem Higher Institute for Fine Arts (HISK) in Antwerpen. Er lehrt praxisbasierte Forschung sowohl an der Royal Academy of Fine Arts in Antwerpen als auch am Sint-Lukas Brussels University College of Art and Design. Sein fotografisches Werk war in zahlreichen internationalen Gruppenausstellungen vertreten. Er nahm 2004 an der Manifesta 5 Contemporary Art Biennial im spanischen San Sebastian teil. Seine Einzelausstellungen umfassen *Geert Goiris* im M – Museum, Leuven (2013); *Darkcloud* in der Galerie Art: Concept, Paris (2012); *Whiteout and Other Stories* in der Hamburger Kunsthalle, Hamburg (2011).

Martina Haidvogl
ist seit 2011 Medienrestauratorin am San Francisco Museum of Modern Art. Zuvor war sie beschäftigt in Agathe Jarczyks Atelier für Videorestaurierung in Bern, am Österreichischen Filmmuseum und am Technischen Museum Wien. Sie studierte an der Akademie der bildenden Künste Wien und der Hochschule der Künste Bern. Ihre Publikationen und Präsentationen umfassen interdisziplinäre Kollaboration, eine Multi-Voice-Dokumentation und eine Mediawiki-Plattform sowie die gemeinsame Arbeit mit Künstlern.

Brigitte Kölle
ist seit 2011 Sammlungsleiterin der Kunst der Gegenwart in der Hamburger Kunsthalle (Malerei, Skulptur, Installation). Nach dem Studium der Kultur- und Museumswissenschaften in Hildesheim und New York war sie als Kuratorin an internationalen Kunstinstitutionen tätig, u. a. Sammlung Froehlich, Stuttgart; Museum of Contemporary Art, New York; Portikus, Frankfurt am Main; Institute of Visual Arts, Milwaukee; Kunstsammlung K21, Düsseldorf. Ihre Doktorarbeit behandelte die Kunst des Ausstellens in den 1960er-Jahren. Darüber hinaus ist sie Herausgeberin zahlreicher Publikationen zur zeitgenössischen Kunst.

Biographies

Tiziana Caianiello
has been a research associate at the ZERO foundation in Düsseldorf since 2009 and is responsible for the areas of research and archives. She studied art history in Naples and gained her PhD at the University of Cologne with a dissertation on the museumisation of the Düsseldorf art scene in the 1960s. From 2007 to 2009 she headed the research project 'Materialising the Ephemeral: On the Conservation and Re-Staging of Media Art Installations' at the Inter Media Art Institute in Düsseldorf, the results of which were published in a book in 2013.

Lénia Oliveira Fernandes
has been working since October 2016 as an assistant photograph conservator at the Nederlands Fotomuseum in Rotterdam, where she worked on the conservation and restoration of the colour slides of the Ed van der Elsken. She has a Master's degree in conservation and restoration from the Universidade Nova de Lisboa. Previously she worked as a photograph conservator at the Rijksmuseum Amsterdam, the Historisches Archiv der Stadt Köln, the Arquivo Regional e Biblioteca Pública da Madeira and the Image Permanence Institute, Rochester, NY.

Geert Goiris
is a Belgian-born artist who lives and works in Antwerp, Belgium. He studied at the College for Art and Design Sint Lukas in Brussels, the FAMU Film and Television Academy in Prague and the Higher Institute for Fine Arts (HISK) in Antwerp. He teaches practice-based research at both the Royal Academy of Fine Arts in Antwerp and at the Sint-Lukas Brussels University College of Art and Design. His photographic work has been extensively shown in many international group exhibitions. He took part in Manifesta 5 Contemporary Art Biennial in San Sebastian (Spain) in 2004. Solo shows include *Geert Goiris*, at M – Museum Leuven (2013); *Darkcloud*, at Galerie Art: Concept, Paris (2012); and *Whiteout and Other Stories*, at the Hamburger Kunsthalle (2011).

Martina Haidvogl
has been a media conservator at the San Francisco Museum of Modern Art since 2011. Previously she worked at Agathe Jarczyk's studio for video conservation in Bern, as well as at the Austrian Film Museum and the Vienna Museum of Technology. She studied at the Academy of Fine Arts Vienna and the University of the Arts Bern. Publications and presentations include *Interdisciplinary Collaboration*, 'Multi-Voice Documentation' and 'Mediawiki Platform', as well as collaborative works with artists.

Brigitte Kölle
has been head of the contemporary art collection at the Hamburger Kunsthalle (painting, sculpture, installation) since 2011. After studying cultural and museum sciences in Hildesheim and New York, she worked as a curator at various international art institutions, including the Froehlich Collection, Stuttgart; the Museum of Contemporary Art, New York; Portikus, Frankfurt am Main; the Institute of Visual Arts, Milwaukee; and Kunstsammlung K21, Düsseldorf. Her doctoral thesis focused on the art of exhibiting in the 1960s. She has produced and edited numerous publications on contemporary art.

Francesco Leonelli
ist als Kunsthistoriker in Berlin tätig. Nach dem Studium der Kunst- und Architekturgeschichte an der Università degli Studi Roma Tre in Rom wurde er 2016 mit einer Dissertation über die Kunstsammlungen der Familie Caetani im Rom des 18. Jahrhunderts promoviert. Während seiner Promotion absolvierte er ein Auslandssemester an der Humboldt Universität zu Berlin. 2017–2019 war er wissenschaftlicher Volontär an der Hamburger Kunsthalle.

Katrin Pietsch
ist seit 2007 als Fotorestauratorin am Nederlands Fotomuseum in Rotterdam beschäftigt. Das Museum versorgt eine große Sammlung fotografischer Materialien bedeutender Niederländischer Fotografen. Katrin Pietsch leitet die Restaurierungswerkstatt des Museums, welche sowohl für das Museum selbst arbeitet als auch für externe Kunden sowie Privatsammler, Betriebe und Einrichtungen mit fotografischen Sammlungen. Zuvor studierte sie Restaurierung von Foto, Film und Datenträgern an der Hochschule für Technik und Wirtschaft (HTW) in Berlin und arbeitete währenddessen zwei Jahre an einem Forschungsprojekt zur Restaurierung fotografischer Negative.

Barbara Sommermeyer
ist seit 2000 an der Hamburger Kunsthalle Restauratorin für Kunst der Gegenwart. An das Grundstudium Kunstgeschichte und Klassische Archäologie schloss sich das Diplom-Studium (MA) in Restaurierung von Gemälden und gefassten Skulpturen an der Staatlichen Akademie der Künste Stuttgart und ein zweijähriges Landesgraduiertenstipendium am Conservation Centre in Liverpool und an der Tate Modern, London an. Sie war 2001 Mitbegründerin der Arbeitsgruppe Moderne Kunst – Kulturgut der Moderne im Verband der Restauratoren (VDR) und 2007–2009 Vizepräsidentin/Schatzmeisterin des VDR. Sie hat mehrere Fachtagungen durchgeführt und ist seit 2012 Mitglied des INCCA Steering Committee.

Claartje van Haaften
ist seit 2003 als selbständige Restauratorin im Bereich der zeitgenössischen Kunst tätig und vermittelt ihre praktischen Erfahrungen in Lehraufträgen. Ihr Studium absolvierte sie im Fach Kunstgeschichte an der Universität von Amsterdam (Magister) sowie im Diplomstudium für Restaurierung moderner und zeitgenössischer Kunst am Restaurierungs- und Ausbildungsinstitut SRAL (Stichting Restauratie Atelier Limburg) in Maastricht. Sie arbeitete bei Contemporary Conservation, Ltd. in New York, war Koordinatorin des Graduiertenprogramms im Fachbereich Restaurierung moderner Kunst am SRAL in Maastricht, der Universität von Amsterdam angegliedert, und Skulpturenrestauratorin an der Tate Britain. An der Hamburger Kunsthalle war sie Restauratorin für Sonderprojekte.

Tris Vonna-Michell
wurde in Großbritannien geboren und lebt und arbeitet heute in Stockholm. Er studierte an der Glasgow School of Art und an der Städelschule in Frankfurt am Main. In seinen Arbeiten inszeniert er Installationen und performt narrative Strukturen unter Einsatz von gesprochenem Wort, Klangkompositionen, Film und Fotografie. 2010 gründete er zusammen mit Diana Kaur Mount Analogue, Publikationsraum, kuratorische und verlegerische Agentur und analoges Studio (www.mountanalogue.org). Seine jüngsten Einzelausstellungen umfassen: *Punctuations & Perforations*, La Verrière, Brüssel (2017); *Register*, T293, Rom (2016); *Presentation House Gallery*, Vancouver (2015); den Turner Prize 2014, Tate Britain, London und *Postscripts II (Berlin)*, Jan Mot, Brüssel (2013). Er nahm 2012 an der Shanghai Biennale sowie 2015 an der International Biennial for Contemporary Art in Göteborg teil und zeigte seine Arbeiten in zahlreichen internationalen Gruppenausstellungen.

Francesco Leonelli
is an art historian who is based in Berlin. He studied art history and architecture at the Università degli Studi 'Roma Tre' in Rome, where he gained a PhD researching the art collections of the Caetani family in eighteenth-century Rome. During his doctoral studies he spent a semester abroad at the Humboldt Universität zu Berlin. From 2017 to 2019 he was a postgraduate trainee at the Hamburger Kunsthalle.

Katrin Pietsch
has been working as a photograph conservator since 2007 at the Nederlands Fotomuseum in Rotterdam, a museum that attends to a large collection of photographic material by major Dutch photographers. She runs the museum's conservation studio, which works both for the museum itself and for external clients, including private collectors and businesses and institutions with photographic collections. Previously she studied the conservation of photographs, films and data carriers at the Hochschule für Technik und Wirtschaft (HTW) in Berlin. During that time, for two years, she worked on a research project on the conservation of photographic negatives.

Barbara Sommermeyer
has been a conservator for contemporary art at the Hamburger Kunsthalle since 2000. After completing her undergraduate studies in art history and classical archaeology, she completed her MA in the conservation of paintings and polychrome sculptures at the Staatliche Akademie der Künste Stuttgart as well as a two-year State Graduate Scholarship at the Conservation Centre in Liverpool and at Tate Modern, London. She co-founded the MKKM working group at the VDR in 2001 and was Vice-President and Treasurer at the VDR from 2007 to 2009; she has also been a member of the INCCA Steering Committee since 2012. She has organised numerous symposiums.

Claartje van Haaften
has been working since 2003 as a freelance conservator in the field of contemporary art and imparts her practical experience in teaching assignments. She studied art history at the University of Amsterdam (MA), and modern and contemporary art conservation at the SRAL (Stichting Restauratie Atelier Limburg) conservation and training institute in Maastricht. She has worked at Contemporary Conservation, Ltd. in New York, was coordinator of the graduate programme in modern art conservation at SRAL in Maastricht, affiliated to the University of Amsterdam, and was a sculpture conservator at Tate. At the Hamburger Kunsthalle she has been a conservator for special projects.

Tris Vonna-Michell
is a British-born artist who lives and works in Stockholm, Sweden. He studied at the Glasgow School of Art and the Städelschule in Frankfurt am Main. In his work he stages installations and performs narrative structures, using spoken word, sound compositions, film and photography. In 2010, together with Diana Kaur, he founded Mount Analogue, a publishing space, curatorial and editorial agency and analogue studio: www.mountanalogue.org. Recent solo exhibitions include: *Punctuations & Perforations*, La Verrière, Brussels (2017); *Register*, T293, Rome (2016); *Presentation House Gallery*, Vancouver (2015); the Turner Prize 2014, Tate Britain, London; and *Postscripts II (Berlin)*, Jan Mot, Brussels (2013). He took part in the Shanghai Biennale in 2012 and the International Biennial for Contemporary Art in Gothenburg in 2015, as well as showing work in many international group exhibitions.

Tina Weidner
ist seit 2005 Restauratorin für zeitbezogene Medien an der Tate London. 2011/12 führte sie das Forschungsprojekt „Dying Technologies: the end of 35 mm slide transparencies" (gefördert von der Esmée Fairbairn Foundation) durch. An das Studium der Restaurierung, Kunsttechnologie und Konservierungswissenschaft an der Technischen Universität München 1999–2004 schloss sich 2004/05 die restauratorische Betreuung des Forschungsprojekts „40jahrevideokunst.de" am Zentrum für Kunst und Medien (ZKM) Karlsruhe an.

Babette Marie Werner
arbeitet als Kuratorin und Autorin und lebt in Berlin. Sie verwirklichte zuvor Ausstellungsprojekte an der Schnittstelle von klassischer Moderne und zeitgenössischer Kunst für verschiedene Institutionen, darunter 2013 für die Schaustelle, den temporären Aktionsraum der Münchner Pinakothek der Moderne, seit 2014 für die Nationalgalerie der Staatlichen Museen zu Berlin und von 2017 bis 2019 als Kuratorin für das Kirchner Museum Davos in Berlin. Sie studierte in Heidelberg und Valencia Kunstgeschichte, Germanistik und Anglistik und promoviert an der Humboldt-Universität zu Berlin zum Thema *Zwischen Medien. Methoden der Re-Inszenierung von Prozesskunst der 1960er und 1970er Jahre.*

Tina Weidner
has been a conservator for time-based media at Tate since 2005. In 2011/12 she conducted the research project 'Dyeing Technologies: The End of 35 mm Slide Transparencies' (funded by the Esmée Fairbairn Foundation). After studying conservation, art technology and conservation science at the Technical University of Munich (1999–2004), she conducted the conservation supervision of the research project '40jahrevideokunst.de' at the Zentrum für Kunst und Medien (ZKM) Karlsruhe in 2004/05.

Babette Marie Werner
is a Berlin-based curator and author. She has previously realised exhibition projects for cultural institutions, including, in 2013, the Schaustelle, the temporary exhibition space of the Munich Pinakothek der Moderne from 2014 at the Nationalgalerie der Staatlichen Museen zu Berlin, and from 2017 until 2019 at the Kirchner Museum Davos in Berlin. She studied art history, German and English in Heidelberg and Valencia, and is doing her PhD at the Humboldt-Universität zu Berlin on the topic 'Between Media. Methods of Re-Staging Process-based and Inter-media Art from the 1960s and 1970s'.

Erweiterte Bibliographie

Arns, Inke; Horn, Gabriele (Hrsg.): *History will repeat itself. Strategien des Reenactment in der zeitgenössischen (Medien)Kunst und Performance*, Frankfurt am Main 2007.

Biere, Julien: *The Guide to Multi-Image*, Schaffhausen 1990.

Bigelow, Sue: *Cold Storage of Photographs at the City of Vancouver Archives*, Vancouver 2004.

Bishop, Claire: „Digital Divide: Contemporary Art and New Media“, in: *Artforum*, September 2012, 51, Nr. 1, S. 434–442.

Bishop, Claire: „Reconstruction Era: The Anachronic Time(s) of Installation Art“, in: *When Attitudes Become Form. Bern 1969 – Venedig 2013*, Ausst.-Kat. Fondazione Prada, Mailand, Mailand 2013, S. 429–436.

Buzit-Tragni, Claire; Dune, Corinne; Grinde, Lene; Morrison, Phillipa: „Coatings on Kodachrome and Ektachrome Films“, in: McCabe, Constance (Hrsg.): *Coatings on Photographs: Materials, Techniques and Conservation*, Washington, D.C. 2005.

Clark, Susie: *Preservation of Photographic Material*; https://www.bl.uk/aboutus/stratpolprog/collectioncare/publications/booklets/preservation_of_photographic_material.pdf (aufgerufen am 18.5.2019).

Clausen, Barbara (Hrsg.): *After the act. Die (Re-)Präsentation der Performancekunst*, Museum Moderner Kunst Stiftung Ludwig Wien, Nürnberg 2006.

Darsie, Alexander M.: *Slide Show. Projected Images in Contemporary Art*, University Park (PA) 2005.

Deleuze, Gilles: *Differenz und Wiederholung*, München 2007 (zuerst 1968).

Derrida, Jacques: *Dem Archiv verschrieben*, Berlin 1997 (zuerst 1995).

Fischer-Lichte, Erika: *Ästhetik des Performativen*, Frankfurt am Main 2004.

Getty Conservation: *Fundamentals of the Conservation of Photographs*; https://www.getty.edu/conservation/publications_resources/teaching/photo_biblio.pdf (aufgerufen am 10.6.2019).

Gfeller, Johannes; Jarczyk, Agathe; Philips, Joanna: *Compendium of Image Errors in Analogue Video*, Zürich 2013.

Goodman, Nelson: *Sprachen der Kunst. Entwurf einer Symboltheorie*, Frankfurt am Main 1998 (zuerst 1968).

Hesse, Wolfgang (Hrsg.): „Farbfehler! Gegen das Verschwinden der Farbfotografien“, Beiträge einer Tagung von Landschaftsverband Rheinland/Rheinisches Archiv- und Museumsamt/Fortbildungszentrum Abtei Brauweiler; Technische Universität Dresden, Institut für Angewandte Photophysik, und Kupferstichkabinett der Staatlichen Kunstsammlungen Dresden 18.–20.9.1997 in der Technischen Universität Dresden, hrsg. von Museumsverband Baden-Württemberg, Göppingen 1998 (Rundbrief Fotografie; Sonderheft 5, zugleich: Landschaftsverband Rheinland, Rheinisches Archiv- und Museumsamt; Publikationen der Abteilung Museumsberatung; Nr. 6); http://www.rundbrief-fotografie.de/alte_seite/sh5.htm (aufgerufen am 21.6.2019).

Huss, Till Julian; Winkler, Elena (Hrsg.): *Kunst & Wiederholung. Strategie, Tradition, ästhetischer Grundbegriff*, Berlin 2017 (= Kaleidogramme, 150).

Extended Bibliography

Alexander, Darsie, in conjunction with the exhibition *SlideShow*, The Baltimore Museum of Art, 27 February–15 May 2005; Contemporary Arts Center, Cincinnati, 2 July–11 September 2005; The Brooklyn Museum of Art, 7 October 2005–8 January 2006.

Arns, Inke, and Gabriele Horn, eds., *History will repeat itself. Strategien des Reenactment in der zeitgenössischen (Medien)Kunst und Performance*, Frankfurt am Main 2007.

Biere, Julien, 'Professionelle Dia-AV', Dataton Handbook, Schaffhausen 1988.

Biere, Julien, 'The Guide to Multi-Image', Schaffhausen 1990.

Bigelow, Sue, 'Cold Storage of Photographs at the City of Vancouver Archives', Canadian Council of Archives 2004.

Bishop, Claire, 'Reconstruction Era: The Anachronic Time(s) of Installation Art', in: *When Attitudes Become Form*, Bern 1969 / Venice 2013, exh. cat., Fondazione Prada, 1 June–3 November 2013, Milan 2013, pp. 429–436.

Bishop, Claire, 'Digital Divide: Contemporary Art and New Media', *Artforum*, September 2012, vol. 51, no. 1, pp. 434–442.

Buzit-Tragni, Claire, Corinne Dune, Lene Grinde and Phillipa Morrison, 'Coatings on Kodachrome and Ektachrome Films', in: *Coatings on Photographs: Materials, Techniques and Conservation*, ed. Constance McCabe, Photographic Materials Group of the American Institute for Conservation of Historic and Artistic Works 2005.

Clark, Susie, 'Preservation of Photographic Material', https://www.bl.uk/aboutus/stratpolprog/collectioncare/publications/booklets/preservation_of_photographic_material.pdf (accessed: 18.5.2019).

Clausen, Barbara, (ed.), *After the act. Die (Re-)Präsentation der Performancekunst*, Nuremberg 2006.

Deleuze, Gilles, *Differenz und Wiederholung* (1968), trans. Joseph Vogl, Munich 2007.

Derrida, Jacques, *Dem Archiv verschrieben* (1995), trans. Hans D. Gondel et al, Berlin 1997.

Fischer-Lichte, Erika, *Ästhetik des Performativen*, Frankfurt a.M. 2014.

Getty Conservation, 'Fundamentals of the Conservation of Photographs', https://www.getty.edu/conservation/publications_resources/teaching/photo_biblio.pdf (accessed: 10.6.2019).

Gfeller, Johannes, Agathe Jarczyk and Joanna Philips, *Compendium of Image Errors in Analogue Video*, Zurich 2013.

Goodman, Nelson, *Sprachen der Kunst. Entwurf einer Symboltheorie* (1968), 2nd ed., trans. Bernd Philippi (after 2nd English ed.), Frankfurt a.M. 1998.

Huss, Till Julian, and Elena Winkler, 'Kunst und Wiederholung. Strategie, Tradition, ästhetischer Grundbegriff', *Kaleidogramme*, vol. 150, Berlin 2017.

Ilfochrome Micrographic, http://www.bon-image.com/de/ilford/ilfochrome-micrographic (accessed: 17.8.2019).

Ilfochrome Micrographic; http://www.bon-image.com/de/ilford/ilfochrome-micrographic (aufgerufen am 21.6.2019).

Jäger, Joachim; Werner, Babette: „Die Sonne kommt näher", in: *Otto Piene. More Sky*, Ausst.-Kat. Neue Nationalgalerie – Staatliche Museen zu Berlin, Berlin/Deutsche Bank KunstHalle, Berlin, Köln 2014.

Kenny, Michael F.; Schmitt, Raymond F.; Brauer, Bernd J. Brauer: *Images, Images, Images. Dia-Audiovision, wie man sie plant, realisiert, präsentiert*, München u. a. 1986.

Koshofer, Gert: *Farbfotografie*, München 1981.

Laurenson, Pip: „The Management of Display Equipment in Time-based Media Installations", in: *Tate Papers*, 3, 2005; http://www.tate.org.uk/research/publications/tate-papers/03/the-management-of-display-equipment-in-time-based-media-installations (aufgerufen am 28.4.2019).

Lavedrine, Bertrand: *Photographs of the Past – Process and Preservation*, Los Angeles 2009.

Liang, Haida; Laurenson, Pip; Saunders, David: „Application of digital technology in the accurate replication and preservation of slide-based works of art", in: Roy, Ashok; Smith, Perry (Hrsg.), *Modern Art, New Museums*, London 2003, S. 235.

Light On/Off. Restaging ZERO, hrsg. von ZERO foundation, Düsseldorf 2018.

Loreck, Hanne; Ott, Michaela (Hrsg.): Re*. *Ästhetiken der Wiederholung*, Hamburg 2014 (= Querdurch – Schriftenreihe der Hochschule für bildende Künste Hamburg, 5).

McCormick-Goodhart, Mark H.: „On the Cold Storage of Photographic Materials in a Conventional Freezer Using the Critical Moisture Indicator (CMI) Packaging Method", Juli 2003; http://www.wilhelm-research.com/subzero/CMI_Paper_2003_07_31.pdf (aufgerufen am 18.5.2019).

National Film Preservation Foundation, „Appendix A: Edge Code Chart", in: *The Film Preservation Guide: The basics for archives, libraries, and museums*. San Francisco 2004, S. 93–121; https://www.filmpreservation.org/userfiles/image/PDFs/fpg_10.pdf (aufgerufen am 20.12.2018).

Otto Piene im Gespräch mit Hans Ulrich Obrist, in: Jürgen Wilhelm, in Zusammenarbeit mit der ZERO foundation (Hrsg.): *Piene im Gespräch*, Altusried 2015, S. 134–157.

Pénichon, Sylvie: *Twentieth-Century Colour Photographs: The Complete Guide to Processes, Identification and Preservation*, London/Los Angeles 2013.

PhotoResearcher, The Magazine of the European Society for the History of Photography (ESHPh), Nr. 24, Wien 2015: „Photography in the Marketplace", Guest Editor: Kelley Wilder.

Pietsch, Katrin: „Die Restaurierung der durch Schimmel angegriffenen Farbdias Ed van der Elskens am Nederlands Fotomuseum", Teil 1, in: *VDR Beiträge*, 2, 2016, S. 48–55, Teil 2, in: *VDR Beiträge*, 2, 2017, S. 52–55.

Projektion. Chan, Export, Fischli/Weiss, Gander, Gillick, Graham, Knoebel, Parker, Streuli, hrsg. von Susanne Neubauer, Ausst.-Kat. Kunstmuseum Luzern, Luzern 2006.

Reilly, James M.: *Storage Guide for Color Photographic Materials: Caring for Slides, Negatives, and Movie Films*, Rochester (NY) 1998.

Jäger, Joachim and Babette Werner, 'Die Sonne kommt näher', in: *Otto Piene. More Sky*, exh. cat., Neue Nationalgalerie – Staatliche Museen zu Berlin and Deutsche Bank KunstHalle Berlin, Cologne 2014.

Kenny, Michael F., Raymond F. Schnitt and Bernd J. Brauer, *Images, Images, Images. Dia-Audiovision, wie man sie plant, realisiert, präsentiert*, Munich 1986.

Koshofer, Gert, *Farbfotografie*, 3 vols., vol. 1, *Alte Verfahren*; vol. 2, *Moderne Verfahren*; vol. 3, *Lexikon der Verfahren, Geräte und Materialien*, Munich 1981.

Laurenson, Pip, 'The Management of Display Equipment in Time-based Media Installations', *Tate Papers* 3, 2005, http://www.tate.org.uk/research/publications/tate-papers/03/the-management-of-display-equipment-in-time-based-media-installations (accessed: 28.4.2019).

Lavédrine, Bertrand, 'Photographs of the Past – Process and Preservation', Getty Trust Publications, Los Angeles 2009.

Liang, Haida, Pip Laurenson and David Saunders, 'Application of Digital Technology in the Accurate Replication and Preservation of Slide-based Works of Art', in: *Modern Art, New Museums*, ed. Ashok Roy and Perry Smith, London 2003, p. 235.

'Light On/Off. Restaging ZERO', ZERO foundation, Düsseldorf 2018.

Loreck, Hanne, and Michaela Ott, 'Re*: Ästhetiken der Wiederholung', in: *Querdurch – Schriftenreihe der Hochschule für bildende Künste Hamburg*, vol. 5, Hamburg 2014.

McCormick-Goodhart, Mark H., 'On the Cold Storage of Photographic Materials in a Conventional Freezer Using the Critical Moisture Indicator (CMI) Packaging Method', July 2003, http://www.wilhelm-research.com/subzero/CMI_Paper_2003_07_31.pdf (accessed: 18.5.2019).

National Film Preservation Foundation, Appendix A: Edge Code Chart, in: *The Film Preservation Guide: The Basics for Archives, Libraries, and Museums*, San Francisco, 2004, pp. 93–121, https://www.filmpreservation.org/userfiles/image/PDFs/fpg_10.pdf (accessed: 20.12.2018).

Otto Piene in conversation with Hans Ulrich Obrist, in: 'Piene im Gespräch', Jürgen Wilhelm in cooperation with ZERO foundation, pp. 134–157, Altusried 2015.

Pénichon, Sylvie, *Twentieth-Century Colour Photographs: The Complete Guide to Processes, Identification and Preservation*, London/Los Angeles 2013.

'Photography in the Marketplace', *PhotoResearcher, The Magazine of the European Society for the History of Photography* (ESHPh), no. 24, Vienna 2015.

Pietsch, Katrin, 'Die Restaurierung durch Schimmel angegriffenen Farbdias Ed van der Elskens am Nederlands Fotomuseum', part 1, *VDR Beiträge*, 2, 2016, pp. 48–55, and part 2, *VDR Beiträge*, 2, 2017, pp. 52–55.

Projektion. Chan, Export, Fischli/Weiss, Gander, Gillick, Graham, Knoebel, Parker, Streuli, ed. Susanne Neubauer, exh. cat., Kunstmuseum Luzern, Lucerne 2006.

Reilly, James M., *Storage Guide for Color Photographic Materials: Caring for Slides, Negatives, and Movie Films*, Albany, NY/Rochester, NY 1998.

Stephanie de Roemer and Tarn Brown, 'Accessioning and documentation of pretty much every film and video work from about 1992 until now', in: ICOM-CC 18th Triennial Conference Preprints, Copenhagen, 4–8 September 2017, ed. J. Bridgland, art. 0904. Paris: International

de Roemer, Stephanie; Brown, Tarn: „Accessioning and documentation of pretty much every film and video work from about 1992 until now", in: ICOM-CC 18th Triennial Conference Preprints, Copenhagen, 4.–8. September 2017, J. Bridgland, art. 0904. Paris: International Council of Museums, S. 1–9; https://www.icom-cc-publications-online.org/PublicationDetail.aspx?cid=de30afe3-9004-4457-ba9a-ac0ce138b01e (aufgerufen am 17.7.2019).

Roosa, Mark: *Care, Handling and Storage of Photographs*, Den Haag 2004.

Shanebrook, Robert L.: „Chapter 16 – Film Identification", in: *Making Kodak Film*, 2., erw. Aufl., Rochester (NY) 2016.

Sommermeyer, Barbara; van Haaften, Claartje: „Examining the digital future of analogue slide-based artworks at the Hamburger Kunsthalle", in: *Studies in Conservation*, 61, Suppl. 2, 2016, S. 219–226.

Ströbele, Ursula u. a. (Hrsg.): *24H Skulptur. Notes on Time Sculptures*, Berlin 2015.

Walton, Ainsley: Rede vor dem Conservation and Preservation Committee beim Annual Summit of DOCAM, 26./27. September 2007, im Maxwell-Cummings Auditorium / Michal & Renata Hornstein Pavilion for Peace des Montreal Fine Arts Museum; www.docam.ca/en/component/content/article/75-comite-conservation-et restauration.html (aufgerufen am 10.5.2019).

Warda, Jeffrey u. a.: *The AIC guide to digital photography and conservation documentation*, Washington, D.C. 2011.

Weidner, Tina u. a.: *Tech Focus II: Caring for Film and Slide Art*, 27./28. April 2012, Konferenz im Hirshhorn Museum and Sculpture Garden, Smithsonian Institution, Washington, D. C. Aufgezeichnete Präsentationen von Tina Weidner, Kerry Brougher, Jeffrey Martin und die Diskussion moderiert von Sarah Stauderman; http://resources.conservation-us.org/techfocus/techfocus-ii-caring-for-film-and-slide-art-tw/ (aufgerufen am 23.3.2019).

Weidner, Tina: *Dying Technologies: the end of 35 mm slide transparencies*, 2012; http://www.tate.org.uk/about-us/projects/dying-technologies-end-35-mm-slide-transparencies (aufgerufen am 23.3.2019).

Weidner, Tina: „Fading Out: The End of 35 mm Slide Transparencies", in: Warda, Jeffrey u. a. (Hrsg.): *The Electronic Media Review*, Vortrag präsentiert im Rahmen der Electronic Media Group session of the 39th AIC Annual Meeting, Philadelphia (PA) 2011, und des 40th AIC Annual Meeting, Albuquerque (NM) 2012, 2, 2013, S. 157–173.

Wilhelm, Henry; Gilmer; Brower, Carol: *The Permanence and Care of Color Photographs: Traditional and Digital Color Prints, Color Negatives, Slides, and Motion Pictures*, Grinnell (IA) 1993, Kap. 18: „Handling and Preservation of Color Slide Collections", S. 625–654, Kap. 19: „Frost Free Refrigerators for Storing Color and Black and White Films and Prints", S. 655–686.

Zbinden, Erwin: *Historische Kleinbildfilm Datenbank*, 2015; http://www.bilderdienst.ch (aufgerufen am 20.12.2018), Nutzername: rundbrief; Passwort: Fotografie2015. Veröffentlicht in: Ders., „Randmarkierungen: Neue Möglichkeiten der Datierung von Kleinbildfilmen", in: *Rundbrief Fotografie*, 22, 2015, Nr. 4, N. F. 88, S. 20–30; http://www.rundbrief-fotografie.de/archiv/hefte/rf-88/artikel-zbinden (aufgerufen am 21.6.2019).

Council of Museums, pp. 1–9; https://www.icom-cc-publications-online.org/PublicationDetail.aspx?cid=de30afe3-9004-4457-ba9a-ac0ce138b01e (accessed: 17.7.2019).

Roosa, Mark, 'Care, Handling and Storage of Photographs', IFLA-PAC, IPI 5, Paris 2004.

Shanebrook, Robert L., 'Film Identification', Chapter 16, in: *Making Kodak Film*, expanded 2nd ed., Rochester NY, 2016.

Sommermeyer, Barbara, and Claartje van Haaften, 'Examining the Digital Future of Analogue Slide-based Artworks at the Hamburger Kunsthalle', *Studies in Conservation*, vol. 61, suppl. 2, 2016, pp. 219–226.

Ströbele, Ursula et al., *24H Skulptur. Notes on Time Sculptures*, Berlin 2015.

Walton, Ainsley, recorded talk for the Conservation and Preservation Committee at the Annual Summit of DOCAM, 26–27 September 2007, in the Maxwell-Cummings Auditorium, in the Michal & Renata Hornstein Pavilion of the Montreal Fine Arts Museum, www.docam.ca/en/component/content/article/75-comite-conservation-et restauration.html (accessed: 10.5.2019).

Warda, Jeffrey, et al., *The AIC Guide to Digital Photography and Conservation Documentation*, 2nd ed., Washington, D.C. 2011.

Weidner, Tina, 'Dyeing Technologies: the end of 35 mm slide transparencies' (2012), http://www.tate.org.uk/about-us/projects/dying-technologies-end-35-mm-slide-transparencies (accessed: 23.3. 2019).

Weidner, Tina, 'Fading Out: The End of 35 mm Slide Transparencies', in: *The Electronic Media Review*, ed. Jeffrey Warda et al., pp. 157–173. Papers presented at the Electronic Media Group session of the 39th AIC Annual Meeting, Philadelphia, PA 2011, and the 40th AIC Annual Meeting, Albuquerque, NM 2012, vol. 2, 2013.

Weidner, Tina, et al., 'Tech Focus II: Caring for Film and Slide Art', conference at the Hirshhorn Museum and Sculpture Garden, Smithsonian Institution, Washington D.C., 27–28 April 2012. Recorded presentations by Tina Weidner, Kerry Brougher, Jeffrey Martin and the discussion moderated by Sarah Stauderman, http://resources.conservation-us.org/techfocus/techfocus-ii-caring-for-film-and-slide-art-tw/ (accessed: 23.3. 2019).

Wilhelm, Henry, Gillmer, and Carol Brower, *The Permanence and Care of Color Photographs: Traditional and Digital Color Prints, Color Negatives, Slides, and Motion Pictures*, Iowa 1993; Chapter 18, 'Handling and Preservation of Color Slide Collections', pp. 625–654, Chapter 19, 'Frost Free Refrigerators for Storing Color and Black and White Films and Prints', pp. 655–686.

Zbinden, Erwin, 'Historische Kleinbildfilm Datenbank', 2015, http://www.bilderdienst.ch (accessed: 20.12.2018), username: rundbrief; password: Fotografie 2015. Published in: idem., 'Randmarkierungen: Neue Möglichkeiten der Datierung von Kleinbildfilmen', *Rundbrief Fotografie* 22 (2015), no. 4, N.F. 88, pp. 20–30, http://www.rundbrief-fotografie.de/archiv/hefte/rf-88/artikel-zbinden (accessed: 21.6.2019). See also: Hesse, Wolfgang; Rhineland; Training Center, Abbey Brauweiler; Baden-Württemberg Museum Association, 'Farbfehler! Gegen das Verschwinden der Farbfotografien', contributions of the conference of the Rhineland Regional Council / Rhineland Archive and Museum Office / Training Center, Abbey Brauweiler; Technical University Dresden, Institute of Applied Photophysics and Department for Drawings and Prints at the Dresden State Art Collections, 18–20 September 1997, at the Technical University Dresden. Göppingen: Baden-Württemberg Museum Association, 1998. (Rundbrief Fotografie; special issue 5; also Landscape Association Rhineland, Rhineland Archive and Museum Office; publications of the Department for Museum Consulting; no. 6), http://www.rundbrief-fotografie.de/alte_seite/sh5.htm (accessed: 21.6.2019).

Impressum / Colophon

Diese Publikation erscheint anlässlich des / This publication is published to mark the
Konservierungsprojekts für Diabasierte Kunstwerke der Hamburger Kunsthalle (2015–2018) und der abschließenden Fachtagung (18./19. Januar 2018, siehe Videos: https://www.hamburger-kunsthalle.de/back-future-im-karussell-der-diakonservierung), gleichnamig zu dieser Publikation. / Project for the Conservation of Slide-based Artworks (2015–2018) and the concluding symposium (18/19 January 2018) with the same name as this publication.

Herausgegeben von / Edited by
Barbara Sommermeyer und / and Claartje van Haaften

Im Auftrag der / On behalf of the
Hamburger Kunsthalle
Stiftung öffentlichen Rechts
Glockengießerwall 5
20095 Hamburg
Tel. +49 (0) 40 428131-200
www.hamburger-kunsthalle.de

HAMBURGER KUNSTHALLE

Vorstand / Management Board
Direktor / Director: Alexander Klar
Kaufmännischer Geschäftsführer / Managing Director: Norbert Kölle
Assistenz Direktor / Assistance to the Director: Olga Fallmeier, Katharina Hoins
Assistenz Kfm. Geschäftsführer / Assistance to the Managing Director: Oliver Scheid
Sekretariat Kfm. Geschäftsführer / Office Management Director: Christine Dunemann
Wissenschaftliches Volontariat / Research Assistance: Sjusanna Eremjan, Ann-Kathrin Hubrich, Jan Steinke, Ifee Tack
Personalwesen / Personnel Office: Marion Blicke
Pressearbeit / Press Office: Leitung / Head Mira Forte, Julia Schmid
Fundraising und / and Sponsoring: Leitung / Head Gesa-Thorid Huget; Saskia Helin, Sonia Mahnkopf, Miriam Runte

Sammlung / Collection
Leitung und Kupferstichkabinett / Head of Collections and Department Prints and Drawings: Andreas Stolzenburg; Alte Meister / Old Masters: Sandra Pisot, 19. Jahrhundert / 19th Century: Markus Bertsch, Klassische Moderne / Modern Art: Karin Schick, Galerie der Gegenwart / Contemporary Art: Brigitte Kölle, Petra Roettig, Münzen und Medaillen sowie Ausstellungskuratorin / Collection of Coins and Medals and Exhibition Curator: Annabelle Görgen-Lammers, Provenienzforschung und Sammlungsgeschichte / Provenance Research and History of Collection: Ute Haug, Projekte / Projects: Amelie Baader, Sophia Colditz, Josephine Karg, Shannon Ort, Andrea Völker, Sekretariat Sammlung / Collection Office: Ingrid Beckmann, Ursula Trieloff

Information und Dokumentation / Information and Documentation
Leitung / Head Andrea Joosten; Bibliothek / Library: Henrike Schröder, Ursula Fischer, Monika Wildner, Benutzerservice / Visitor Service: Michaela Pens, Dokumentation Sammlung / Documentation Collection: Michael Schramm, Digitalisierungsprojekt / Digitisation Project: David Klemm, Christoph Irrgang

Restaurierung und Kunsttechnologie / Conservation and Art Technology
Leitung und Alte Meister / Head of Department and Old Masters: Silvia Castro, 19. Jahrhundert / 19th Century: Eva Keochakian, Klassische Moderne / Modern Art: Heike Schreiber, Nicoline Zornikau, Galerie der Gegenwart / Contemporary Art: Julia Langenbacher, Barbara Sommermeyer, Graphik und Fotografie / Graphics and Photography: Sabine Zorn

Bildung und Vermittlung / Education
Veronika Deinzel, Ute Klapschuweit, Alke Vierck, Sophie Winckel und das Team der freien Kunstvermittler*innen / and the team of freelance education guides

Registrarabteilung und Ausstellungskoordination / Registrar's Department and Exhibition Coordination

Leitung / Head Meike Wenck; Registrare / Registrars: Kazusa Haii, Konstanze Jäger, Projekte / Projects: Shannon Ort, Medientechnik / Media Technology: Tobias Boner, Art Handling: Leitung / Head Jochen Möhle; Ulugbek Ahmedov, Sebastian Conrad, Peter Hochkamer, Oliver Meier, Holger Schumacher, Archiv Kupferstichkabinett / Archivists: Sören Schubert, Ursula Sdunnus, Buchbinderin / Bookbinding: Anja Zuschke

Veranstaltungsmanagement und Programmkoordination / Event Management and Programme Coordination

Leitung / Head Susanne Schatz; Christian Auffarth, Sina Fuhrmann, Besucherservice / Museum Attendants: Leitung / Head Margarethe Thams, Pauletta Piniane, Christine Hildebrandt; Ismet Apaydin, Ina Bruchlos, Angela Brüggmann, Vilma Campestrin, Astrid Ciura, Hassan Daneschwar, Jörg Günther, Ulrike Heuer, Dagmar Honold, Sylvia Komstke, Gerhard Kruse, Katharina Ledig, Frank Nicklisch, Regina Orthmann, Achim Ottlinger, Mariya Sure, Uwe Thüne

Kommunikation und Marketing / Communication and Marketing

Leitung / Head Jan Metzler; Anastasia Panagiotopulu, Öffentlichkeitsarbeit, digitale Medien / Public Relations, Digital Media: Martina Gschwilm, Besucherbüro / Visitor Services: Leitung / Head Anna Schröder-Weisel; Anna-Lena Schumacher

Controlling und Finanzen / Controlling and Finance

Leitung / Head Marco Smailus; Buchhaltung / Accounting: Kathrin von Gönner, Oxana Königstuhl, Kassenkoordination / Cashier Coordination: Jörg Reinholz

Gebäude und Technik / Building and Technology

Leitung / Head Ralf Suerbaum; IT und Systemadministration / IT and Systemadministration: Matthias Heine, Haustechnik / Building Technology: Andreas Horn, Florian Krause, Hausmeisterei / Caretaking: Volker Ruge, Hausarbeiter / Assistance Caretaking: Thomas Schmid, Reinigungskräfte / Cleaning Staff: Ariane Brandt, Margarete Müller, Pon Patermann, Claudia Soares, Paneeya Wöltje

Gesamtherstellung und Vertrieb / Printed and published by

Kerber Verlag, Bielefeld
Windelsbleicher Str. 166–170
33659 Bielefeld
Germany
Tel. +49 (0) 5 21/9 50 08-10
Fax +49 (0) 5 21/9 50 08-88
info@kerberverlag.com

Kerber, US Distribution
ARTBOOK | D.A.P.
75 Broad Street, Suite 630
New York, NY 10004
Tel. +1 (212) 627-1999
Fax +1 (212) 627-9484

Redaktion / Editorial

Claartje van Haaften, Barbara Sommermeyer

Lektorat / Copyediting

Ilka Backmeister-Collacott, Tamara Klemm, Sarah Quigley

Übersetzungen (Deutsch–Englisch) / Translations (German–English)

Matthew Burbidge

Übersetzungen (Englisch–Deutsch) / Translations (English–German)

Alexandra Titze-Grabec

Gestaltung / Design, Kerber Verlag

Polina Bazir

Projektmanagement /
Project management, Kerber Verlag
Lydia Fuchs

Herstellung / Production, Kerber Verlag
Jens Bartneck

Papier / Paper
LuxoArt® Samt

Schrifttype / Type Font
Lucida, Lucida Sans

Die Deutsche Nationalbibliothek verzeichnet diese Publikation in der Deutschen Nationalbibliografie; detaillierte bibliografische Daten sind im Internet über http://dnb.dnb.de abrufbar. / The Deutsche Nationalbibliothek lists this publication in the Deutsche Nationalbibliografie; detailed bibliographic data are available on the Internet at http://dnb.dnb.de.

Kerber-Publikationen werden weltweit in führenden Buchhandlungen und Museumsshops angeboten (Vertrieb in Europa, Asien, Nord- und Südamerika). / Kerber publications are available in selected bookstores and museum shops worldwide (distributed in Europe, Asia, South and North America).

ISBN 978-3-7356-0541-2
www.kerberverlag.com

Printed in Germany

Fotonachweise / Photo Credits

Activity-Studios (132 r.); David von Becker (115); Lénia Oliveira Fernandes (78–83, 162–163); Brian Forest (103 l.); Geert Goiris (Umschlag vorne / front cover, 59); Claartje van Haaften (19, 21, 27 m., 29, 31, 66/67, 136/137, 156/157); Martina Haidvogl (96–97); Lisa Herold (26 l., 27 l., 30, 32 r., 146); Gesa Huget (10/11, 34/35); Heike Koenitz (132 l.); Nik Konietzny, Agentur Focus – Hamburg (63); Francesco Leonelli (145); Franziska Megert, VG Bild-Kunst, Bonn 2019 (133); oomlout, Creative Commons Attribution-ShareAlike 2.0 Generic license [CC BY-SA 2.0] (103 r.); Picturae (24, 25, 26 r., 27 r., 32 l.); Katrin Pietsch (70–77, 84); Ian Reeves (107); Luis do Rêgo Silva (2/3, 112/113); Kay Riechers (88/89); Don Ross (94–95); Hinnerk Schmidt-do Rêgo Silva (60); Barbara Sommermeyer (26 m., 54/55, 143–145, 147, Umschlag hinten / back cover); Katherine du Thiel (93, 98); unbekannt / unknown (108, 116, 121, 126, 140); Jürgen Vogel / LVR-LandesMuseum Bonn (127); Tina Weidner (44–45, 49); Babette Marie Werner (122)

Zusätzliche Bildunterschriften / Additional Image Captions

Umschlag vorne / Front cover
Geert Goiris, *Whiteout*, 2008–2011, Projektionsansicht in / installation view in: *The Eye is a Lonely Hunter: Images of Humankind*, Biennale für aktuelle Fotografie, Heidelberg/Mannheim/Ludwigshafen, 2011

Umschlag hinten / Back cover
Robert Barry, *Asked…*, 1974. Detail, geöffnetes Dia Nr. 20 mit orangefarbigen Farbfiltern / opened mount of slide no. 20 with orange coloured filter sheets

Frontispiz / Frontispiece
Teilnehmende der Tagung „Back to the Future! Im Karussell der Diakonservierung" im Januar 2018 während der Hands-on-Sessions bei der Betrachtung unterschiedlicher Umkehrfilmtypen und verschiedener Qualitäten von Duplikatdias / attendants at the symposium 'Back to the Future! Riding the Slide Carousel' in January 2018 during the hands-on sessions looking at several reversal film types and different qualities of slide duplicates

S. / pp. 10–11
Barbara Sommermeyer (links) und Claartje van Haaften bei der Durchsicht einiger Dias der Sammlung / Barbara Sommermeyer (left) and Claartje van Haaften looking through some of the slides of the collection

S. / pp. 34–35
Elke Trabandt, Tina Weidner, Barbara Sommermeyer, Jochen Trabandt (v. li. n. re.) beim ersten Treffen in der Hamburger Kunsthalle im November 2014 / (from left to right) at the first meeting at the Hamburger Kunsthalle in November 2014

S. / pp. 54–55
Gerhard Rühm, *Bleistiftmusik / Pencil Music*, 1980, 20 Dias, eine Steuerungskassette, ein Textdokument, Originalverpackung auf einem Leuchttisch / 20 slides, a programmed tape, a text document, original packing on a light table

S. / pp. 66–67
Katrin Pietsch im Gespräch mit Teilnehmenden während der Hands-on-Sessions der Tagung „Back to the Future! Im Karussell der Diakonservierung" im Januar 2018 / Katrin Pietsch in conversation with attendants during the hands-on sessions at the symposium 'Back to the Future! Riding the Slide Carousel' in January 2018

S. / pp. 88–89
Michaela Melián, *Reeducation*, 2014, Detail der Installationsansicht / detail of installation view: Hängende Diaprojektoren und projiziertes Bild / hanging slide projectors and projected image

S. / pp. 112–113
Medientechnik für eine programmierte Projektion / technical equipment for a programmed projection

S. / pp. 136–137
Tris Vonna-Michell, *Finding Chopin*, 2008/2018, Installationsansicht während der Präsentation zur Tagung „Back to the Future! Im Karussell der Diakonservierung" im Januar 2018 / installation view during the presentation for the symposium 'Back to the Future! Riding the Slide Carousel' in January 2018

S. / pp. 156–157
Ausrahmen und Dokumentieren von Dias / unmounting and documenting of slides

Gefördert von / Supported by

Schoof'sche Stiftung

WÜSTENROT STIFTUNG